U0863834

"十三五"职业教育国家规划教材

汽车专业职业教育情境化教学通用教材

QICHE ZHUANYE ZHIYE JIAOYU QINGJINGHUA JIAOXUE TONGYONG JIAOCAI

汽车空调原理与维修

主编　谭本忠

山东科学技术出版社

·济南·

图书在版编目（CIP）数据

汽车空调原理与维修 / 谭本忠主编. --济南：山东科学技术出版社，2010.1（2022.9 重印）
汽车专业职业教育情境化教学通用教材
ISBN 978-7-5331-5547-6

Ⅰ. ①汽… Ⅱ. ①谭… Ⅲ. ①汽车-空气调节设备-理论-职业教育-教材 ②汽车-空气调节设备-维修-职业教育-教材 Ⅳ. ①U463.85 ②U472.41

中国版本图书馆CIP数据核字（2009）第241032号

主编：谭本忠
编者：刘晓蕾 陈立波 胡波勇 谭敦才 于海东 邓冬梅
张 青 陈海波 胡 波 谭玉芳 张国林 曾淑琴
黄园园 刘家昌 周景良 曾瑶瑶 于梦莎 陈甲仕
张捷辉 王世根 陈新喜 何柏中 罗冬冬 张丕武

汽车空调原理与维修

QICHE KONGTIAO YUANLI YU WEIXIU

责任编辑：宋 涛

主管单位：山东出版传媒股份有限公司
出 版 者：山东科学技术出版社
地址：济南市市中区舜耕路517号
邮编：250003 电话：(0531) 82098088
网址：www. lkj.com.cn
电子邮件：sdkj@sdcbcm.com
发 行 者：山东科学技术出版社
地址：济南市市中区舜耕路517号
邮编：250003 电话：(0531) 82098067
印 刷 者：济南鲁艺彩印有限公司
地址：济南历城区临港国际智能制造产业园33号
邮编：250101 电话：(0531) 88665353

规格：16开（210 mm×285 mm）
印张：10
版次：2010年1月第1版 印次：2022年9月第12次印刷
定价：38.00元

丛 书 序

当前，我国职业教育正大力推行以就业为导向培训实用型人才。怎样培养出优秀的实用型人才，解决这个问题需要从改变传统的教学模式、方法入手，各地职业学院也纷纷进行教学改革，包括教材的改编与更新。这其中就包括情境化教学的试点与推广。

什么叫情境化教学，就是模拟实际的工作情境和工作任务来设置学习任务，围绕完成这项工作所需掌握的知识和技能，对学生进行培训。这样，学生在学校就能学到真正实用的知识和技能，上岗后马上就能适应工作环境，胜任工作任务。

用于汽车专业的情境化教学教材，按汽车结构的特点和维修分工的不同，分为发动机构造、电控发动机、底盘构造、自动变速器、电器、空调、安全舒适系统、汽车电脑、汽车美容与装饰、汽车文化等十八个分块。以上各个系统总成又按结构功能细分到部件，针对各部件在实际工作中可能遇到的故障，我们对大量的案例进行归纳总结，提取出最典型的事件作为学习情境的设置。

每一个学习情境就相当于一个工作任务。那么，完成这个任务必须掌握哪些理论知识（必知），需要具备哪些技能（必会），同时，在完成任务的过程中要注意哪些事项（如作业安全与环保），又有哪些经验技巧可以供参考，这些内容的讲述就构成教材情境的“骨肉”。

做什么，学什么；学什么，用什么。使之学以致用，为实用而学，这是情境化教学的最大特点。

为了突出教学效果，提高学员对知识与技能的理解程度和学习兴趣。我们为这套教材开发了相应的多媒体教学课件（与教材同步，综合教学所要用到的图片、动画、视频、文本等）和电子教学讲义。技能实际操作部分，我们全部拍制成实况录像，使学员可以身临其境地进行模仿和学习。教师若有需要可向出版社免费索取（0531-82098053）。

汽车专业职业教育情境化教学通用教材的模块组成如下：

- 发动机构造与维修
- 汽车底盘构造与维修
- 汽车电器构造与维修
- 电控发动机原理与维修
- 自动变速器原理与维修
- 汽车安全舒适系统原理与维修
- 汽车空调原理与维修
- 电控柴油发动机构造与维修
- 汽车电脑原理与维修
- 汽车车身构造与修复
- 汽车保养与维护
- 汽车检测与故障诊断技术
- 汽车机械基础
- 汽车电学基础
- 汽车美容与装饰
- 汽车构造
- 汽车电子控制技术
- 汽车文化与概论

各汽车院校与职业培训机构可以根据开设专业的教学需要选取不同的模块教材。采用情境化教学教材，实施情境化教学，将大大提升学生的学习兴趣、分析问题的能力和动手能力，同时也将为教师教学带来更多方便，使专业教学更轻松，更具实效性。

目　录

第一部分

空调系统概述

空调为什么会制冷？为什么可以取暖？在学习空调知识之前，我们先带着这些问题了解一下空调制冷系统的物理学知识和空调制冷系统的原理。

情境一：空调制冷系统原理

一、制冷的物理学基础

人在游泳后，露出水面的身体部分会有冷的感觉，这是因为附着在身体上的水在外界条件（阳光照射、风、气温）作用下，由液体变成了水蒸气，吸收了身体的热量，降低了皮肤的温度。水蒸发得越快、越多，人就会感觉到越冷，如图1-1所示。

图1-1 水蒸发吸热

在手臂上涂抹酒精也有凉爽的感觉，这是因为易挥发性物质酒精的蒸发带走了热量，如图1-2所示。

假设将一个带有水龙头的容器放入绝热良好的盒子中，容器中装有在常温下易于挥发的液体。当打开水龙头时，容器内的液体便会从盒子内的空气中带走挥发所需的热量，并转化成气体而逸出盒子。这时，盒子内空气的温度便会低于水龙头打开前的温度，如图1-3所示。我们可以用这种方法使物体冷却。

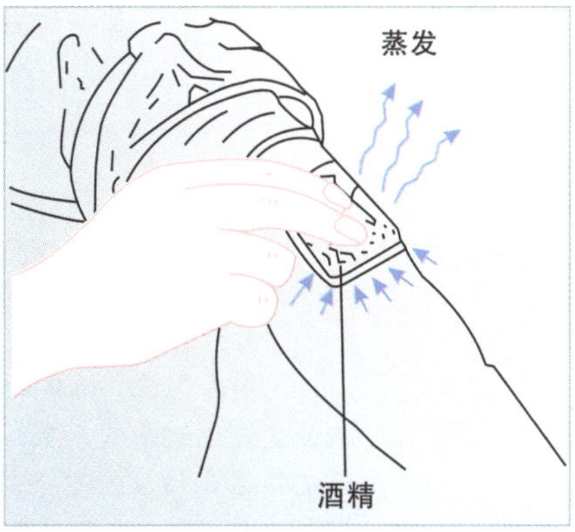

图1-2 酒精蒸发

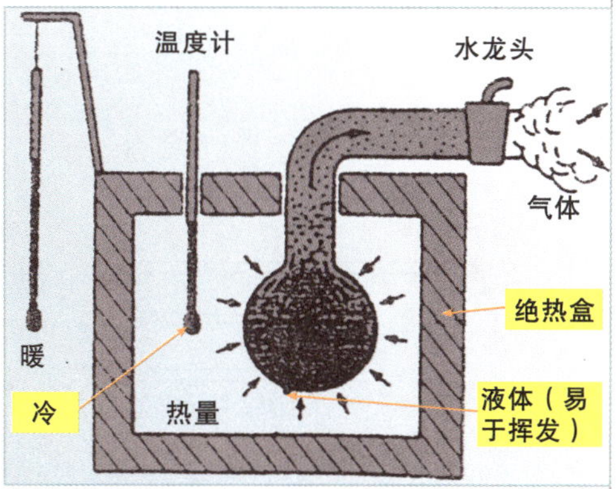

图1-3 冷却基本原理

二、物理学基本概念

1. 物理状态的变化

物理状态的变化，如图1-4所示。

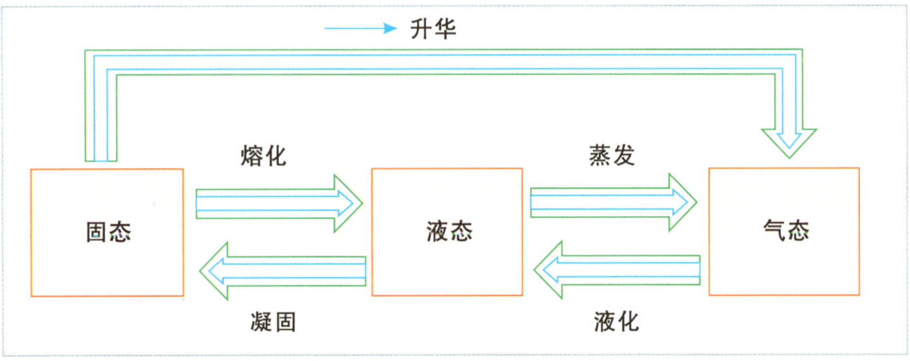

图1-4 物理状态的变化

2. 气体的冷凝

物质由液态转变为气态是一种可逆现象。如果吸收气态物质中的热量，气态物质就会转变成液态。这种物质由气态变成液态的过程就叫作冷凝。空调制冷系统中的制冷剂就是在冷凝器中由高温高压气体变成液态的，如图1-5所示。

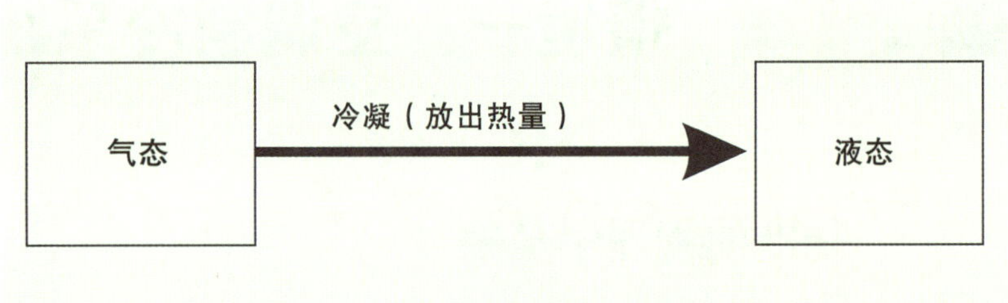

图1-5 冷凝剂在冷凝器中的物态变化

在如图1-6所示的例子中，在A点和B点之间，在100℃恒温下，水蒸气向空气中释放出热量，便由气态转变成液态。从B点到C点，物质从100℃“冷却”到80℃（液态）。发生这一变化的设备称为冷凝器。

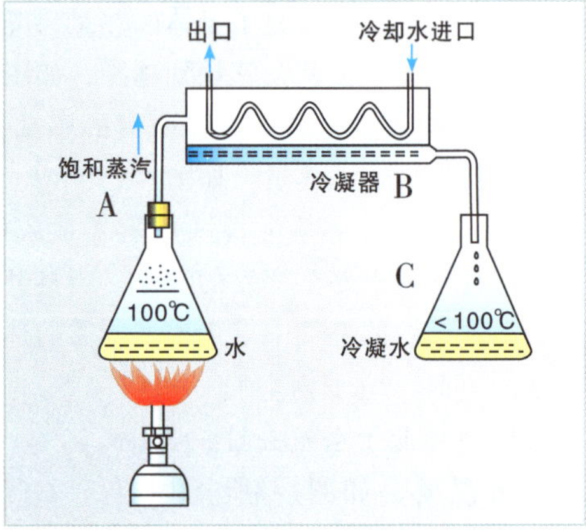

图1-6 冷凝器

3. 液体的蒸发

制冷剂吸收一定的热量后能够蒸发。以下面的例子说明这一变化过程，如图1-7所示。

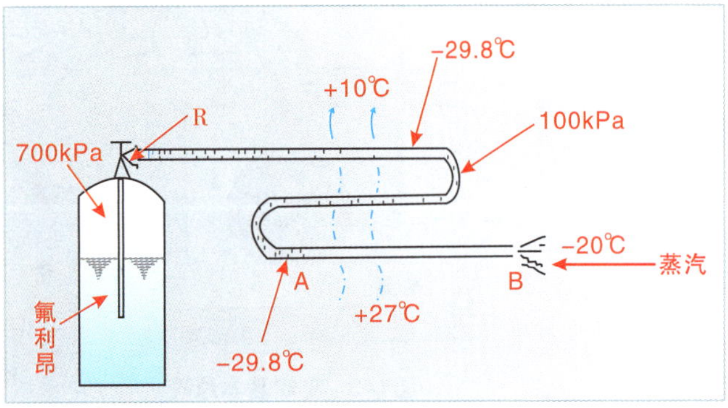

图1-7 制冷剂的蒸发

①瓶子中，制冷剂在700kPa的压力下处于液体状态。

②打开开关R。

③制冷剂在100kPa的压力（大气压力）下以-29.8℃的温度流进蛇形管。制冷剂吸收周围空气的热量，周围的空气温度便从27℃冷却至10℃，制冷剂从液态转变为气态。发生这一变化的设备称为蒸发器。

4. 制冷循环

制冷系统将车辆内部的热量传递到外部大气中，以提供除湿的凉爽空气给暖风机总成。该系统由压缩机、冷凝器、膨胀阀、空调管路和蒸发器等组成。该系统是一个填充R134a制冷剂作为传热介质的封闭回路。制冷剂中添加空调润滑油，以润滑压缩机的内部组件。空调制冷系统的结构，如图1-8所示。

为完成热量的传递，制冷剂环绕系统循环。在系统内，制冷剂经历两种压力和温度模式。在每一种压力和温度模式下，制冷剂改变其状态，在改变状态的过程中，吸收与释放最大限度的热量。低压和低温模式从膨胀阀开始，经蒸发器到压缩机，在膨胀阀内，制冷剂降低压力及温度，然后在蒸发器内改变其状态，从中温液态到低温蒸气，以吸收经过蒸发器周围空气的热量。高压和高温模式从压缩机开始，经冷凝器到膨胀阀，制冷剂在通过压缩机时增加压力及温度，然后在冷凝器内释放热量到大气中，并改变其状态，从高温蒸气到中高温液态。

这样，制冷剂便在封闭的系统内经过压缩、冷凝、节流和蒸发四个过程，完成了一个制冷循环。如图1-9所示。

在制冷系统中，压缩机起着压缩和输送制冷剂蒸气的作用，它是整个系统的“心脏”。膨胀阀对制冷剂起节流降压作用，同时调节进入蒸发器制冷剂液体的流量，它是系统高低压的分界线。蒸发器是输出冷量的设备，制冷剂在其中吸收被冷却空气的热量实现降温。冷凝器是放出热量的设备，从蒸发器吸收的热量连同压缩机消耗功能所转化的热量一起从冷凝器将冷却空气带走。

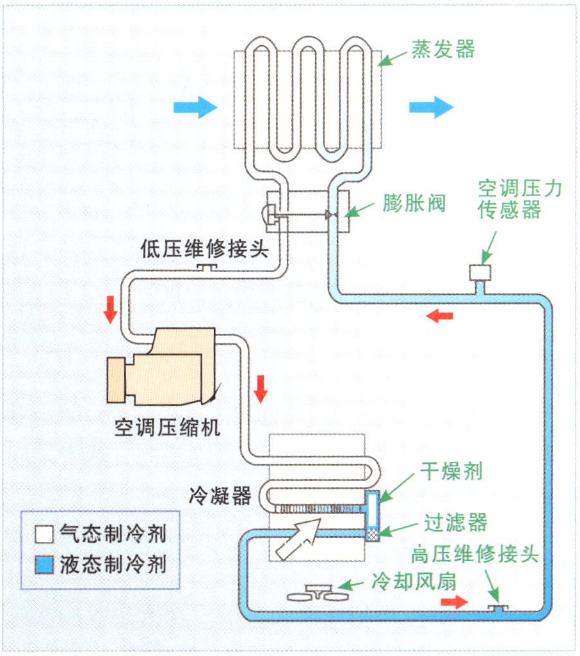

图1-8 空调制冷系统的结构

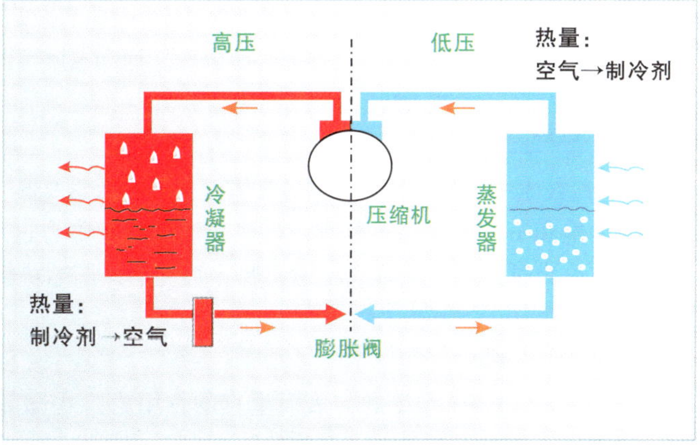

图1-9 制冷循环

制冷系统工作时，制冷剂不同的状态在这个密闭系统内循环流动，每个循环又分四个基本过程：

①压缩过程：压缩机吸入蒸发器出口处的低温低压制冷剂气体，把它压缩成高温高压的气体排出压缩机。

②放热过程：高温高压的过热制冷剂气体进入冷凝器，由于压力及温度的降低，制冷剂气体冷凝成液体，并放出大量的热量。

③节流过程：温度和压力较高的制冷剂液体通过膨胀装置后体积变大，压力和温度急剧下降，以雾状（细小液滴）排出膨胀装置。

④吸热过程：雾状制冷剂液体进入蒸发器，因此时制冷剂沸点远低于蒸发器内温度，故制冷剂液体蒸发成气体。在蒸发过程中，大量吸收周围的热量，而后低温低压的制冷剂蒸气又进入压缩机。

上述过程周而复始地进行下去，便可达到降低蒸发器周围空气温度的目的。

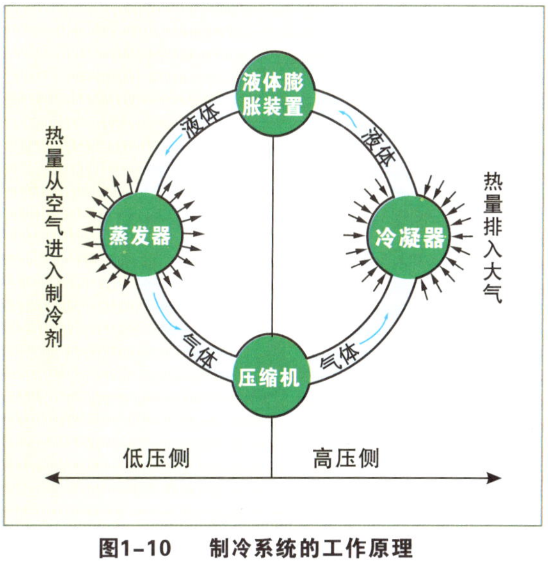

图1-10 制冷系统的工作原理

三、汽车制冷技术基本术语

在汽车空调维修中，我们经常会遇到一些制冷技术的基本术语。

1. 温度

温度是物体冷暖程度的量度，常用T或t表示。温度越高，物体就越热。我们常用的温度表示单位是摄氏度，用符号“℃”表示。

例如：水在开口的容器中沸腾时，它的温度是100摄氏度，表示为100℃；水开始结冰时的温度是0摄氏度，表示为0℃。

温度还可以用华氏度、开氏度表示，它们的单位是℉和K。它们之间的换算关系如下：

摄氏度（℃）=5/9×[华氏度（℉）−32]

华氏度（℉）=9/5×[摄氏度（℃）+32]

绝对度（K）=摄氏度（℃）+273.15

用以测量温度的仪表称为温度计。测试汽车空调的温度计有玻璃棒温度计、半导体点温计和热电偶温度计。

（1）过冷

在制冷技术中，“过冷”是相对液体而言的。将冷凝后的液体制冷剂在压力不变的情况下继续冷却，其温度就会比冷凝时的饱和温度更低。当压力不变时，让液体的温度低于该压力相对应的饱和温度的热力过程称为过冷。这时的液体称为过冷液体，其温度称为过冷温度。饱和温度（既冷凝温度）与过冷温度之差称为过冷度。

（2）过热

在制冷技术中，“过热”是相对气体而言的。让蒸发器中的干饱和蒸汽继续定压吸热的热力过程称为过热。其结果是干饱和蒸汽成为过热蒸汽。过热蒸汽的温度称为过热温度，其比干饱和蒸汽的饱和温度更高，两者之间的温度差称为过热度。在蒸汽压缩式制冷系统中，压缩机吸入和排出的蒸汽都是过热蒸汽。

2. 压力

压力是指物体所承受的与表面垂直的作用力。在国际单位制中，单位为帕斯卡（Pa）。在汽车空调系统中，利用压力表可以测量制冷系统的压力和真空度。

检修过程中遇到的压力，是指液体或气体在系统内对系统内壁面的作用力。通常用每平方米壁面上的作用力表示。例如，$1m^2$壁面上的作用力是1牛顿，就是1帕斯卡，用符号Pa表示。大气作用于地球表面的压力相当于101 325Pa，所以Pa是一个很小的单位。因此，我们还常用1 000Pa作为一个单位，用符号kPa表示，叫作“千帕”。如果用1 000 000Pa作为一个单位，就称“兆帕”，用符号MPa表示。这样，一大气压力也可表示为101.325kPa或0.1013MPa。

压力表指示的压力是系统内的压力与外界大气压力的差值，称为工作压力或表压力。用压力表测大气压力，指示值为0。当制冷剂的压力高于大气压力时，其值称为表压力；当制冷剂的压力低于大气压力时，其值称为真空。绝对压力、大气压力、表压力、真空的相互关系如图1-11所示。

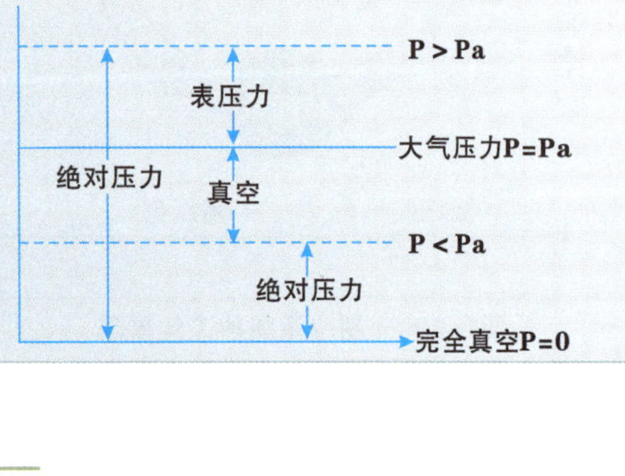

在英制单位中，压力的单位是用每平方英寸多少磅力表示的，它的符号是lbf / in2 (psi)。1lbf/in2是指每平方英寸的作用力为1磅力。英制压力表的指示值单位用psig表示，g代表表压力。

图1-11　绝对压力、大气压力、表压力、真空的相互关系

3. 湿度

湿度表示空气里含有水蒸气的量。一定体积和温度的空气中含有水蒸气越多，空气越潮湿，反之越干燥。湿度用百分比表示，在汽车空调中可用温度计来测量。人体感觉舒适的湿度为50%~70%之间。

4. 制冷剂

制冷剂在压缩机作用下，在蒸发器中由液态蒸发成气态，吸收热量，从而使车内温度降低；在冷凝器内又将所吸收的热量放出，传递给空气，本身冷凝成液体。目前，汽车空调常用的制冷剂有R12和R134a两种。

(1) R12制冷剂

R12是氟利昂类制冷剂，化学名称为二氟二氯甲烷，分子式是CF_2Cl_2。R12在常温、常压下为无味无色气体，在标准大气压下，蒸发温度为-29.8℃，凝固温度为-158℃。R12化学性能稳定，不易燃烧，与空气混合时不易爆炸，对人体无毒害。R12制冷剂泄漏出的氟利昂长期停留在大气层中，其中的氯与大气中臭氧结合，会加速臭氧分解，破坏大气中的臭氧层，目前已停止使用。

(2) R134a制冷剂

为减轻对臭氧层的破坏，研制出取代R12的新环保型制冷剂R134a，化学名称为四氟乙烷。在正常大气压下，蒸发温度为-26.5℃，凝固温度为-101℃。R134a不会对臭氧构成威胁。

注：R134a制冷剂与R12制冷剂不相容，两种制冷剂不可混合，否则将导致空调系统严重损坏。

5. 冷冻机油

制冷系统中运动部件——压缩机，其运转如同其他机械一样需要油来润滑，以保证其机件间减少磨损。制冷系统中使用的润滑油称为冷冻机油。冷冻机油是一种不起泡沫、不含硫的高级润滑油。其特点是凝点低。不同牌号的冷冻机油不能混用，混用会造成冷冻机油黏度降低。

在制冷循环中，冷冻机油始终与制冷剂接触或混合，并随制冷剂一起循环于制冷系统各部分。除对压缩机各运动部件起润滑及密封作用外，还可协助润滑制冷系统控制阀的运动机件。

6. 热传导、热对流、热辐射

热量的传递主要有以下三种方式，分别如图1-12、图1-13和图1-14所示。

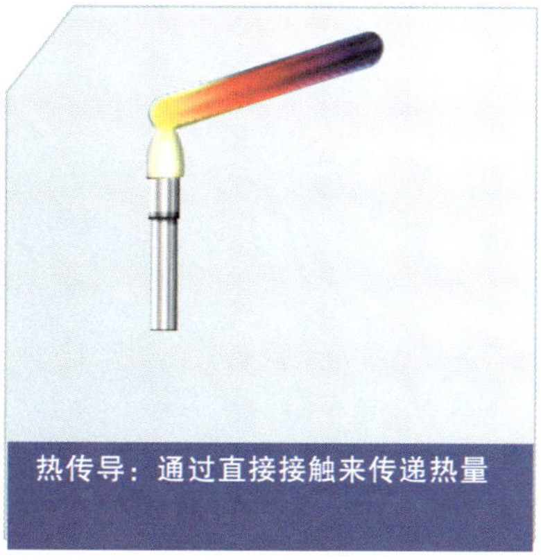

热传导：通过直接接触来传递热量

图1-12　热传导

热对流：通过气体或液体循环流动来传递热量

图1-13　热对流

热辐射：通过射线来传递热量

图1-14　热辐射

7. 显热和潜热

水在达到100℃以前，加热会使温度上升，温度升高所需要的热称为显热。

水在达到100℃以后，加热温度不再升高，但可以使液体变成气体，从一个相变化到另一个相吸收或放出的热量称为潜热。潜热可分为汽化潜热、液化潜热、固化潜热、升华潜热、溶解潜热。

物体的显热与潜热如图1-15所示。

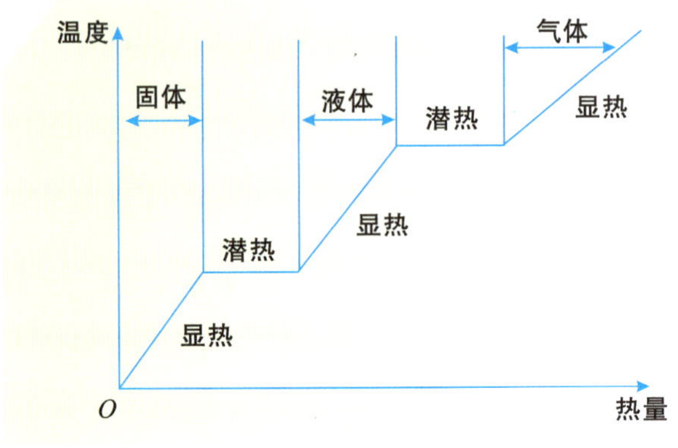

图1-15 物体的显热与潜热

8. 节流

在流体通路中，若通道突然缩小，液体的流动会受到阻力，压力下降，这种变化称为节流，如图1-16所示。

在空调制冷系统中，制冷剂在膨胀阀中的状态变化就是节流过程。

制冷剂被膨胀阀节流后，如果压力下降得比饱和压力还低，部分液体将变成蒸气，体积急剧增大。这时的蒸发热是由液体本身供给的，所以液体温度下降较大。

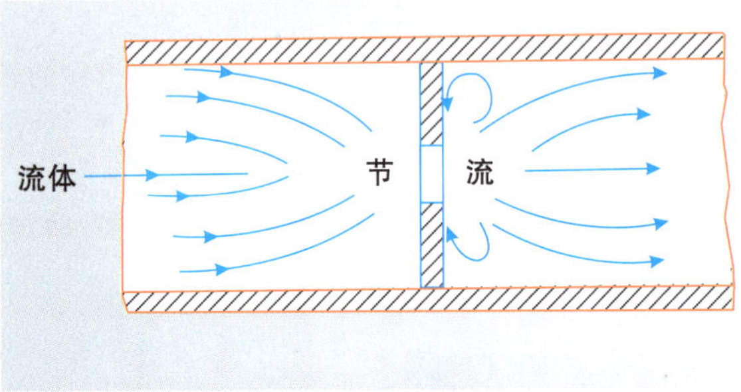

图1-16 流体的节流

思考与练习

一、填空题

1. 温度的标定方法有________、________、________三种。
2. 在制冷技术中，“过冷”是对________而言的；“过热”是对________而言的。
3. 热量的传递方式有________、________、________三种方式。
4. 汽车空调系统中使用的制冷剂有两种，它们是________和________。
5. 制冷剂全部蒸发完毕的点叫________点，当吸收另外的热量后，就称其为________。
6. 携带潜热的制冷剂在________内放出热量，与此同时其状态由________变为________。
7. 在流体通路中，若通道突然缩小，液体受到阻力，压力下降。这种变化称为________。

二、判断题（正确的打“√”，错误的打“×”）

1. 在制冷技术中，“过冷”是对气体而言；“过热”是对液体而言。（　　）
2. 液化是液态转变成气态，是吸热过程。（　　）
3. 汽化是由液态转变成气态，是吸热过程。（　　）
4. 沸腾是在一定温度或压力下，从液体内部和表面同时发生剧烈的汽化现象。（　　）
5. 节流是可逆过程。（　　）

三、选择题

1. 汽车空调设备的制冷剂主要是（　　）

   A. R12　　B. R22　　C. R134　　D. R134a

2. 下例说法正确的是（　　）

   A. 从气体变成液体时放出的热叫作液化潜热

   B. 从液体变成气体时所需的热叫作蒸发潜热

   C. 从固体变成液体时吸收的热叫作熔解潜热

   D. 从固体直接变成气体时吸收的热叫作升华潜热

由于汽车种类不同，相应地与之相配的汽车空调系统也不一样。按照空调布置方式可以划分不同的种类。轿车多采用非独立式，其压缩机由主发动机驱动，空调系统各部件采取分散布置；而大客车空调大多采用独立式，其压缩机由专门配备的副发动机驱动，空调性能不受汽车行驶工况影响，其各系统部件既有采取整体布置，也有采取分散布置，视汽车的结构形式而定。这一情境我们就来学习汽车空调的分类。

情境二：汽车空调分类与构成

一、汽车空调分类与组成

（一）按自控程度分

汽车空调按自控制程度可分为手动空调（MTC）和自动空调（ATC）两种。

在电子控制的手动空调系统中，进气源、空气温度、空气分配及鼓风机速度等功能都是驾驶员通过旋钮或拨杆进行调节手动选择的。典型的手动空调控制面板，如图1-17所示。

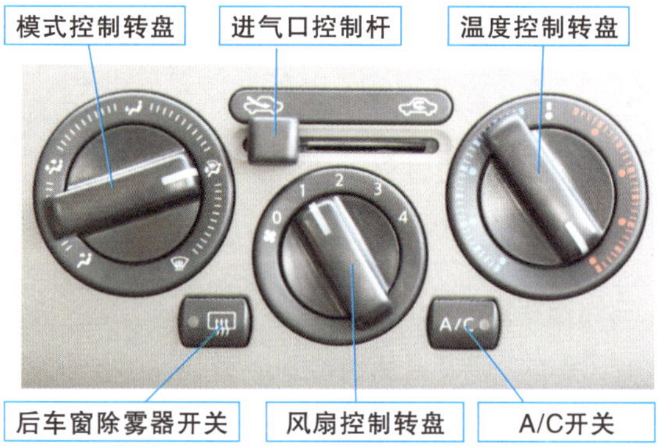

图1-17　手动空调控制面板

自动空调系统自动监控并调节温度、鼓风机速度和空气分配。自动模式提供了最适宜的系统控制，并且不需要手动干预；手动模式允许忽略单个功能的自动运行，以适应个人偏好。典型的自动空调控制面板，如图1-18所示。

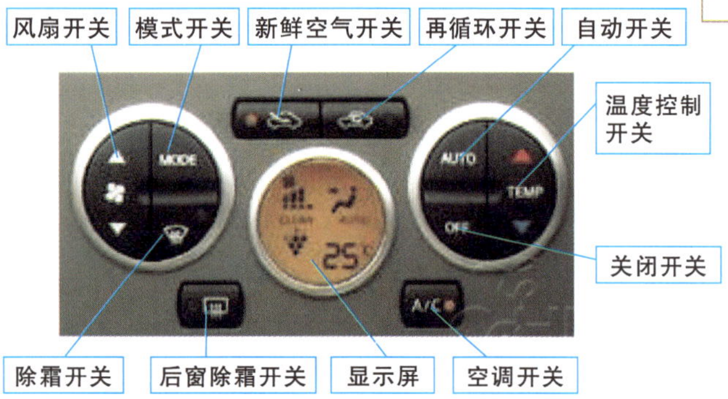

图1-18　自动空调控制面板

两种系统都是由制冷系统、暖风机总成和控制系统组成。ATC和MTC的区别在于，ATC比MTC多了日光传感器、车内温度传感器和暖风芯体冷却液温度传感器，并且两者的空调控制器总成也是不同的，即控制系统有所不同。

（二）按驱动方式分

汽车空调根据压缩机驱动形式的不同分为独立式和非独立式两种。

1. 独立式空调

独立式汽车空调系统，如图1-19所示。其压缩机由专门的副发动机驱动，空调系统不受主发动机的影响。一般用于长途货运、高大中巴等车型。

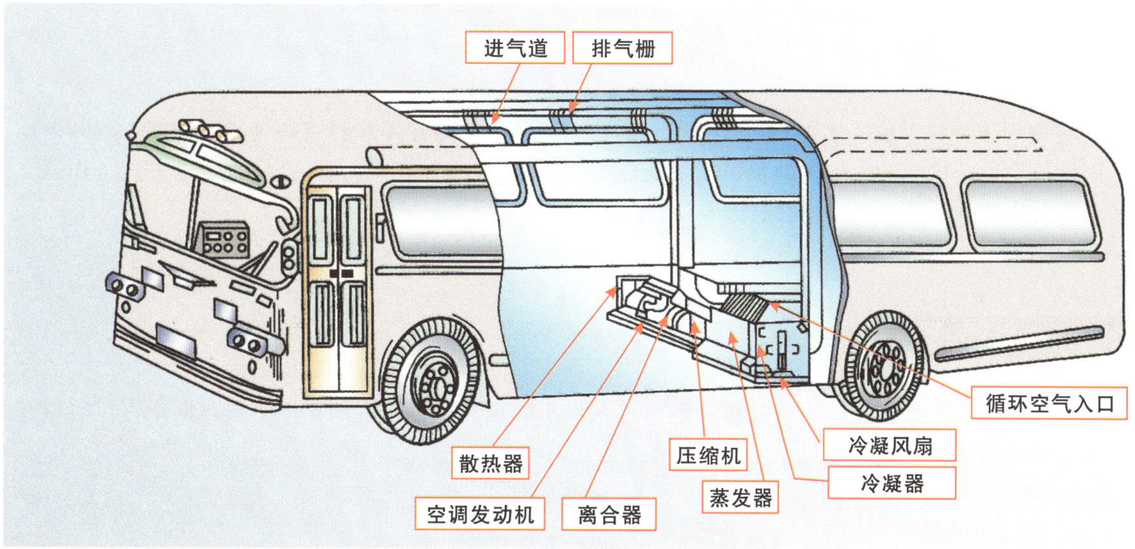

图1-19 独立式汽车空调系统

优点：制冷工况较稳定，不受车速影响。

缺点：重量、成本都增加，安装位置增大，有时由于主、辅机类型不同（譬如主机是柴油机，辅机是汽油机），需要单独提供燃料箱。

2. 非独立式空调

非独立式汽车空调系统，如图1-20所示。其压缩机是由汽车主发动机通过传动带直接驱动的，需要消耗主发动机的一定动力，而且空调系统的制冷量随汽车行驶速度的变化而变化，是变制冷量系统。非独立式汽车空调系统广泛用于轿车、货车、轻型客车及工程汽车上；对于发动机后置的大中型客车，当发动机功率足够大，且在保证汽车动力性的前提下还有较大后备功率时，也可选用非独立式空调。

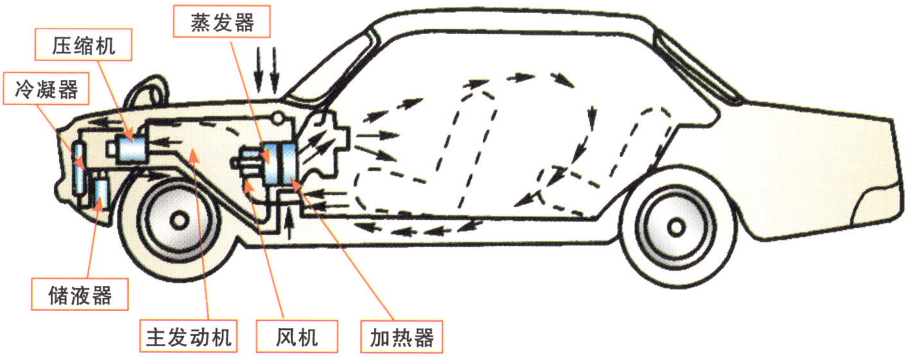

图1-20 非独立式汽车空调系统

制冷原理：

压缩机使制冷剂在制冷系统中循环流动，制冷剂通过蒸发器时汽化吸收车室内空气热量，使车内温度降低，流过冷凝器时冷却放热，将热量散到车外。

优点：与汽车合用一个动力源，结构简单，并降低了设备成本和车的重量，也减少了空间的占用以及发动机维护工作量。

缺点：制冷工况受汽车行驶速度的影响大，发动机转速越高，压缩机转速越高，消耗功率越大，影响汽车的加速运行。当汽车低速或怠速运行时，由于空调可能会造成发动机过热而熄火，也影响汽车爬坡。

3. 电力驱动空调

电力驱动空调用于特种车辆，例如雷达指挥车、营房车等。主要是在停车时空调处于工作状态，利用地面电源，此时压缩机由电动机驱动，但同时仍需增加直流电源（汽车空调的电气元件是按直流电方式工作的）。三电公司推出的涡旋式电动压缩机就是以电力为动力源的。

（三）按功能分类

汽车空调经历了由低级到高级的发展过程。最先进入汽车的是暖风机，它的作用主要是向乘客供暖以及为挡风玻璃内侧除霜。随着制冷技术的发展，冷风机也进入了汽车。

汽车空调按功能可分为冷暖分开型、冷暖合一型和全功能型。

1. 冷暖分开型

制冷和采暖系统各自分开，由两个完全独立的冷风机和暖风机所组成，各有各的送风机，控制系统也是完全分开的。制冷时完全是吸入车内空气；采暖时既可吸入车内空气，也可吸入车外新风。冷暖分开型汽车空调，如图1-21所示。这种结构占用空间，主要用在早期的汽车空调中。

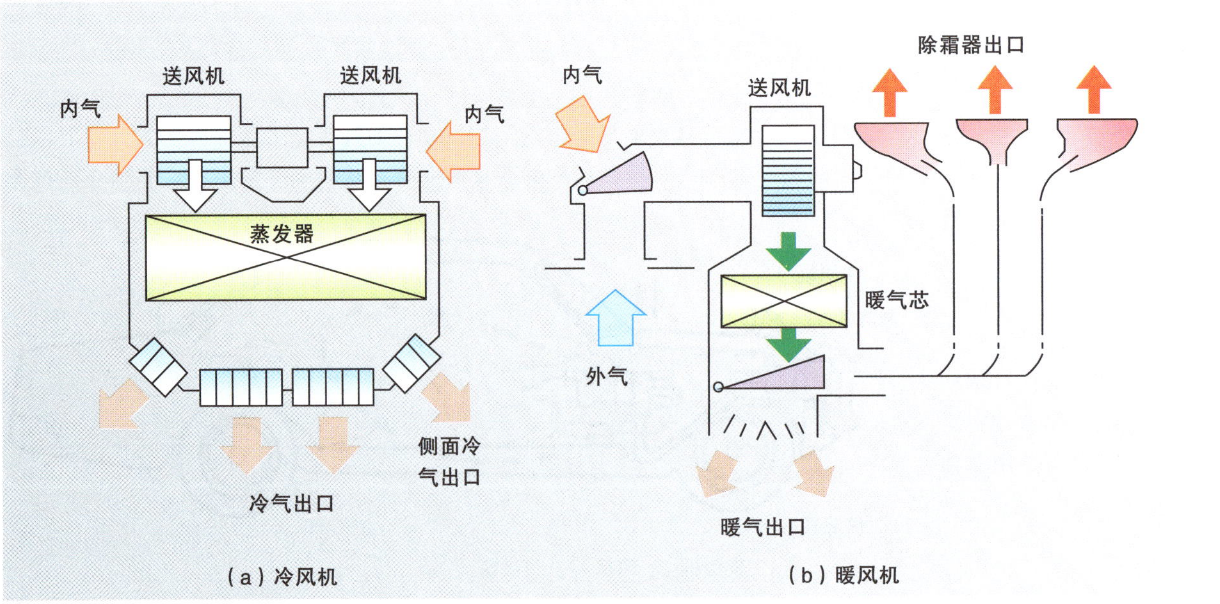

图1-21　冷暖分开型汽车空调

2. 冷暖合一型

在暖风机的基础上增加了蒸发器芯和冷气出风口，但制冷和采暖各自分开，不能同时工作。目前，许多轿车（如桑塔纳轿车等）都还采用这种结构形式。此种形式虽然结构合一，但供冷和采暖的功能仍然是分开的。冷暖合一型汽车空调，如图1-22所示。

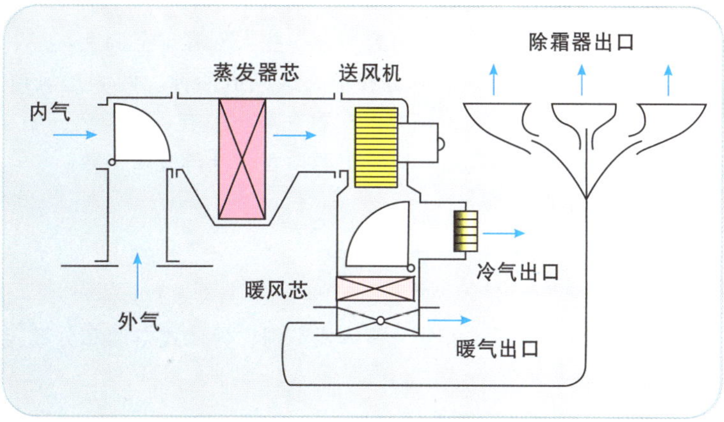

图1-22 冷暖合一型汽车空调

3. 全功能型

集制冷、除湿、采暖、通风和净化于一体，既可供冷气，又可供暖气，还可进行通风和除尘。

冷暖分开型和冷暖合一型的缺点是冷风机只能降温、除湿，不能调节送风的相对湿度。夏季，当汽车室内需要冷风时，风机抽入外界的湿热空气，经过蒸发器的冷却和除湿，变成冷风送入汽车室内。然而，这种脱去冷凝水而吹出来的冷风，尽管绝对含湿量减少了，但相对湿度却在95%以上，这种冷而湿的风直接吹到驾乘人员身上并不舒适，因此，必须设法在冷风吹出来之前降低其相对湿度。简单的办法就是将冷却、除湿后的空气适当地再加热，北京切诺基吉普车就属于这种类型，图1-23为其空气处理系统示意图。它在蒸发器和加热器之间设置了一个可以连续调节的混合风门。从蒸发器流出来的空气可以随混合风门的开闭部分或全部通过加热器。流过加热器和不流过加热器的空气在空调器内先混合，再经风门送出。夏季，可以通过调节混合风门的开度来调节冷湿空气的再加热程度；冬季，可通过调节混合风门的开度调节暖风的温度。混合风门的设置大大改善了对空气相对湿度的调节能力。

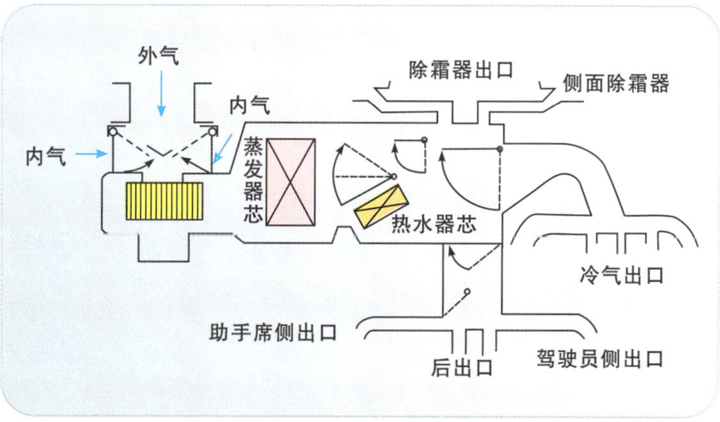

图1-23 全功能型汽车空调空气处理系统

（四）按送风方式分类

汽车空调按送风方式不同可分为直吹式和风道式。

1. 直吹式

冷气或暖气直接从空调器送风面板吹出。其结构简单，阻力损失小，但送风均匀性差。一般轿车、中小型客车及货车的空调常采用此种送风方式。

2. 风道式

它是将空调器处理后的空气用风机送到塑料风道，再由车厢顶部或座位下的各风口、风阀送至车内。此种方式送风较均匀，冷气或暖气可送到所需要的部位（如人体头部、脚部等），但结构较复杂，风道阻力增加，同时风机所耗功率相应加大。主要用在一些大型客车空调上。

风道式又可分为两侧送风道和中央送风道两种。两侧送风道布置在车顶转角处，一般不占用车内有效空间，对乘客行车影响不大，但要求车窗框离车顶有一定距离；中央送风道的优缺点正好与其相反，为不影响乘客行车，风道必须做得很扁，同时车厢顶要设计得较高一些。

（五）按结构形式分类

汽车空调按结构形式可分为整体式空调、分体式空调和分散式空调口。

1. 整体式空调

它是将副发动机、压缩机、冷凝器、蒸发器通过传动带、管道连接成一个整体，安装在一个专用机架上，构成一个独立总成，由副发动机带动，通过车内送风管将冷风送入车室内，如图1-24所示。

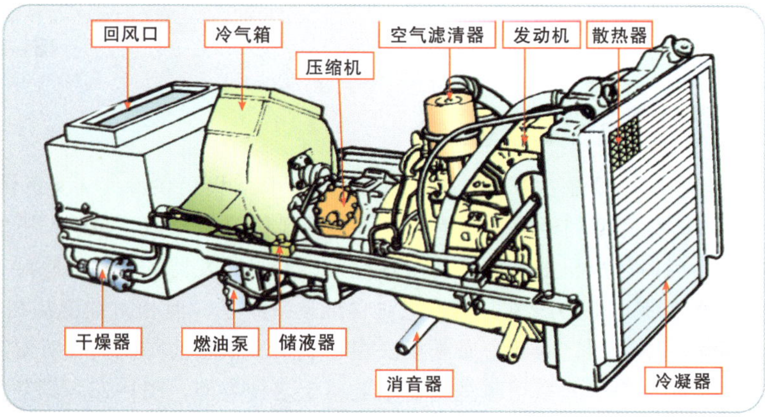

图1-24　整体式空调

2. 分散式空调

将蒸发器、冷凝器、压缩机等各部件分散安装在汽车各个部位，并用管道相连接。轿车、中小型客车及货车都采用这种结构形式，如图1-25所示。

3. 分体式空调

它是将压缩机、冷凝器、蒸发器以及独立式空调的副发动机部分或全部分开布置，用管道连接成一个制冷系统，如图1-26所示。

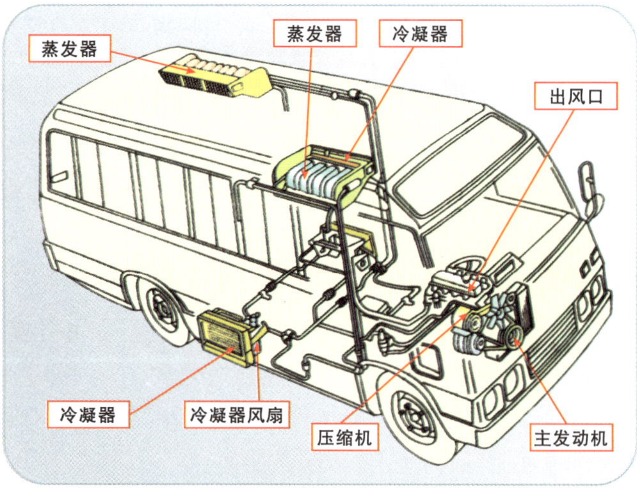

图1-25　分散式空调器的主要部件及位置

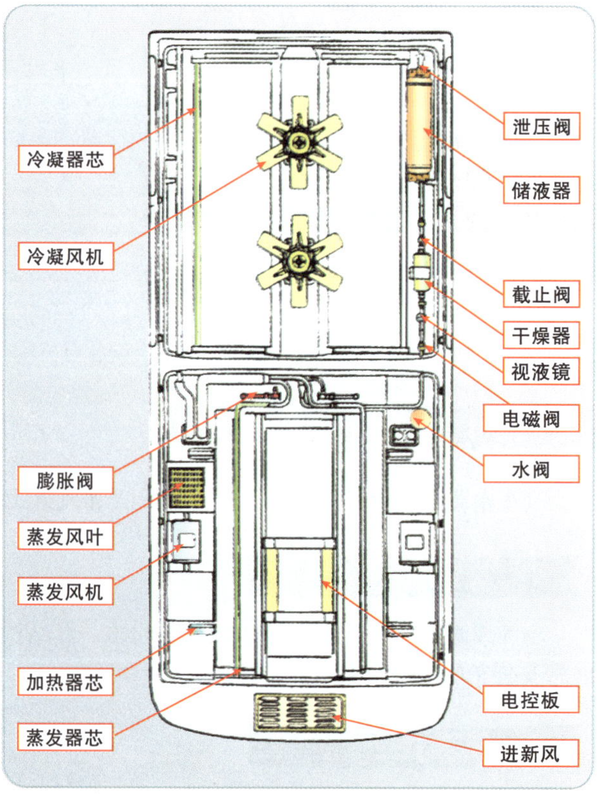

图1-26　分体车顶置空调器的主要部件及位置

二、汽车空调功能

汽车空调的功能主要有调节车内的温度、湿度、气流速度、空气洁净度和除霜等，从而为乘客和驾驶员创造清新舒适的车内环境、减轻驾驶员的疲劳度、提高行车安全性。

1. 车内温度的调节

驾驶员根据气候的变化，通过调节或设定空调控制面板上的温度调节开关，调节或设定自己适应的车内温度。这不仅减轻冬季因天气寒冷、手脚僵硬或动作不灵活而造成的行车危险，而且为天气炎热、容易疲倦的夏天提供了一个舒适的环境。

2. 车内湿度的调节

早前，普通的汽车空调不具备湿度调节功能，只有在高级轿车上采用了冷暖一体化空调，才能对车内的湿度进行适量调节。它通过制冷装置冷却去除空气中的水分，再由取暖装置升温，以降低空气的相对湿度。

3. 车内湿度和气流速度的调节

空气的流速和方向对人体舒适度影响很大。夏天，气流速度快，有利于人体散热降温，但过快的风速也会使人感到不舒服（一般舒适的气流速度为0.25m/s左右）；冬天，风速快时会影响人体保温，因而采暖时的气流速度应尽量小一些（一般为0.15~0.20m/s）。根据人体生理特点，头部对冷比较敏感，脚部对热比较敏感，因此，在布置空调出风口时，应采取上冷下暖的方式。

4. 车内空气过滤、净化

由于车内空间小、乘客密度大以及车内维护少等原因，易出现缺氧和二氧化碳浓度过高的情况，再加上汽车发动机废气中的一氧化碳和道路的灰尘进入车内，造成车内空气污浊，影响乘客的身体健康。因此，汽车空调必须具有补充车外新鲜空气、过滤和净化车内空气的功能。其一般设有进风门、排风门、空气过滤器和空气净化装置等。

5. 除霜功能

冬天，前、后挡风玻璃容易结霜，这将导致驾驶员的视线模糊不清，增加行车危险性。这就需要汽车空调具有除霜功能，通过暖风来除去挡风玻璃上的霜，以维持驾驶员视线清晰，提高驾驶的安全性。

三、汽车空调特点

汽车空调大多数是通过发动机带动压缩机来工作的，所以汽车空调是以消耗发动机的动力来调节控制车内环境的。了解和掌握汽车空调的特点，有利于汽车空调的使用和维修。

汽车空调主要具有以下特点：

1. 动力源多样

空调系统所需要的动力来自发动机。汽车空调系统按驱动方式分为独立式和非独立式。

轿车、轻型车、中小型客车及工程机械用车，其空调所需要的动力和驱动汽车的动力都是来自汽车本身的发动机，这种空调系统叫非独立式空调；对于大型客车和豪华型大中客车，由于所需制冷量和暖气量大，一般采用专用发动机驱动制冷压缩机和设置独立的采暖设备，故称之为独立式空调系统。

非独立式空调会影响汽车的动力性能，但比独立式的设备成本、运行成本低。汽车安装了非独立式空调系统，耗油量平均增加10%~20%，发动机的输出功率减少10%~12%。

2. 抗冲能力强

汽车在颠簸不平的路面行驶时，汽车空调系统会承受剧烈、频繁的振动和冲击，因此，汽车空调的各个零部件应有足够的强度和抗震能力，接头牢固并防漏。特别是汽车在颠簸不平的路面高速行驶，汽车空调各接头极易松动，导致制冷剂泄露，破坏整个空调系统的工作条件，甚至破坏制冷系统的部件，如压缩机。所以，各部件的连接要牢固，要经常检查系统内的制冷剂量。根据维修人员统计，汽车空调制冷不良多数是由于制冷剂泄露而引起的。

3. 结构紧凑、重量轻

由于汽车本身的特点，要求汽车空调的结构紧凑，能在有限的空间进行安装，而且安装了空调之后，不至于使汽车增重太多，影响其他性能。现代汽车空调的总重量比20世纪60年代的同类型产品减少了50%，是原始汽车空调装置重量的1/4，而制冷能力却比20世纪60年代的同类型产品增加了50%。

4. 制冷、制热能力强

根据气候的不同，要求汽车空调的制冷、制热能力大，其原因在于：

①车内乘员密度大，产生的热量多，热负荷大，而冬天人体所需要的热量也较大。

②汽车为了减轻自重，隔热层薄，加之汽车的门窗多、面积大，所以汽车隔热性能差，热量流失严重。

③汽车在野外行驶，环境恶劣，气温千变万化。要使汽车空调能迅速地降温，在最短的时间里达到舒适的环境，就要求制冷量特别大。非独立式空调系统由于汽车发动机的工况变化频繁，制冷系统的制冷剂流量变化大。

思考与练习

一、填空题

1. 汽车空调按驱动方式分为__________、__________、________。

2. 汽车空调按功能分为__________、__________、__________。

3. 汽车空调按自控程度分为__________、__________、__________。

4. 汽车空调按结构形式分为__________、__________和__________。

5. 汽车空调的功能主要有__________、__________、__________、__________和__________等，从而为乘客和驾驶员创造新鲜舒适的车内环境，减轻驾驶员的疲劳度，提高行车安全性。

二、判断题（正确的打“√”，错误的打“×”）

桑塔纳汽车空调是冷暖一体化空调系统。（　　）

三、选择题

1. 下例哪种形式不属于空调系统按功能分类的项目（　　）

A. 整体式　　B. 单一功能型　　C. 冷暖一体型　　D. 全功能

2. 下例哪种形式不属于空调系统按结构形式分类的项目（　　）

A. 整体式　　B. 分体式　　C. 直吹式　　D. 分散式

第二部分

空调制冷系统组成

汽车空调制冷系统由压缩机、冷凝器、储液干燥器、膨胀阀和蒸发器五大主要部件，以及空调压力开关、制冷管路和接头、制冷剂、压缩机油等附属设备组成。

汽车空调压缩机和电磁离合器是汽车空调系统的重要组成部件。电磁离合器从动盘打滑、电磁线圈烧坏、排气阀破裂及压缩机卡死、泄漏、异响都将引起汽车空调系统无法正常工作。出现上述故障时，应及时检修电磁离合器或更换压缩机。下面我们就来学习压缩机。

情境一：压缩机

压缩机是汽车空调制冷系统的心脏。压缩机有两个重要功能：一是使系统内产生低压条件；二是把气态制冷剂从低压压缩至高压，并使其温度升高。压缩机是汽车空调制冷系统内制冷剂循环的泵，它能把热量从吸热部分的蒸发器传送到放热部分的冷凝器里去。所以，压缩机上述两个功能只要有一个失效，就会导致空调系统内制冷剂无法循环，无法进行热交换，空调制冷系统将工作不良或完全不制冷。

一、压缩机类型

压缩机的分类如图2-1所示。

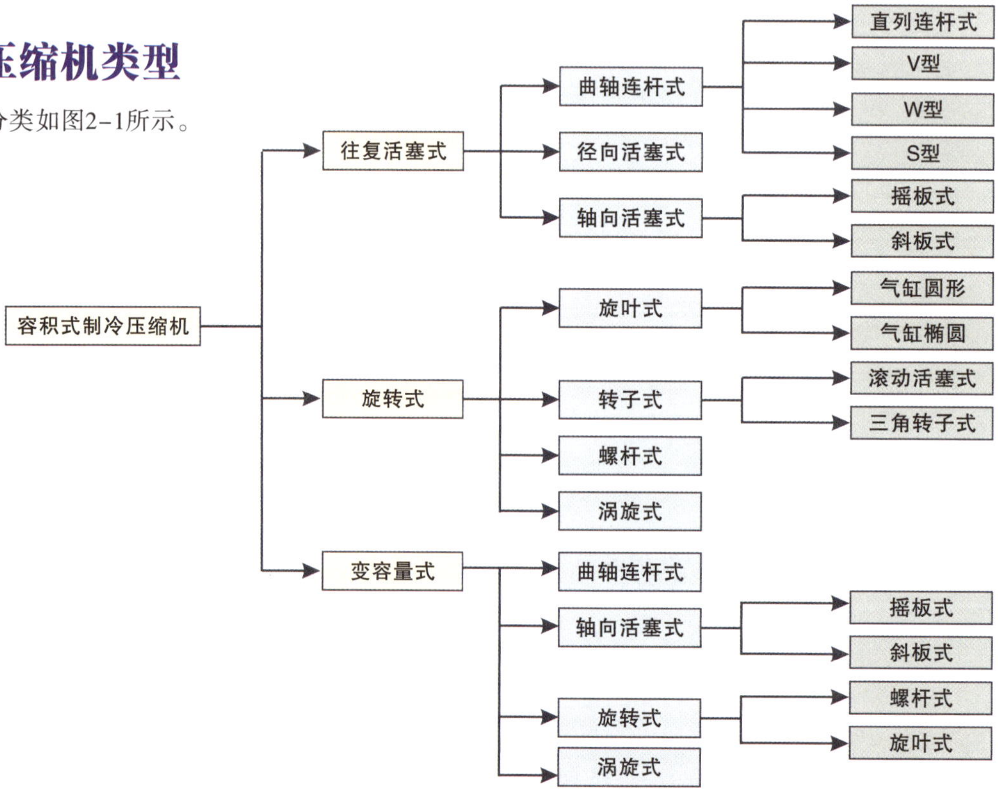

图2-1 压缩机的分类

1. 曲轴连杆式压缩机

曲轴连杆式压缩机结构，如图2-2所示。曲轴连杆式压缩机可以分压缩、排气、膨胀、吸气工作过程，如图2-3所示。曲轴旋转时，通过连杆带动活塞往复运动，由气缸内壁、气缸盖和活塞顶面构成的工作容积便会发生周期性变化，从而在制冷系统中起到压缩和输送制冷剂的作用。

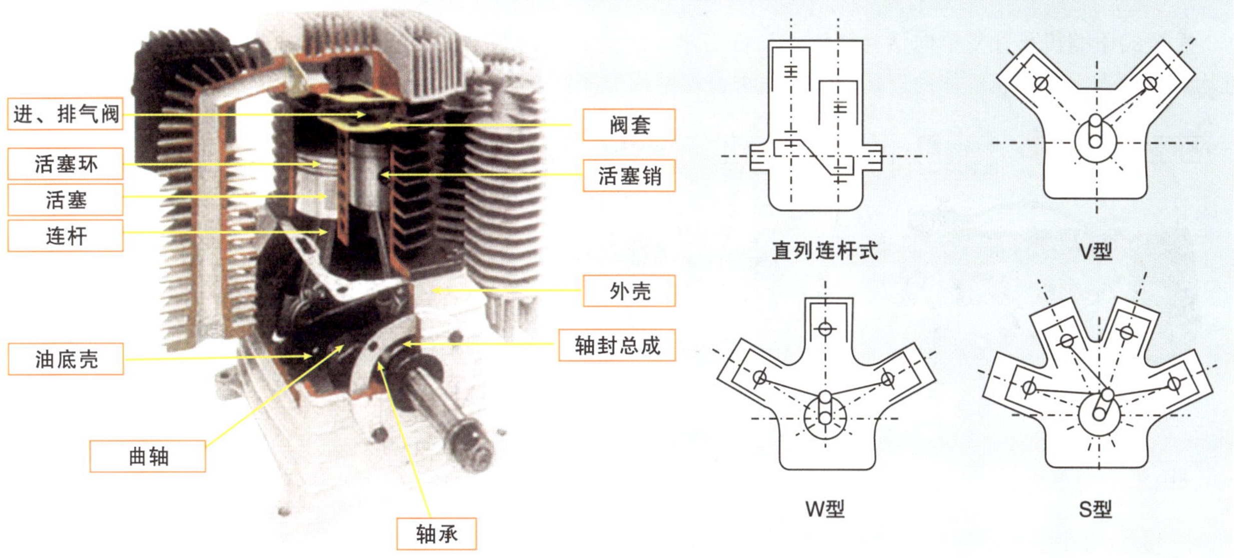

图2-2 曲柄连杆式压缩机结构

压缩过程：活塞由下止点向上止点运行到中部位置的过程中，进气阀、排气阀关闭，制冷剂气体被压缩

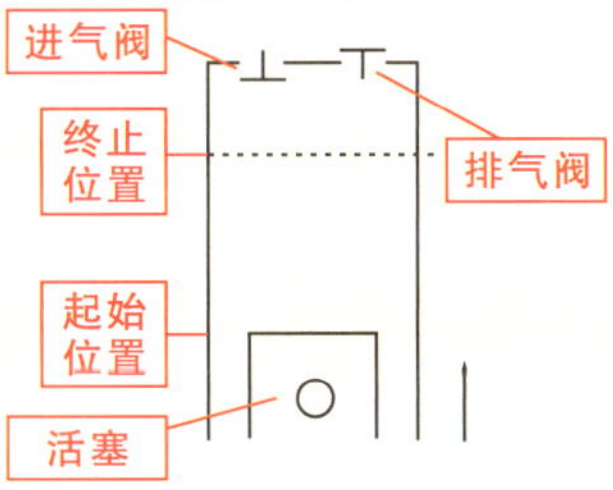

压缩

排气过程：活塞继续向上运行，排气阀打开，进气阀关闭，压缩气体排除，活塞到达上止点，排气阀关闭

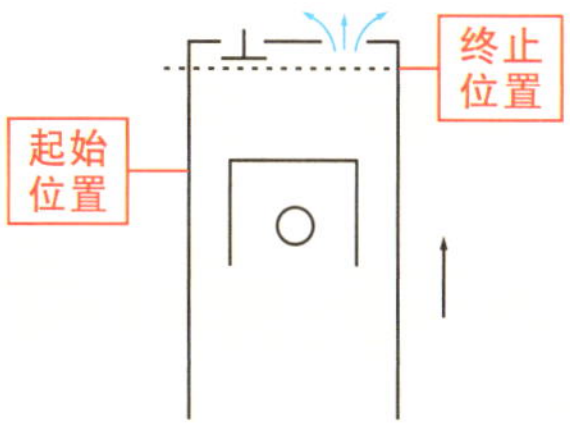

排气

膨胀过程：活塞由上止点向下止点运行，进气阀、排气阀关闭，气缸容积扩大产生真空度，到达中部位置

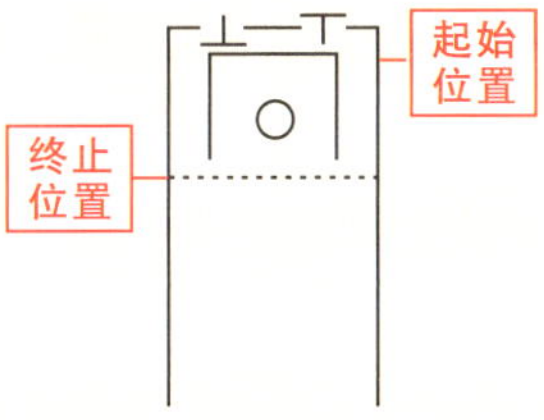

膨胀

吸气过程：活塞继续向下运行，进气阀打开，排气阀关闭，低温、低压制冷剂气体吸入气缸，到达下止点结束

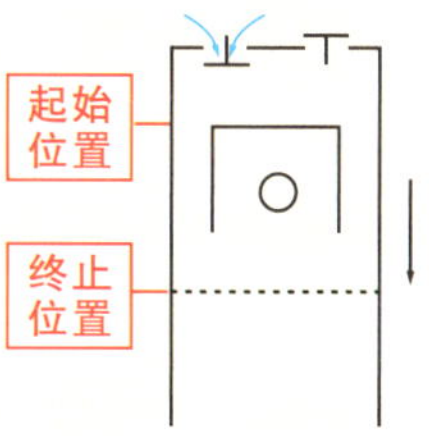

吸气

图2-3 曲柄连杆式压缩机工作过程

曲轴连杆式压缩机是第一代压缩机，它应用比较广泛，制造技术成熟，结构简单，而且对加工材料和加工工艺要求较低，造价比较低；它适应性强，能适应广阔的压力范围和制冷量要求，易于维修。

曲轴连杆式压缩机也存在一些明显的缺点，例如无法实现较高转速，机器笨重，不容易实现轻量化；排气不连续，气流容易出现波动，工作时有较大的振动。

由于曲轴连杆式压缩机的上述特点，已经很少有小排量的压缩机采用这种结构形式。曲轴连杆式压缩机目前大多应用在客车和卡车的大排量空调系统上。

2. 轴向活塞压缩机

轴向活塞式压缩机常见的有摇板式压缩机和斜板式压缩机两种。

（1）摇板式压缩机

摇板式压缩机是往复单向活塞结构，又称为单向斜盘式或摇摆斜盘式。摇板式压缩机是将5个（或7个）汽缸均匀地分布在压缩机缸体内。摇板式压缩机分解结构如图2-4所示。

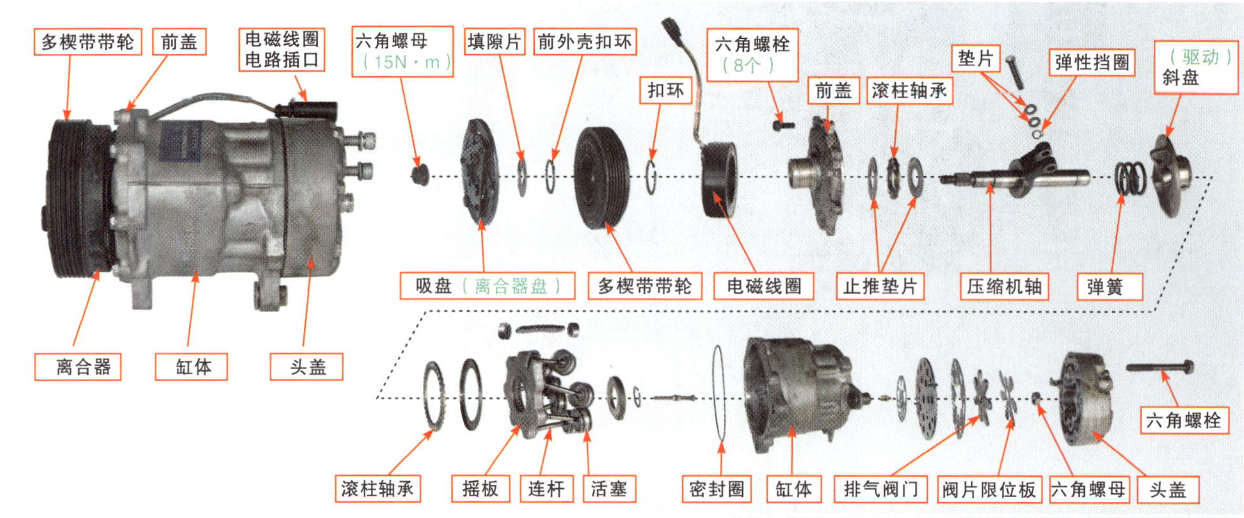

图2-4 摇板式压缩机分解结构（捷达）

摇板式压缩机工作原理：

主轴旋转时，带动楔形块随之旋转，摇板受楔块旋转而推着摆动，摇板的摆动牵连活塞做往复运动，完成吸气、压缩、排气的工作过程，如图2-5所示。

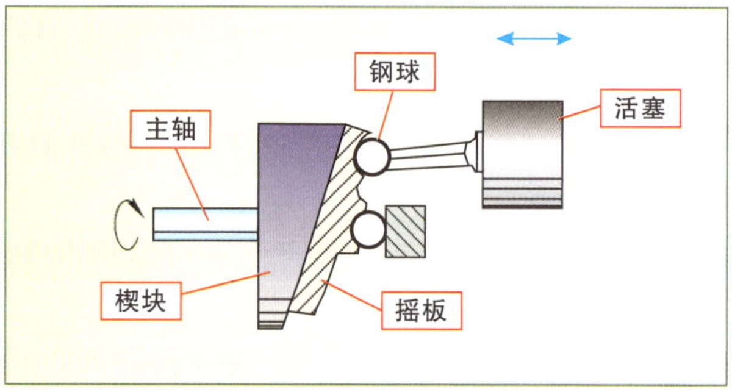

图2-5 摇板式压缩机工作过程

由于摇板式压缩机像曲轴连杆式一样，装有吸、排气阀片，其工作循环也具有压缩、排气、膨胀、吸气四个过程。当活塞向左运动时，该气缸处在膨胀、吸气状态；而摇板另一端的活塞向反方向的右端移动，该气缸处在压缩、排气状态。主轴转动一周，一个气缸就要完成膨胀、吸气、压缩、排气一个循环。若一个摇板上装有5个活塞，对应的5个气缸在主轴转动一周就有5次吸气、排气过程。图2-6为摇板式压缩机工作过程。

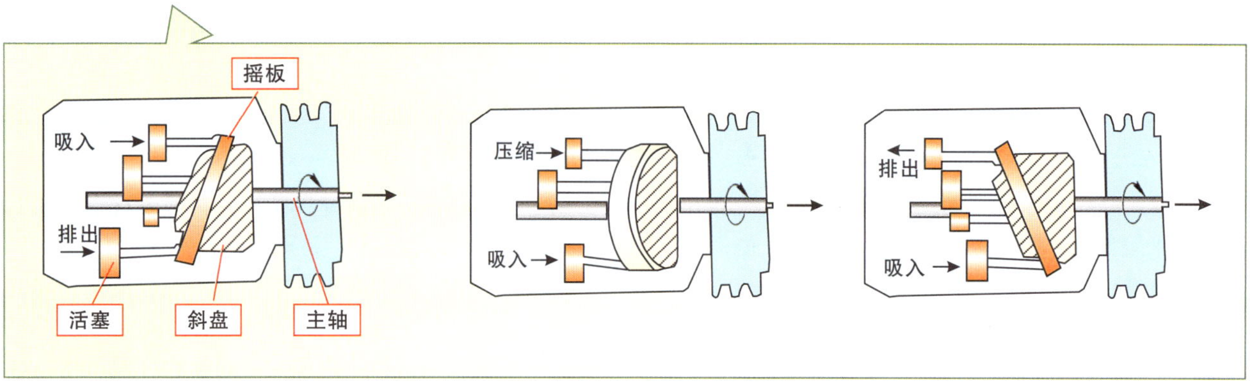

图2-6 摇板式压缩机工作过程

（2）斜板式压缩机

斜板式压缩机（又称斜盘式压缩机）的主要零件是主轴和斜板，如图2-7所示。

各气缸以压缩机主轴为中心布置，活塞活动方向与压缩机的主轴平行，以便活塞在气缸体运动。斜板以一定的角度与主轴固定在一起。斜板的边缘装在活塞中部的槽中，活塞槽与斜板边缘通过钢球轴承支撑在一起，主轴的旋转引起斜板的外圆不断改变其轴向方向，当主轴旋转时，斜板也随着旋转，斜板边缘推动活塞不断地做往复运动。当活塞上方的体积增大时，制冷剂被吸入气缸；当活塞上方的体积减小时，制冷剂由排气簧片阀排出。当气缸的一端进行进气冲程，则另一端就成为排气冲程。在主轴旋转过程中，都进行了进气、排气冲程双重出吸动作。

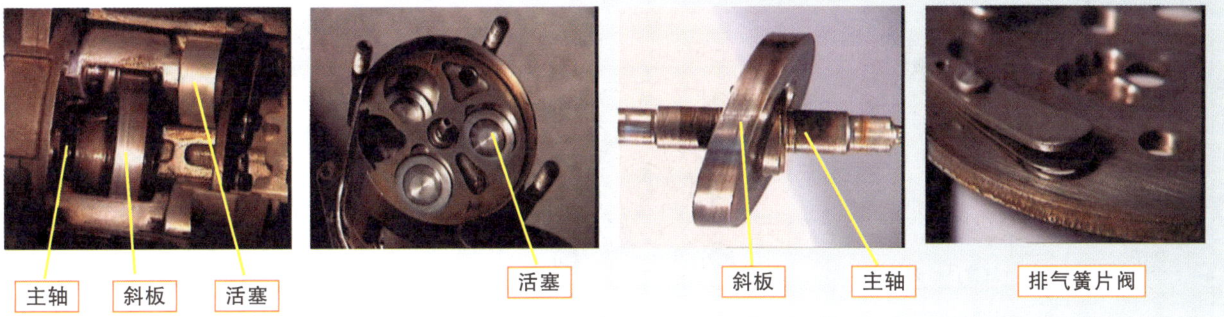

图2-7　斜板式压缩机内部结构

斜板式压缩机的工作过程：

处于图Ⅰ位置时，活塞向右移动至极限位置，前缸内压力降低，低压腔内的制冷剂从吸气口被吸入到前缸；当斜盘转至图Ⅱ位置时，活塞向左移动，前缸内压力升高，缸内气体被压缩；当斜盘转至图Ⅲ位置时，制冷剂被压缩成高温高压的气体从排气口排出。至此，完成一个循环。由于此活塞为双向活塞，因此后缸的工作原理与前缸相同，如图2-8所示。

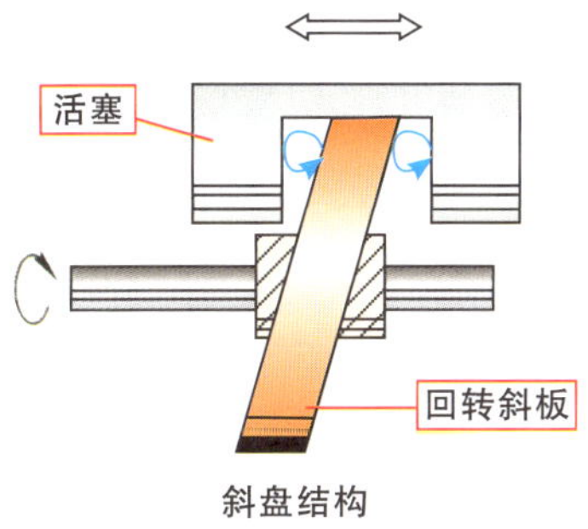

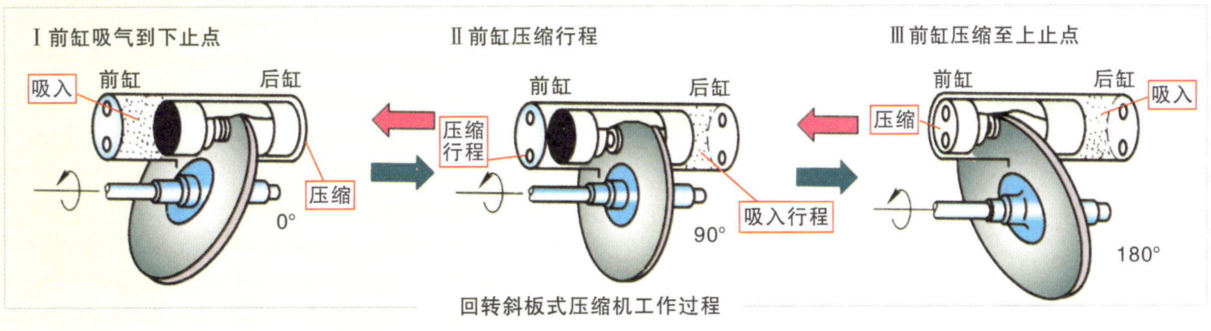

图2-8　斜板式压缩机工作过程

3. 旋转叶片式压缩机

旋转叶片式压缩机的气缸形状有圆形和椭圆形两种。在圆形气缸中，转子的主轴与气缸的圆心有一个偏心距，使转子紧贴在气缸内表面的吸、排气孔之间。在椭圆形气缸中，转子的主轴和椭圆中心重合。

斜板式压缩机

转子上的叶片将气缸分成几个空间，当主轴带动转子旋转一周时，这些空间的容积不断发生变化，制冷剂蒸汽在这些空间内也发生体积和温度上的变化。旋转叶片式压缩机没有吸气阀，因为叶片能完成吸入和压缩制冷剂的任务。如果有 2 个叶片，则主轴旋转一周有 2 次排气过程。叶片越多，压缩机的排气波动就越小，如图2-9所示。

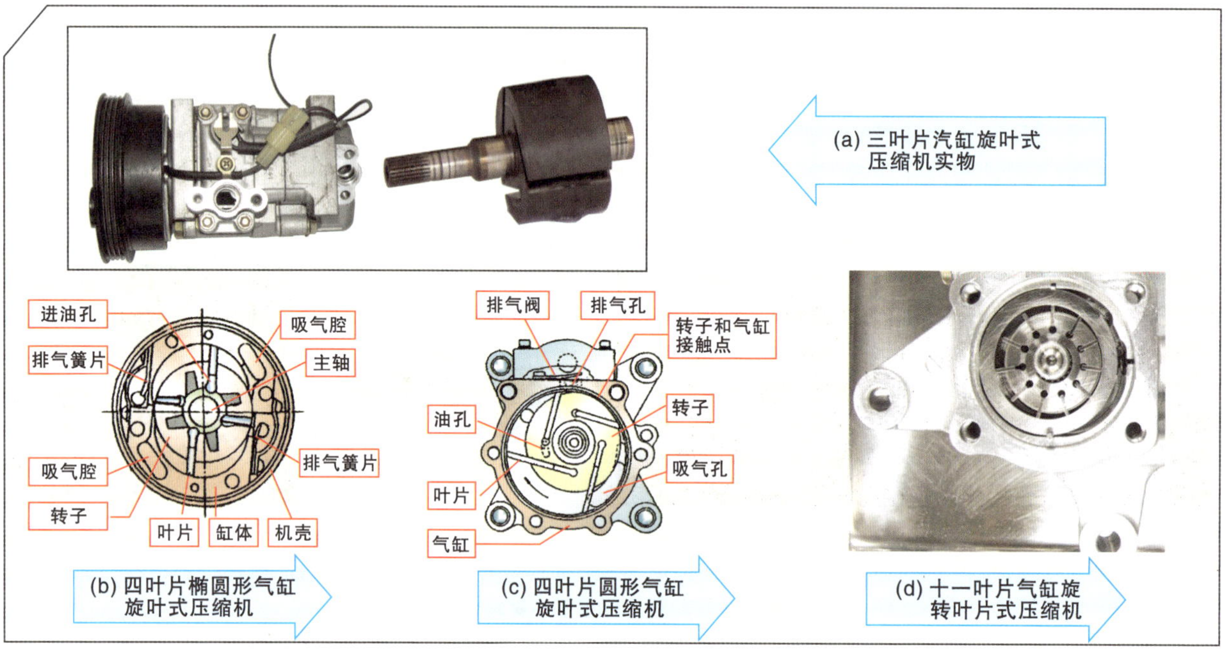

图2-9　旋转叶片式压缩机

旋转叶片式压缩机特点：

由于旋转叶片式压缩机的体积和重量可以做到很小，易于在狭小的发动机舱内进行布置，加之其具有噪声和振动小、容积效率高等优点，在汽车空调系统中得到了一定的应用。但是旋转叶片式压缩机对加工精度要求很高，制造成本也较高。

4. 涡旋式压缩机

涡旋式压缩机是一种用于汽车空调比较新颖的旋转式空调压缩机，由涡线定子、涡线转子、防自转机构、曲轴等部件组成。涡旋式压缩机分解结构，如图2-10所示。

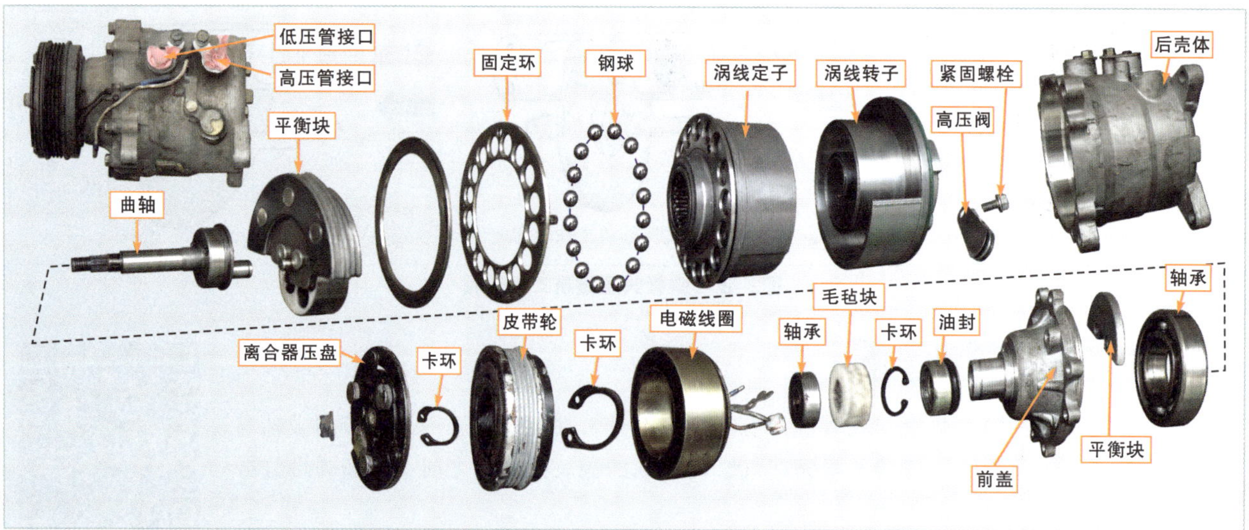

图2-10　涡旋式压缩机分解结构

涡旋式压缩机工作原理：

气体进入涡线定子与涡线转子的涡线之间，就在涡线端板形成的空间中被压缩。转子与定子的涡线呈渐开线，两曲线基本相同。配合时使两者中心相距旋转半径，保证相位差为180° 并相切。涡线转子随曲轴进行公转运动，在运动中应保持不发生自转，并使它的中心以涡线定子中心为圆心，在圆周上做圆周运动。固定环是防止涡线转子自转的机构。

特点：结构简单，可靠性好；由于不需要吸、排气阀，所以噪声低；在大的速度范围内均可保持高的容积效率，而且允许气态制冷剂中带有液体；尺寸小，重量轻，较适合小型汽车里的空调系统使用。

5. 斜盘可变排量式压缩机

可变排量压缩机可以根据设定的温度自动调节功率输出。斜盘可变排量压缩机结构，如图2-11所示。空调控制系统不采集蒸发器风口的温度信号，而是根据空调管路内的压力变化信号来控制压缩机的压缩比，从而自动调节风口温度。在制冷的全过程中，压缩机始终是工作的，制冷强度的调节完全依赖于装在压缩机内部的压力调节阀。当空调管路内高压端压力过高时，压力调节阀将缩短压缩机内活塞行程，以减小压缩比，这样就会降低制冷强度；当高压端压力下降到一定程度、低压端压力上升到一定程度时，压力调节阀则增大活塞行程，以提高制冷强度。

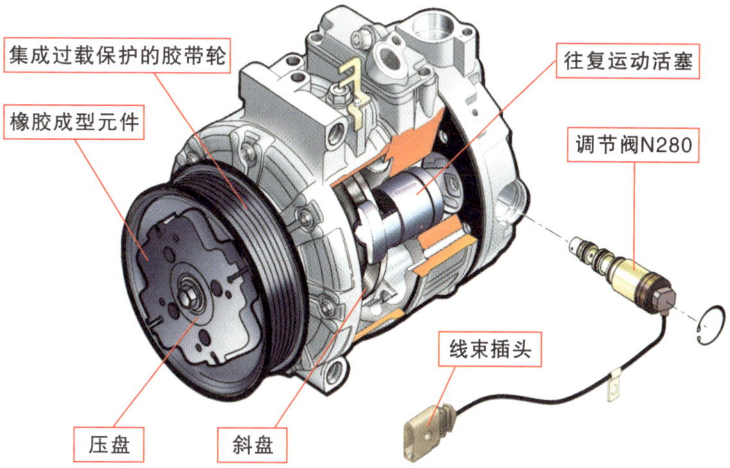

图2-11 斜盘可变排量压缩机结构

二、涡旋式压缩机拆卸（以金杯海狮为例）

①拧下压缩机离合器压盘的锁紧螺母，如图2-12所示。

②取下离合器压盘，如图2-13所示。

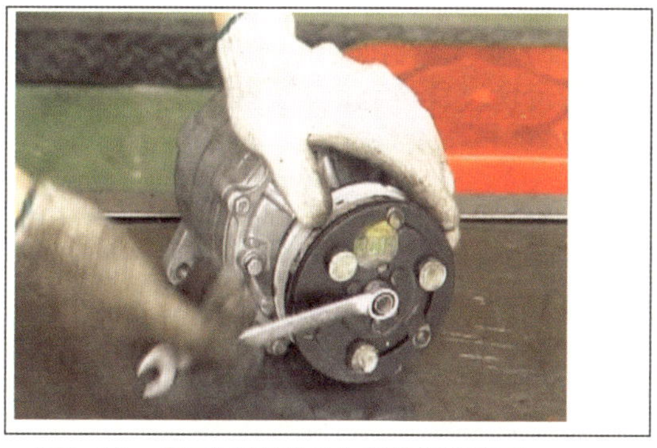

图2-12 拧下压缩机离合器的锁紧螺母

图2-13 取下离合器压盘

③用卡环钳将皮带轮卡环卡出，如图2-14所示。

图2-14　卡出皮带轮卡环

④拧下过热保护器固定板的紧固螺栓，然后取出过热保护器，如图2-15所示。

图2-15　取出过热保护器

⑤拧出电磁线圈的搭铁线固定螺丝，如图2-16所示。

⑥用拉马将皮带轮拉出，如图2-17所示。

⑦用卡环钳将电磁线圈卡环夹出，然后取出电磁线圈，如图2-18所示。

图2-16　拧出电磁线圈固定螺丝

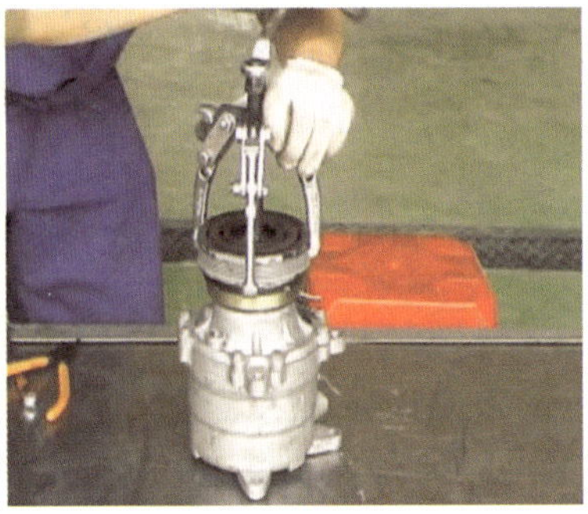

图2-17　拉出皮带轮

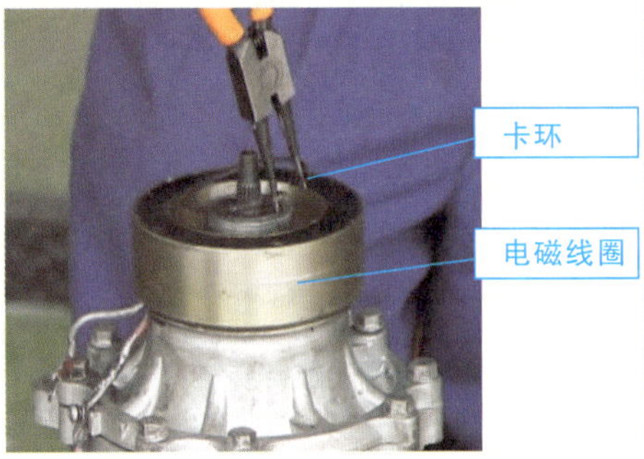

图2-18　取出电磁线圈

⑧拧下压缩机后壳体与固定圈固定的4个紧固螺栓，如图2-19所示。

图2-19
拧下紧固螺栓

⑨拧下前壳体与后壳体连接紧固螺栓，将前壳体与后壳体分离，如图2-20所示。

图2-20
分离前壳体与后壳体

⑩从后壳体内取出固定圈，如图2-21所示。

图2-21 取出固定圈

图2-22 取出活动圈和钢球

图2-23 取下前壳体垫片

⑪从前壳体上取出活动圈，取下钢球，如图2-22所示。

↓

⑫从起子取下前壳体上的2片垫片，如图2-23所示。

↓

⑬取下“O”型密封圈，如图2-24所示。

↓

⑭用起子取出固定环，如图2-25所示。

↓

⑮用卡环钳取出平衡块卡环，然后取出平衡块，如图2-26所示。

↓

⑯取出耐磨板，如图2-27所示。

↓

⑰从前壳体中取出曲轴与轴承，如图2-28所示。

↓

⑱拆下曲轴平衡块上的2个紧固螺钉，然后从曲轴上取出曲轴平衡块与轴承，如图2-29所示。

提示：压缩机的安装顺序与拆卸相反。

图2-24 取下O形密封圈

图2-25 取出固定环

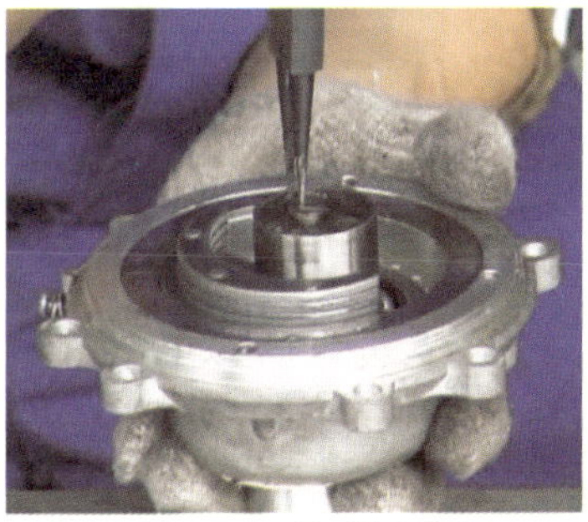

图2-26 取出平衡块

图2-27 取出耐磨板

图2-28 取出曲轴与轴承

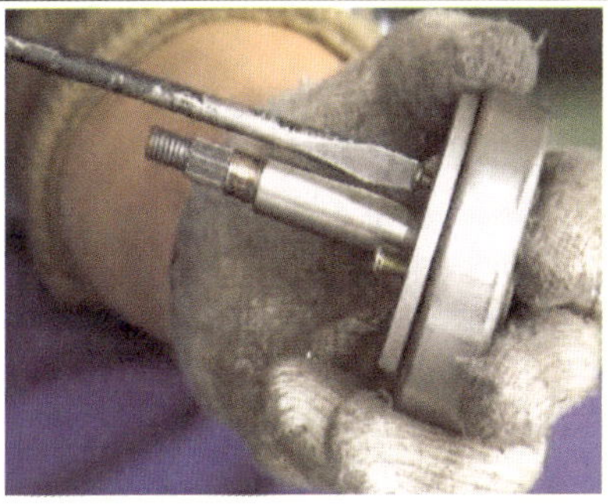

图2-29 取出曲轴平衡块与轴承

三、压缩机检测与维修

检查压盘是否变色、剥落或损伤。如果有损坏，更换离合器装置。

用手转动皮带，检查带轮轴承的间隙和阻力。如果出现噪声或发现间隙、阻力过大，则更换离合器。

用百分表测量带轮（A）与压盘（B）之间的间隙，如图2-30所示。将百分表归零，然后给压缩机离合器施加12V电压。在施加电压时，测量压盘的位移。如果间隙不在规定的范围内（间隙为0.35～0.6mm），则需要使用调整垫片进行调整。调整垫片有多种厚度可供选择，如0.1mm、0.3 mm和0.5mm等。另外，还可以用塞尺来测量间隙，如图2-31所示。

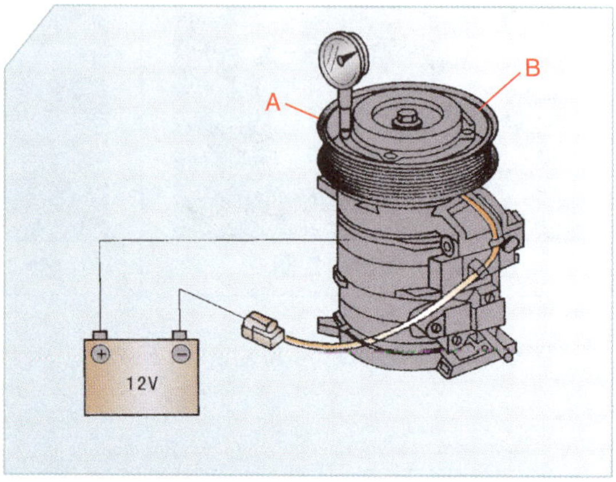

图2-30　测量带轮与压盘之间的间隙（百分表）

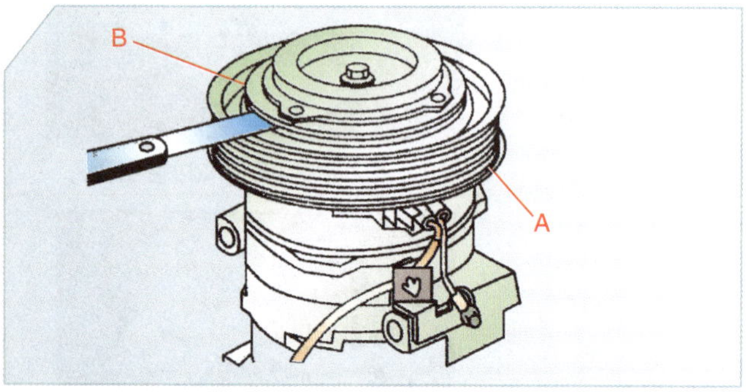

图2-31　测量带轮与压盘之间的间隙（塞尺）

测量电磁线圈的电阻，如图2-32所示。如果电阻不符合技术要求（20℃时电阻为4～5Ω），则更换电磁线圈。

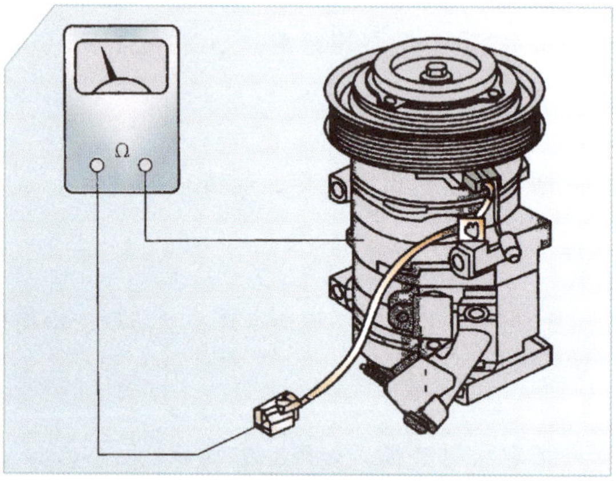

图2-32　测量电磁线圈的电阻

四、压缩机故障检查与排除实际操作

1. 制冷功能不足

故障现象 1

空调压缩机皮带轮正常运转，压缩机吸气压力较高，排气压力低。

故障原因

①压缩机阀损坏。

②压缩机缸盖垫片损坏。

③压缩机排气阀损坏或变形。

④压缩机排气阀垫片中有异物。

故障诊断与排除

①拆检空调压缩机，注意修好或更换压缩机阀板和阀板组件；维修中注意更换压缩机缸盖垫片；应修好压

缩机排气阀或更换新的排气阀。

②在冷气系统维修中，应注意全部制冷系统各部的清洁度，不能有任何异物留存在制冷系统中；有异物存在，可能使排气阀卡滞，如无法确认是这类故障，必要时也要拆检压缩机。

故障现象 2

空调压缩机皮带轮正常运转，压缩机吸气压力低，排气压力也低。

故障原因

①空调压缩机泄漏，泄漏部位包括加油塞口泄漏、维修气口泄漏、缸盖垫片泄漏、缸体裂纹、缸盖裂纹、轴封泄漏、垫片泄漏等。

②制冷剂泄漏，制冷剂量不足。

故障诊断与排除

①检查空调压缩机是否有泄漏处，针对具体泄漏部位，拆检压缩机。维修中要更换所有的密封件。

②检查系统的泄漏部位，修好后重新灌注制冷剂。

故障现象 3

空调压缩机皮带轮运转正常或有时运转不正常；压缩机运转不正常；运转中无规则间歇。

故障原因

①空调压缩机继电器接触不良或损坏。

②皮带张紧度不够。

③电磁离合器故障。

④电磁离合器间隙不正确。

⑤压缩机运转不良，主轴卡滞。

故障诊断与排除

①检查或更换空调压缩机电磁离合器。 → ②调整皮带张紧度。

↓

③检查电磁离合器，查看电磁线圈是否断开或有短路处。必要时更换电磁线圈组件。

↓

④调好电磁离合器的间隙。

↓

⑤检查压缩机的主轴，可拆下压缩机，卸下电磁离合器、转动主轴，检查转动扭矩或凭手感转动是否均匀，修好压缩机。必要时更换新的。

2. 涡旋式压缩机常见故障与维修方法

故障现象 1

压缩机离合器不吸合。

故障原因

①电源电压不足。
②保险丝熔断。
③离合器、继电器不吸合。
④压缩机热保护器损坏。
⑤ECU没有空调信号输出。
⑥制冷剂是否符合要求。
⑦离合器线圈烧坏。
⑧离合器接触面有污物或油渍。

故障诊断与排除

①检查电源。
②更换保险丝。
③更换继电器或检查线路。
④更换热保护器。
⑤检查ECU是否有输出信号，水温传感器是否有故障。
⑥按标准加注制冷剂。
⑦更换线圈。
⑧清除离合器吸盘污物。

故障现象 2

压缩机有异常声音。

故障原因

①吸盘与皮带轮间隙不当。
②系统内有空气，排气温度过高。
③皮带张紧度太松。
④皮带打滑。
⑤张紧轮、防尘罩、轴套配合不好。

故障诊断与排除

①调整间隙（36~65丝）。
②放液、抽真空，按标准加注制冷剂。
③调整皮带，紧固张紧螺栓。
④检查制冷剂加注量是否太多，排气压力是否过高；冷凝器散热不好。调整加液量，检查散热冷凝器。
⑤重新调整和选配。

故障现象 3

压缩机在高速时不工作。

故障原因

热保护器高速断开。

故障诊断与排除

①压缩机缺油，添加5g冷冻油。
②加注的冷冻油和PAG56号冷冻油不互溶，造成压缩机润滑不好。重新加注PAG56号冷冻油。
③热保护器重新安装，添加导热硅胶。

故障现象 4

压缩机吸气、排气不正常。

故障原因

①吸气压力高，排气压力低。
②排气压力高，吸气压力低。

故障诊断与排除

①涡旋压缩机没有吸、排气阀，密封靠冷冻油来完成，缺油后会造成串气。加注冷冻油即可。
②制冷剂加注量大，冷凝器散热不好。调整加液量，改善冷凝器散热效果。

思考与练习

一、填空题

1. 曲轴连杆式压缩机有________、________、________、________四大工作过程。

2. 旋叶式压缩机按汽缸形式可分________和________两种。

3. 摇摆斜盘式压缩机是往复式________结构，又称________或________。

4. 电磁离合器主要由________、转子及________组成。

二、判断题（正确的打“√”，错误的打“×”）

目前，汽车空调系统大多采用立式往复压缩机和斜板盘式压缩机。（　　）

三、选择题

1. 对于汽车空调压缩机，以下哪种说法是正确的（　　）

A. 压缩机通过电磁离合器由发动机驱动　　B. 压缩机用来对制冷剂降温、降压

C. 压缩机润滑只是压力润滑的一种方式　　D. 压缩机只有旋转斜盘式一种形式

2. 负责压缩机动力分离与结合的组件是（　　）

A. 电磁容电器　　B. 电磁离合器　　C. 液力变矩器　　D. 单向离合器

3. 用百分表测量带轮与压盘之间的间隙，正常间隙为（　　）

A. 2～3mm　　B. 0.15～0.25mm　　C. 0.35～0.6mm　　D. 0.6～1.0mm

4. 温度为20℃时，电磁离合器电磁线圈的电阻为（　　）

A. 4～5kΩ　　B. 40～50Ω　　C. 4～5Ω　　D. 0.4～0.5Ω

冷凝器通常安装在车头前部，行驶中会沾上地面泥浆和灰尘，从而降低冷凝器的散热效率。蒸发器安装于车内仪表台下。蒸发器泄漏会严重影响汽车空调系统的正常工作。因此，我们有必要学习冷凝器与蒸发器的拆装和检修。下面我们就来学习冷凝器与蒸发器。

情境二：冷凝器与蒸发器

一、冷凝器

冷凝器又叫热交换器。汽车空调冷凝器的作用是把压缩机排出的高温、高压制冷剂气体，通过冷凝器将热量散发到车外空气中，从而使高温、高压的制冷剂体冷凝成较高温度的高压液体。冷凝器一般安装在发动机冷却系统散热器之前。

汽车空调冷凝器一般有管片式、管带式、平行流动式三种，如图2-33所示。

管片式冷凝器是由铜质圆管套上散热片组成。叶片与散热管组装后，经膨胀和收缩处理，使散热片与散热管紧密接触，以保证热传递，并与其他附件组合为冷凝器总成。

管带式冷凝器由多孔扁管与S形散热带焊接而成。管带式冷凝器的传热效率比管片冷凝器提高了15%~20%。缺点是制造工艺复杂，焊接难度大，且材料性能要求高。

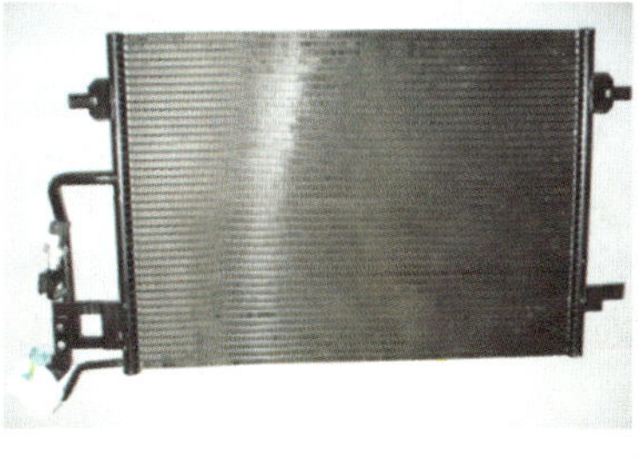

平行流动式冷凝器制冷剂由管接头进入圆柱形集管，然后分流进入铝制内肋管，平行流到对面的集管，最后通过跨接管回到管接头座。扁管之间嵌有散热翅片。

特点：具有空气侧和制冷剂侧的压力小、传热系数高、重量轻、结构紧凑和制剂注量少等，更适合R-134a制冷剂。

与管带式冷凝器相比，在制冷剂相同的情况下，平行流动式冷凝器的制冷剂压力降只是管带式的20%，而换热性能提高约75%。

图2-33　空调冷凝器形式

二、蒸发器

蒸发器的作用是将经过节流降压后的液态制冷剂在蒸发器内沸腾汽化，吸收蒸发器表面周围空气的热量而降温，风机再将冷风吹到车室内，达到降温的目的。

汽车空调蒸发器有管片式、管带式、层叠式三种结构，如图2-34所示。

冷凝器

管片式蒸发器

管片式蒸发器由铜质或铝质圆管套上铝翅片组成，经胀管工艺使铝翅片与圆管紧密接触。

特点：结构简单，加工方便，但换热效率较差。

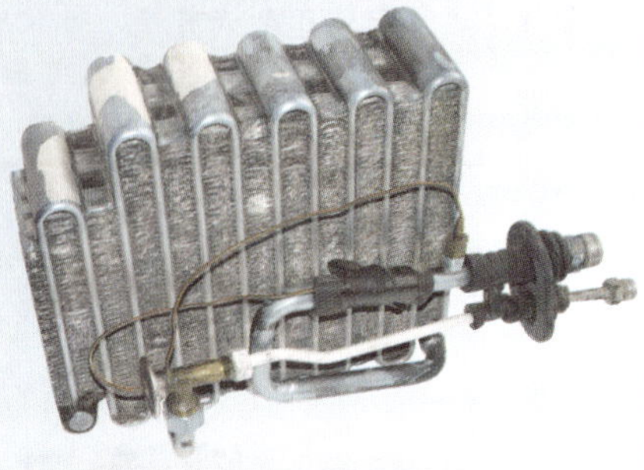

管带式蒸发器

管带式蒸发器由多孔扁管与蛇形散热铝带焊接而成。工艺比管片式复杂，需采用双面复合铝材及多孔扁管材。该种蒸发器换热效率比管片式高10%左右。

层叠式蒸发器

层叠式蒸发器由两片冲成复杂形状的铝板叠在一起组成制冷剂通道，每两片通道之间夹有蛇形散热铝带。这种蒸发器也需要双面复合铝材，且焊接要求高，加工难度大，但换热效率高，结构也最紧凑。

蒸发器

图2-34　蒸发器种类

三、冷凝器拆装（以丰田佳美为例）

提示：冷凝器总成及管路拆卸后，各接口应用干净的抹布堵住，以免灰尘等脏物污染系统内部。

1. 冷凝器的拆卸

①拆卸发动机舱前两侧的汽车喇叭，如图2-35所示。

↓

②拆卸发动机舱盖锁，如图2-36所示。

↓

③拧出散热器上横梁总成左、中、右部的固定螺栓，取出上横梁总成，如图2-37所示。

↓

④拆出散热器的进油管、出油管、水管及散热风扇的线束，并取出散热器总成，如图2-38、39所示。

图2-35　拆卸汽车喇叭

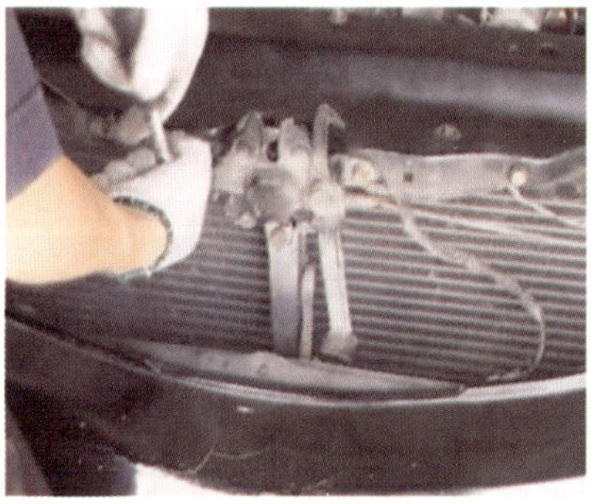

图2-36　拆卸发动机舱盖锁

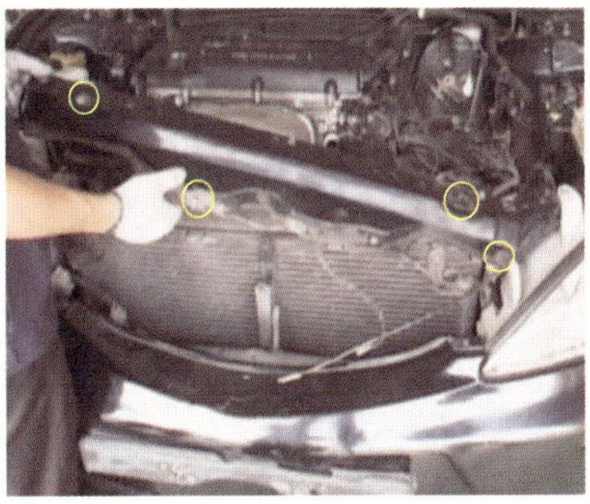
图2-37 取出上横梁总成

图2-38 取出散热器总成①

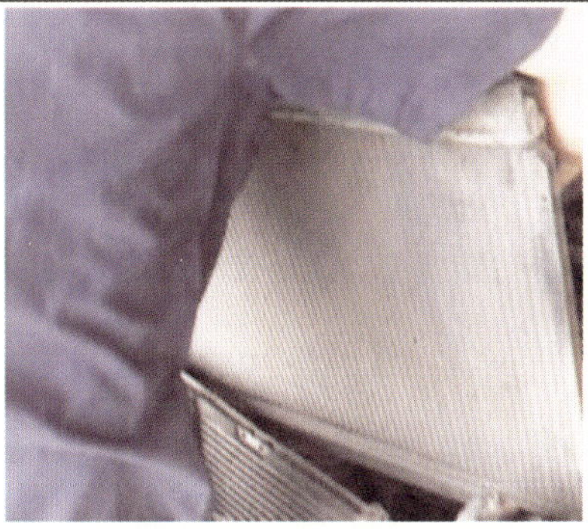
图2-39 取出散热器总成②

⑤拧出冷凝器至空调压缩机连接管接头的固定螺栓，如图2-40所示。

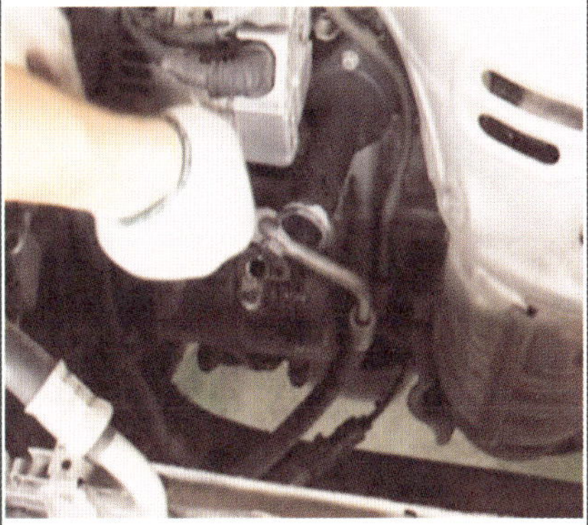
图2-40 拧出冷凝器接头固定螺栓

⑥取下前保险杠上的装饰件，如图2-41所示。

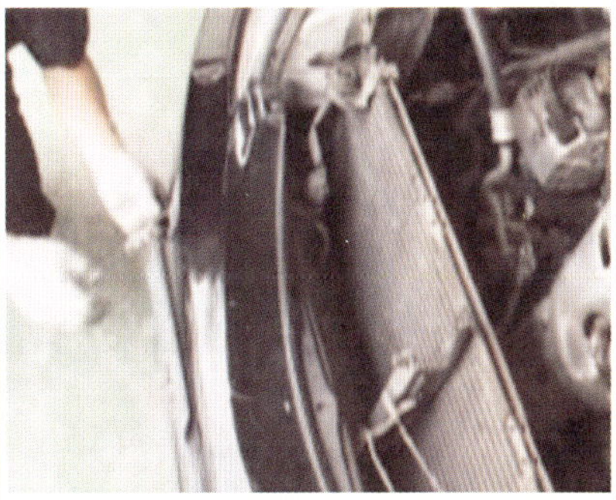
图2-41 取下前保险杠上的装饰件

⑦拧出冷凝器至储液干燥器连接接头的固定螺栓，如图2-42所示。

⑧拧出冷凝器左、右侧固定支架的螺栓，取出两侧固定支架，如图2-43所示。

⑨取出冷凝器总成，如图2-44所示。

图2-42
拧出冷凝器至储液干燥器的固定螺栓

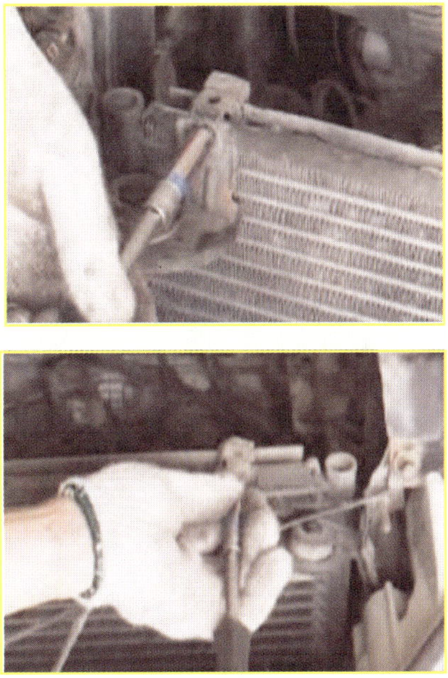
图2-43
取出冷凝器两侧的固定支架

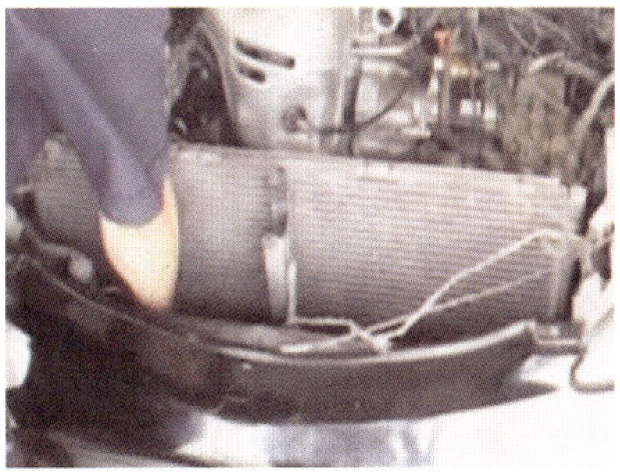
图2-44 取出冷凝器总成

2. 冷凝器的安装

冷凝器的安装顺序与拆卸时相反。

拧紧冷凝器至储液干燥器连接管接头的螺栓时，应用规定的拧紧力矩（9.8 N·m）拧紧。

冷凝器拆装

四、蒸发器拆装与分解（以丰田佳美为例）

1. 蒸发器的分解

①拧出鼓风机与蒸发器固定的螺钉，如图2-45所示。

↓

②拔出蒸发器温度传感器线束接头卡扣，取出鼓风机总成。如图2-46所示。

↓

③拧出模式控制风门伺服分总成支架的三个螺钉，取出风门伺服分总成。如图2-47所示。

↓

④拆出蒸发器加热器芯的进、出水管固定夹，如图2-48所示。

↓

⑤拆出加热器芯的压紧件与卡紧件，如图2-49所示。

↓

⑥取出加热器芯，如图2-50所示。

图2-45　拧出鼓风机与蒸发器的固定螺钉

图2-46　取出鼓风机总成

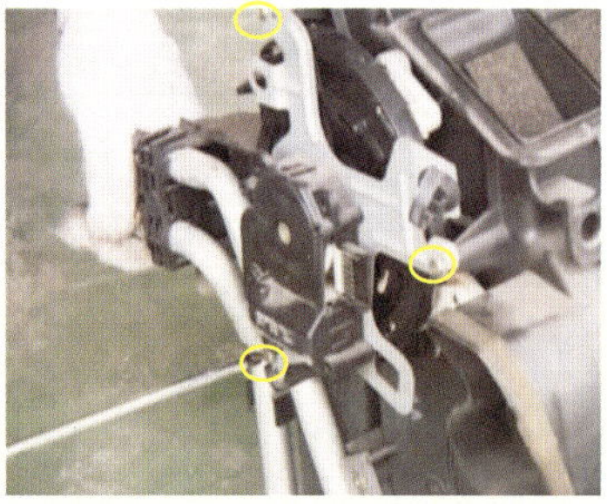
图2-47　取出风门伺服分总成

图2-48　拆出进、出水管固定夹

图2-49
拆出加热器芯的压紧件与卡紧件

图2-50　取出加热器芯

图2-51
取出空气混合风门控制伺服电动机

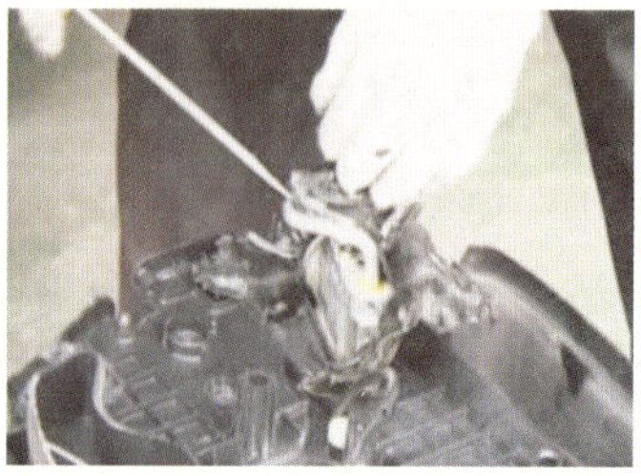
图2-52　取下膨胀阀周围的密封胶

⑦拧出空气混合风门控制伺服电动机的三个固定螺钉，取出空气混合风门控制伺服电动机。如图2-51所示。

⑧取下膨胀阀周围的密封胶，如图2-52所示。

⑨拧出膨胀阀的两个固定螺钉，取出膨胀阀，如图2-53所示。

⑩拧出蒸发器上、下壳体的12个固定螺钉，如图2-54所示。

⑪将蒸发器上壳体与下壳体分离，如图2-55所示。

⑫从下壳体里取出蒸发器芯，如图2-56所示。

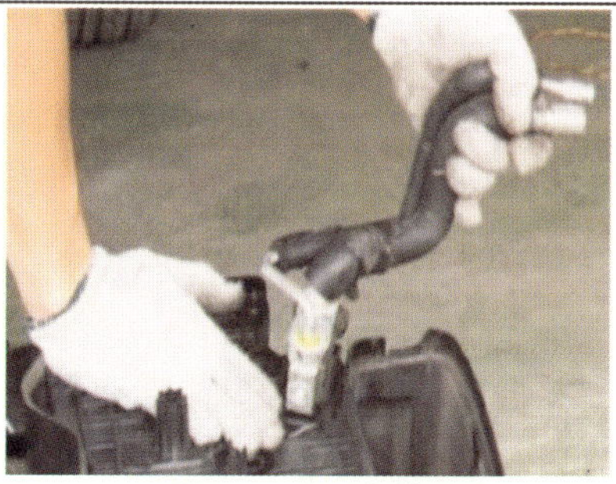

图2-53 取出膨胀阀

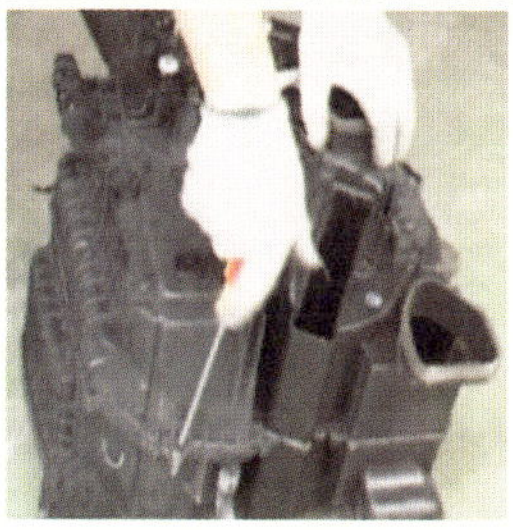

图2-54
拧出蒸发器上、下壳体的固定螺钉

图2-55
分离蒸发器上壳体与下壳体

图2-56 取出蒸发器芯

2. 蒸发器的安装

安装时，各安装顺序与拆卸时相反。

蒸发器的拆装与分解

五、冷凝器与蒸发器检修方法

1. 冷凝器的检查

①用检漏仪检查冷凝器总成的泄漏情况。

②检查时，如发现压缩机排气压力过高，不能正常制冷，且导管外部有结霜、结冰现象，则说明冷凝器导管内部脏堵或外部折瘪。

③检查时，如发现冷凝器散热不良，则说明冷凝器导管及翅片外表有污垢或残渣。

2. 冷凝器的检修方法

①如果仅仅是因为外表脏污而造成冷凝器的散热片被堵塞，可用水直接清洗或用压缩空气吹，但注意不要损伤冷凝器散热片。如果发现散热片弯曲，可使用旋具或手钳加以矫正，不必拆卸冷凝器。

②如果冷凝器散热风扇有问题，也不必拆卸冷凝器，可直接修理风扇。
③如果是冷凝器泄漏，可在泄漏处焊补。
④如果冷凝器导管脏堵或导管外部折瘪，可将该处剖开修理，然后进行焊补或更换总成。
⑤修理完毕装配时，出口和入口切勿接错，并且要加入一定量的冷冻机油。

3. 蒸发器的检查

①检查蒸发器外表是否有积垢、异物。
②检查蒸发器是否损坏。
③用检漏仪检查蒸发器是否有泄漏问题。
④观察排气管路是否洁净、畅通。

思考与练习

一、填空题

1. 汽车空调常见的热转换装置有______和______；冷凝器安装在______，按结构形式不同可分为______、______、______、______和______；蒸发器按结构可分为______、______和______等。

2. 在汽车空调装置中，冷凝器安装在______。

二、判断题（正确的打“√”，错误的打“×”）

1. 冷凝器的作用是将压缩机排出的高温、高压制冷剂蒸汽进行冷却，使其凝结为高压制冷剂液体。（ ）
2. 汽车空调蒸发器的结构和冷凝器相似，由铝制芯管和散热片组成。（ ）
3. 汽车空调蒸发器是液态制冷剂转变成为气态制冷剂，是吸热过程。（ ）

三、选择题

1. 关于汽车空调中的蒸发器，说法错误的是（ ）
   A. 蒸发器有管片式、管带式、层叠式三种
   B. 蒸发器可以安装在仪表板内或下方
   C. 蒸发器能够将气态制冷剂变为液态
   D. 层叠式蒸发器结构紧凑，散热效率高

2. 对于汽车空调中的冷凝器，说法正确的是（ ）
   A. 冷凝器不是一种热交换器
   B. 冷凝器能将液态制冷剂变成气态
   C. 小轿车的冷凝器多装在散热器前面
   D. 汽车上用的冷凝器都是管片式结构

3. 蒸发器中制冷剂为（ ）
   A. 高压气态　B. 高压液态　C. 低压液态　D. 低压气态

4. 由压缩机压出刚刚进入冷凝器中的制冷剂为（ ）
   A. 高温高压气态　B. 高温高压液态　C. 中温高压液态　D. 低压气态

节流膨胀装置的作用是控制制冷剂进入蒸发器的流量，确保蒸发器内液态制冷剂得到完全蒸发。如果膨胀阀出现阻塞或节流作用失效，会造成系统不制冷或制冷不足。干燥剂失效脱落或系统有污物，容易导致膨胀阀感温元件或膜片失效、毛细管安装位置松动移位、堵塞等。下面我们来对节流膨胀与过滤装置进行学习。

情境三：节流膨胀与过滤装置

一、节流膨胀装置

现代轿车最常用的节流装置有热力膨胀阀、H型膨胀阀和孔管节流阀。

（一）热力膨胀阀

热力膨胀阀安装在蒸发器入口，常称为膨胀阀。它是一种节流装置，是制冷系统中自动调节制冷剂流量的元件，如图2-57所示。

热力膨胀阀按结构可分为内平衡与外平衡热力膨胀阀，通过其感温器能自动调节制冷剂的流量。

膨胀阀又称为节流阀，是汽车空调制冷系统的高压与低压的分界点。

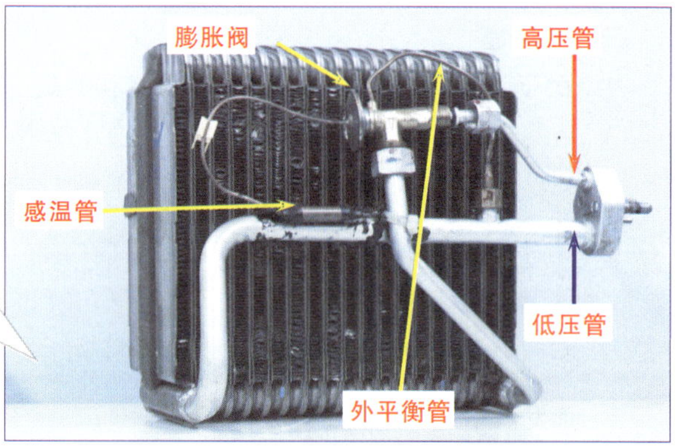

图2-57　膨胀阀结构组成

1. 内平衡式F型热力膨胀阀

内平衡式F型热力膨胀阀的实物结构，如图2-58所示。感温包内充注制冷剂，放置在蒸发器出口管道上，感温包和膜片上部通过毛细管相连，感受蒸发器出口制冷剂温度，膜片下面感受到的是蒸发器入口压力。如果空调负荷增加，液压制冷剂在蒸发器提前蒸发完毕，则蒸发器出口制冷剂温度将升高，膜片上压力增大，推动阀杆使膨胀阀开度增大，进入到蒸发器中的制冷剂流量增加，制冷量增大；如果空调负荷减小，则蒸发器出口制冷剂温度减小，以同样的作用原理使得阀开度减小，从而控制制冷剂的流量。

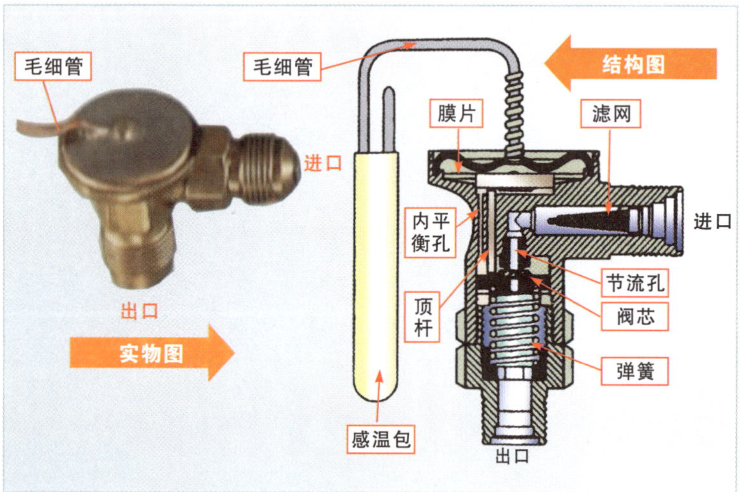

图2-58　内平衡式热力膨胀阀实物与结构

外平衡式热力膨胀阀分F型和H型两种结构形式。

2. F型外平衡式热力膨胀阀

外平衡式膨胀阀与内平衡式膨胀阀原理基本相同，区别是：内平衡式膨胀阀膜片下面感受到的是蒸发器入口压力；而外平衡式膨胀阀膜片下面感受到的是蒸发器出口压力。外平衡式热力膨胀阀的结构与实物，如图2-59所示。

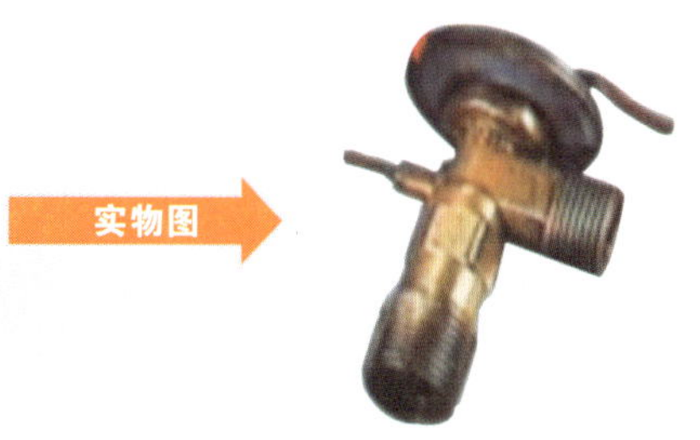

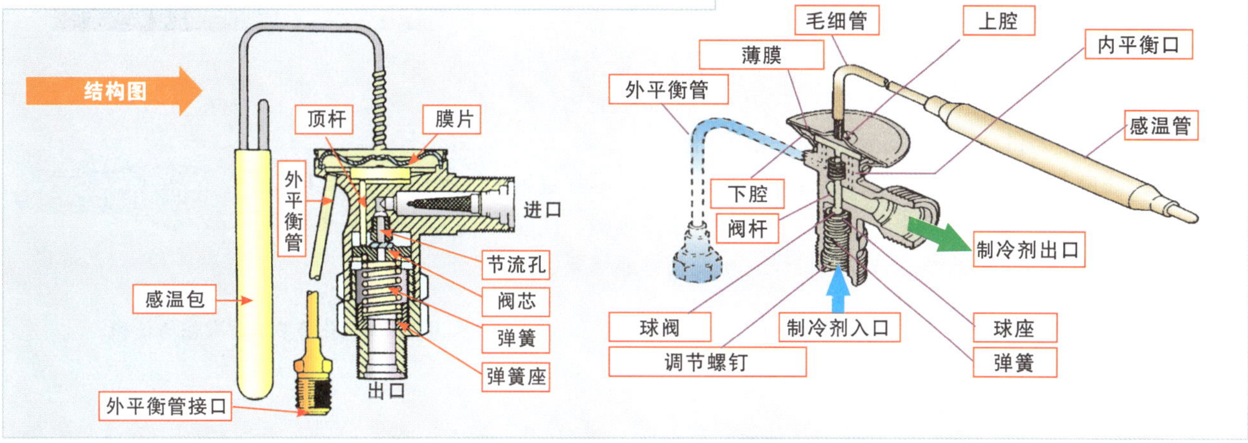

图2-59　外平衡式热力膨胀阀结构与实物

3. H型热力膨胀阀

H型热力膨胀阀有4个接口与制冷系统连接。其中，2个接口与普通热力膨胀阀相同，一个连接储液干燥器，一个连接蒸发器进口；另外2个接口，一个连接蒸发器出口，一个连接压缩机进口。H型热力膨胀阀的实物、安装位置与结构，如图2-60所示。感温包直接处在蒸发器出口的制冷剂气流中。该膨胀阀由于取消了F型热力膨胀阀中的感温包、毛细管和外平衡接管，提高了调节灵敏度，结构紧凑，抗震可靠。

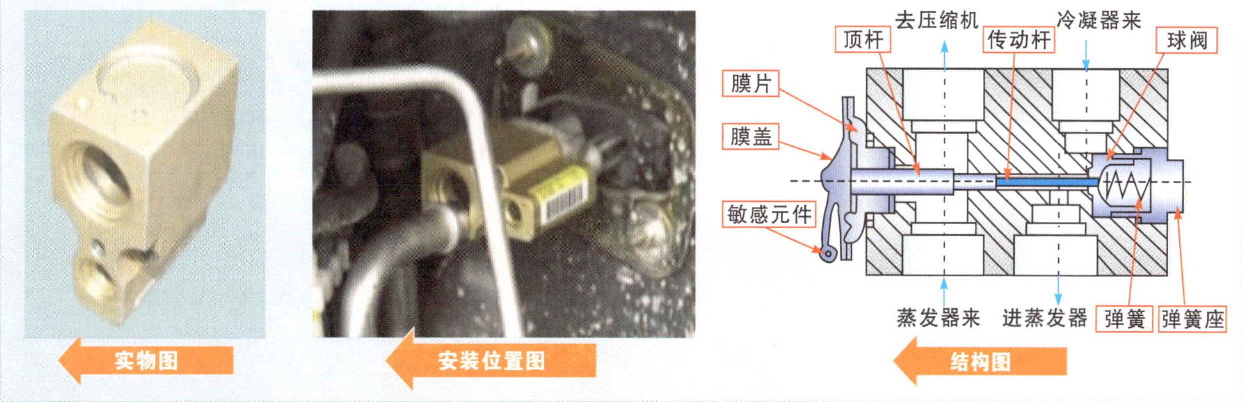

图2-60　H型热力膨胀阀实物、安装位置与结构

热力膨胀阀的作用：

①节流：高温、高压的液态制冷剂经过膨胀阀的节流孔节流后，成为低温、低压的雾状的液压制冷剂，为制冷剂的蒸发创造条件。

②控制制冷剂的流量：进入蒸发器的液态制冷剂经过蒸发器后，制冷剂由液态蒸发为气态，吸收热量，降低车内的温度。膨胀阀控制制冷剂的流量，保证蒸发器的出口完全为气态制冷剂。若流量过大，出口含有液态制冷剂，可能进入压缩机产生液击；若制冷剂流量过小，提前蒸发完毕，会造成制冷不足。

热力膨胀阀

（二）孔管式节流阀

节流管是另一种节流装置。安装在蒸发器进口管中，靠蒸发器进口管上同一截面处的三处压痕固定。其两端都装有滤网，以防止系统堵塞。孔管不能改变制冷剂流量，液态制冷剂有可能流出蒸发器出口。因此，装有孔管的系统必须在蒸发器出口和压缩机进口之间安装一个积累器，实行气液分离，以防止液态制冷剂冲击压缩机。

孔管是一根细钢管，它装在一根塑料套管内，在塑料套管外的环形槽内装有密封圈，有的还有2个外环形槽，每个槽中各装一个密封圈，把塑料套管连同孔管都插入蒸发器进口管中。密封圈起到密封塑料套管外径和蒸发器进口管内径间的配合间隙的作用。

孔管节流阀实物与结构，如图2-61所示。系统内的污染物集聚在密封圈后面会造成堵塞，严重时还会堵塞孔管及滤网维护，此时只能清理滤网。若孔管出现积垢或滤网破裂，不能清理或修复，只能更换。

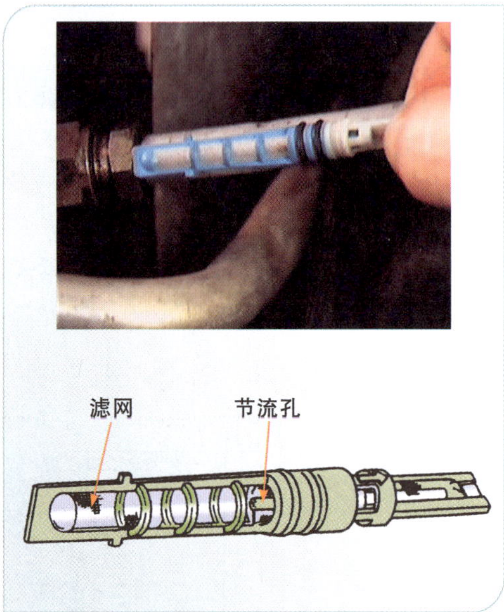

图2-61 孔管节流阀实物与结构

孔管式制冷系统工作原理：

孔管式制冷系统主要由压缩机、冷凝器、积累器（液气分离器）、孔管、蒸发器和鼓风机冷凝器散热风扇组成，各部件之间采用铜管、铝管和高压橡胶管连接成一个密闭系统。制冷系统工作时，制冷剂在压缩机的作用下，以不同的状态在这个密封系统内循环流动。孔管式制冷系统，如图2-62所示。

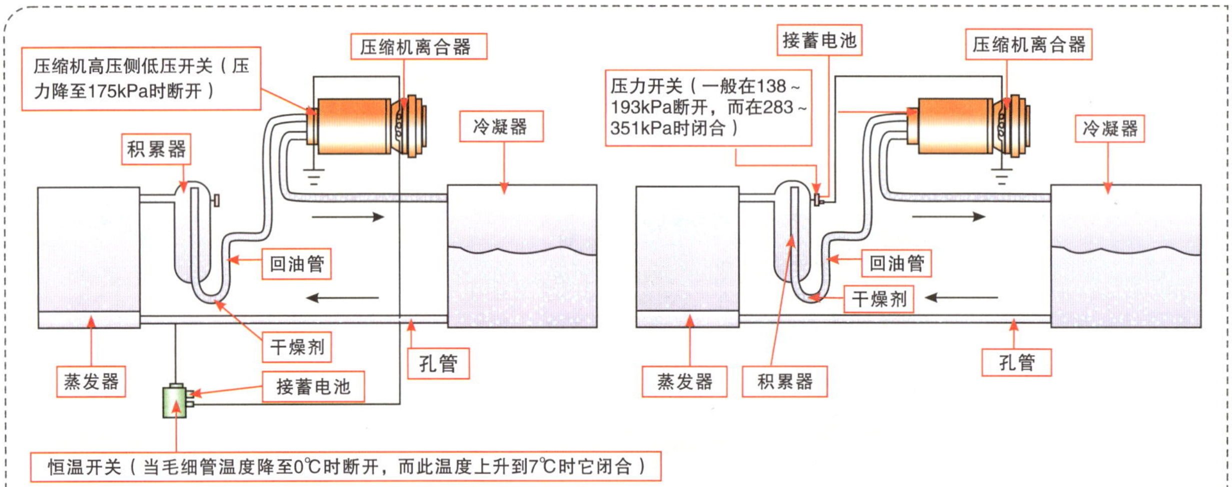

（a）用恒温器孔管控制的制冷系统　（b）用压力开关控制的孔管制冷系统

图2-62 孔管式制冷系统

孔管式空调制冷系统也有四个工作过程：

①压缩过程：压缩机将蒸发器低压侧温度约为0℃、气压约为150kPa的低温低压气态制冷剂增压成温度为70～80℃、压力为1 500kPa的高温高压的气态制冷剂，该气体被送往冷凝器冷却降温。

②冷凝过程：过热气态制冷剂进入冷凝器，散热冷凝为液态制冷剂，使制冷剂状态发生改变。冷凝过程后期，制冷剂变为气压为1.0～1.2MPa的中温液体。

③节流过程：冷凝后的液态制冷剂经过节流阀（CCOT阀）后体积变大，其压力和温度急剧下降，变成温度约-5℃、压力为150kPa的低温蒸汽，然后进入蒸发器中迅速吸热蒸发。在节流过程中，因其控制供

给蒸发器所需制冷剂的流量，从而实现控制温度的目的。

④蒸发过程：液态制冷剂通过节流阀变为低温低压的湿蒸汽，流经蒸发器不断地吸热净化，转变成温度约为0℃、压力约为150kPa的湿蒸汽气态制冷剂，吸收车内空气的热量，从蒸发器流出的气态制冷剂又被吸入压缩机，增压后泵入冷凝器冷凝进行制冷循环。

孔管系统与膨胀阀系统的区别：

膨胀阀可自动调节，而孔管不能调节。孔管系统是在低压管路上安装了液气分离器，此作用是防止液态制冷剂进入压缩机，并过滤脏物及水分；膨胀阀系统是在高压管路上安装了干燥瓶，其作用是防止气态制冷剂进入膨胀阀，从而引起系统制冷效果不良，同时也过滤脏物及水分。此两种装置作用正好相反，故在空调系统中不能互换。

优点：结构简单，不易损坏，价格便宜。

缺点：节流装置不能随压缩机转速的变化和车内制冷负荷的变化调节供给蒸发器制冷剂的流量。

注意：节流管失效的主要原因是节流元件堵塞，通常是因集液器内的干燥剂失效引起的。清洗堵塞的节流管效果不太好，因此通常更换。如果堵塞，集液器也应更换。

小结：通常情况下，带膨胀阀的系统在节流装置前液管上配备储液干燥器；而带节流管系统的节流装置后吸气管上则配备集液器。

二、过滤装置

储液干燥器的作用是可以临时储存从冷凝器流出的液态制冷剂，并及时补充和调整供给热力膨胀阀的液态制冷剂量，防止过多的液态制冷剂储存在冷凝器里，还可以滤除制冷剂中的杂质、吸收制冷剂中的水分。

（一）储液干燥器

位置：用于膨胀阀式空调系统，安装在冷凝器出口与膨胀阀入口之间。奥迪A6储液干燥器位置与结构，如图2-63所示。

作用：相当于膨胀阀的“蓄水池”。由于每次制冷循环的条件不同，如蒸发器有不同的热负荷、压缩机的转速不同等，每次进入循环的制冷剂量也不同。为了补偿这种波动，在制冷环路中增加了储液器。

干燥器：可以以化学方法吸附安装时混入的水分，根据型号不同可以吸附6~12g的水，另外，温度也有影响，温度高，吸收的水分就多，并且压缩机的磨屑及安装过程中混入的杂质也会被过滤掉。

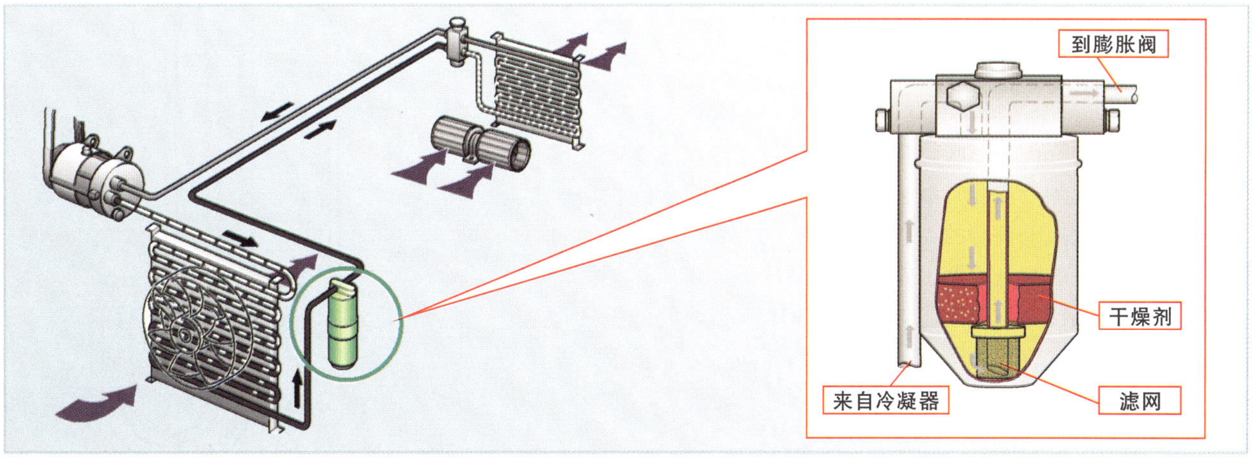

图2-63　储液干燥器位置与结构（奥迪A6）

工作过程：从冷凝器流出来的液态制冷剂流入储液器，在储液器中收集后流过干燥器，再通过立管流向膨胀阀，这样制冷剂内就没有了任何气泡，并持续不断地供给膨胀阀。

注意：每次打开管路更换部件时，最好将储液器也一同更换，如果系统打开几个小时，储液器必须更换。否则，吸收系统中的水分会在膨胀阀处造成冰堵，造成膨胀阀堵塞。

（二）集液器

位置：用于节流管式空调系统，安装在蒸发器出口与压缩机进口之间（低压侧）。奥迪A6集液器位置与结构，如图2-64所示。

作用：它是一个制冷剂的平衡容器，也是制冷剂和冷冻机油的储存罐，起到保护压缩机的作用。

工作过程：从蒸发器流出的制冷剂进入集液器，如果其中含有水分，会通过干燥器滤掉。

气态制冷剂被收集到塑料盖的顶部，再通过U形管进入压缩机，以确保制冷剂吸入的全部为气态制冷剂。液态制冷剂和一部分冷冻机油被收集到集液器的底部，通过下面的节流孔以蒸汽形式进入压缩机。

外面的滤网可以滤除制冷剂中的杂质。

失效形式：两端的接口一般是最容易出现泄漏的地方。另外，还可能出现堵塞。

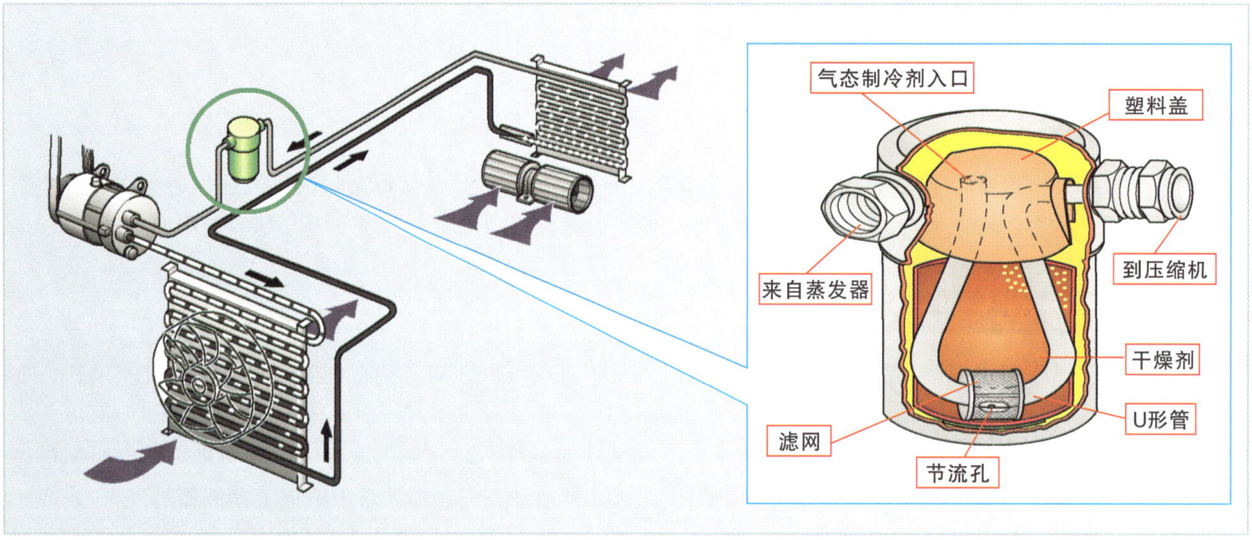

图2-64 集液器位置与结构（奥迪A6）

（三）气液分离器

当用节流孔管代替膨胀阀时，汽车空调制冷系统要在低压侧（压缩机吸气侧）安装气液分离器，用于压缩机吸气管路中的气液分离。气液分离器的结构，如图2-65所示。工作时，制冷剂从顶部进入气液分离器，其中液态制冷剂沉入底部，而位于顶部的气态制冷剂被吸入压缩机。气液分离器底部的吸气管上有一个小孔，允许少量冷冻润滑油流回压缩机，以保证压缩机的正常润滑需要。

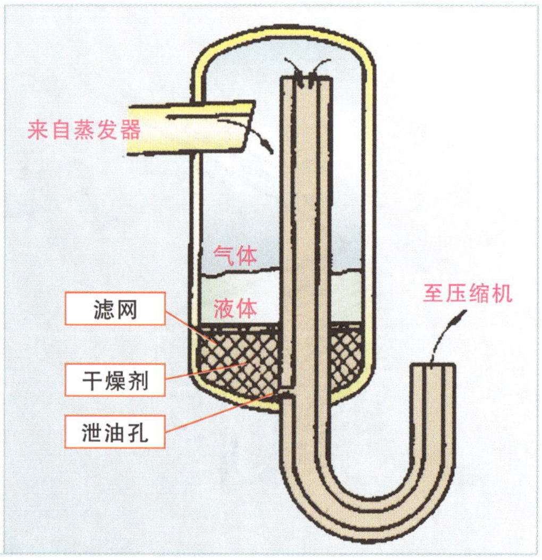

图2-65 气液分离器结构

气液分离器的作用是留下液态制冷剂，使其在低压区缓慢蒸发，离开气液分离器的只是气态制冷剂，因而起到气液分离、防止压缩机液击的作用。奥迪轿车就采用了这种气液分离器，如图2-66所示。从蒸发器出来的气液两相制冷剂从进口进入罐中后，冲到挡板上，迫使制冷剂下移。液态制冷剂落入罐底，而要出来的制冷剂必须两次大转弯。引出管是一根U形管，底部开有润滑油回油小孔，进入引出管的制冷剂必须再经过180° 转弯，才能从U形管的另一端（出口）离开气液分离器，这样的两次大转弯，只有密度小的气体才能通过，所以保证了制冷剂气液分离。罐的下部设有干燥剂袋，以吸出液态制冷剂中的水分，并通过滤网滤去除杂质。

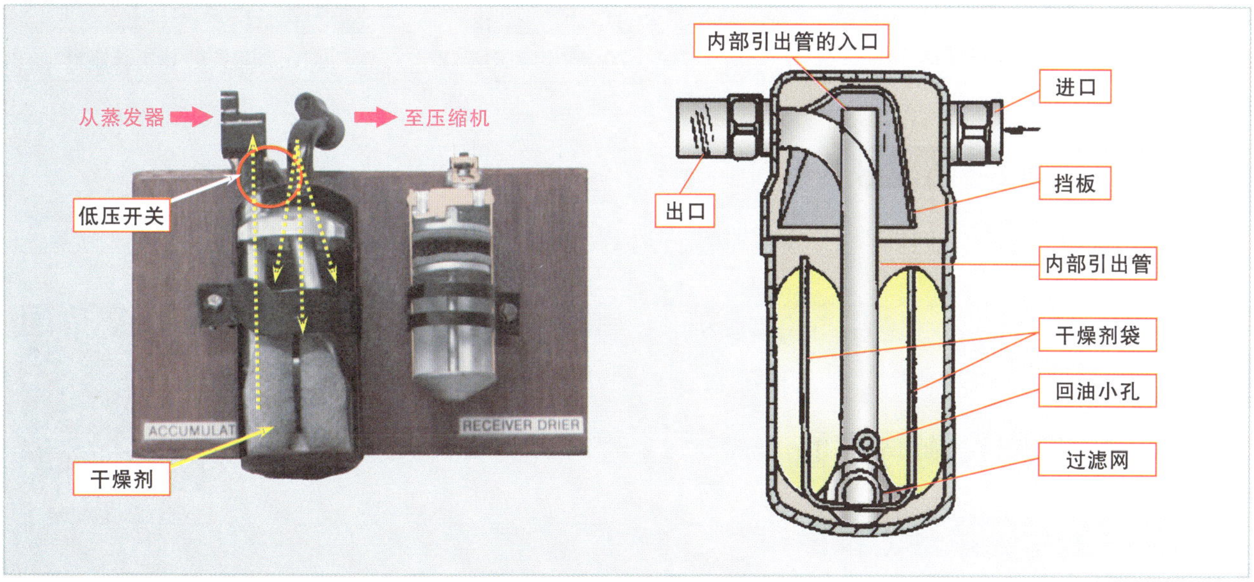

图2-66　奥迪气液分离器

三、膨胀阀拆装（以丰田佳美为例）

（一）膨胀阀的拆卸

①拧出鼓风机与蒸发器固定的螺钉，如图2-67所示。

②拔出蒸发器温度传感器线束接头卡扣，取出鼓风机总成，如图2-68所示。

③取下膨胀阀周围的密封胶，如图2-69所示。

④拧出膨胀阀的两个固定螺钉，即可取出膨胀阀，如图2-70所示。

⑤拔出膨胀阀上的高、低压连接管，如图2-71所示。

图2-67　拧出螺钉

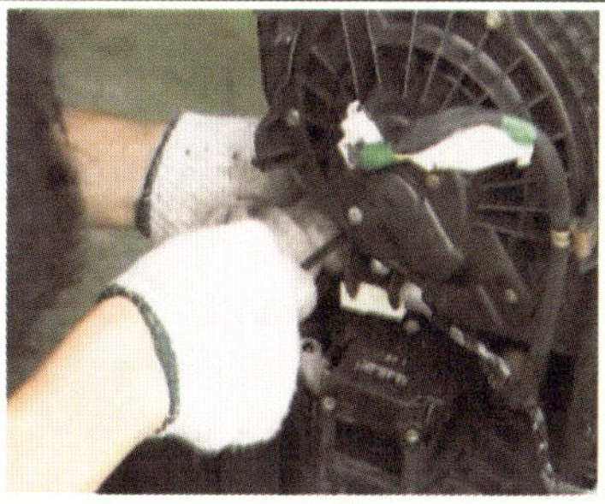

图2-68　取出鼓风机总成

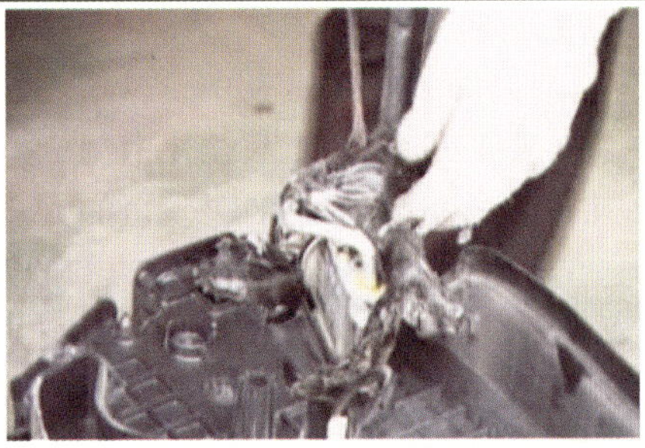

图2-69 取下密封胶

图2-70 取出膨胀阀

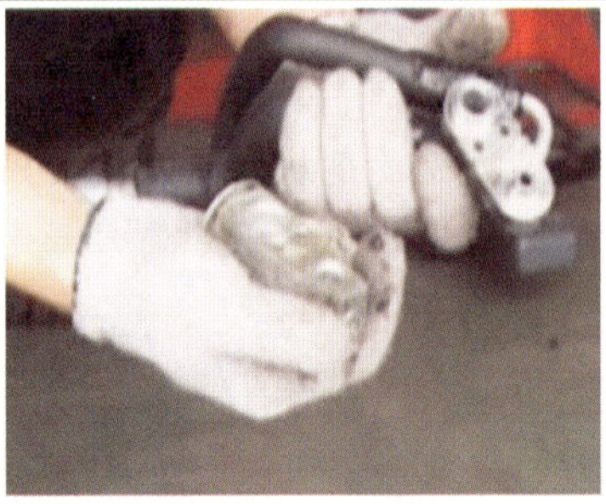

图2-71 拔出连接管

（二）膨胀阀的安装

安装时各安装顺序与拆卸时相反。拧紧膨胀阀的两个固定螺钉时，应用规定的拧紧力矩5.4（N·m）拧紧。

注意：固定好膨胀阀后，应将膨胀阀密封胶包封好，确保膨胀阀不泄气等现象。

膨胀阀的拆装

四、膨胀阀检测与维修

1. 热力膨胀阀检修

将膨胀阀从制冷系统中拆下来，将歧管压力计与制冷剂罐、膨胀阀连接起来。

将膨胀阀的感温包浸泡在可调水温的容器中，关闭歧管压力计上的手动低压阀，然后旋转注入阀手柄，使阀针扎破制冷剂罐上的密封垫，并将管路中的空气排出。

开启歧管压力计上的手动压力阀，并将高压侧压力调至0.490MPa，在读低压表读数的同时，测量水温。

2. 膨胀阀流量的检验和调整

检验膨胀阀最大流量：将感温包浸入温度为51℃的保温水箱内，打开手动高压阀，精确地调整到压力为392kPa，读低压表读数，最大流量压力应是245~314kPa，压力超过314kPa，表示开度过大；压力不足245kPa，表示开度过小。

检验膨胀阀最小流量：将感温包浸入0℃水中，打开手动高压阀，将压力精确地调整到392kPa，读低压表读数，找到相应过热度，低压值在表2-1中规定值之内为正常。

膨胀阀的调整：将调整螺钉以逆时针方向拧转，弹簧弹力增大，即流量减小；将调整螺钉以顺时针方向拧转，弹簧弹力减弱，即流量增加。一般将调整螺钉拧一圈，其过热变化量约为1℃。

表2-1 表压过热度对应值

过热度(℃)	5	6	7	8	9
表压(×98kPa)	1.62~1.83	1.56~1.78	1.51~1.72	1.48~1.69	1.42~1.63
过热度(℃)	10	11	12	13	14
表压(×98kPa)	1.37~1.58	1.33~1.55	1.27~1.48	1.23~1.44	1.2~1.4

3. 热力膨胀阀维修步骤

首先排除系统内的制冷剂，卸下膨胀阀，同时更换储液干燥瓶。再拧下调整螺母，并记住转动的圈数。因重新装配时，要转回同样的圈数，才能保证制冷剂在蒸发器上的过热度。然后拆下弹簧、阀座、阀门和推杆，并检查是否损坏。取出膨胀阀进出口的过滤网，并清除脏物。然后用冷冻油清洗所有零部件，并吹干净。最后，按与拆卸相反的顺序装配好膨胀阀。

思考与练习

一、填空题

1. 热力膨胀阀的作用是_________、_________；按结构可分为_________与_________。
2. 孔管式空调系统有_________、_________、_________和_________。

二、判断题（正确的打“√”，错误的打“×”）

1. 节流是可逆过程。 （ ）
2. 从汽车空调膨胀阀流出的制冷剂为低压气态。 （ ）
3. 汽车空调蒸发器的结构与冷凝器类似，由铝制芯管和散热片组成。 （ ）
4. 检修空调时，一般最后安装干燥瓶。 （ ）

三、选择题

1. 关于空调系统膨胀阀的安装位置，哪种说法正确 （ ）
   A. 装在压缩机与冷凝器之间　　B. 装在蒸发器入口处
   C. 装在冷凝器与过滤器之间　　D. 装在蒸发器与压缩机之间

2. 汽车空调储液干燥器的功用是 （ ）
   A. 防止系统中水分与制冷剂发生化学作用　　B. 防止膨胀阀处结冰和堵塞
   C. 随时向系统补充制冷剂　　D. 以上答案全对

3. 汽车空调储液干燥过滤器视液镜有乳白色霜状物，说明 （ ）
   A. 制冷剂足量　　B. 制冷剂过多
   C. 制冷剂不足　　D. 干燥剂从干燥过滤中逸出

4. 膨胀阀毛细管的感温包通常紧贴在（ ）的管壁上。
   A. 蒸发器出口　　B. 蒸发器入口　　C. 冷凝器出口　　D. 冷凝器入口

5. 膨胀阀利用紧贴在低压管道上的毛细管来自动调节开度的，属于（ ）平衡式膨胀阀。
   A. 外　　B. 内　　C. 内外　　D. 压力

第三部分

汽车空调暖风系统

汽车空调无暖气通常是汽车空调暖风系统出现故障引起的。在这一情境中，我们针对汽车空调暖风、通风系统工作不正常等问题来介绍汽车空调暖风系统的相关知识。

情境一：空调取暖系统

现代汽车空调已发展成为冷暖一体化装置，不仅能制冷，而且能制热和通风，成为适应全年性气候的空气调节系统。汽车空调取暖系统的主要作用是能与蒸发器一起将空气调节到乘员舒适的温度。在冬季，可以向车内提供暖气，提高车内环境温度；当车上玻璃结霜或结雾时，可以通过输送热风用来除霜或除雾。

汽车空调取暖系统按热量来源可分为余热式和独立式两类，按空气循环方式可分为内循环式、外循环式和内外混合循环式，按载热体又可分为水暖式和气暖式。

内循环式是将车内空气作为载热体，使其通过热交换器升温，升温后的空气再送入车内。外循环式是全部利用车外新鲜空气作为载热体，使其通过热交换器升温，升温后的空气送入车内采暖。内外混合式是既利用车室内空气，又引进室外新风（新鲜空气），以混合空气作为载热体，通过热交换器加热，向车内供暖。

一、发动机余热式供暖系统

余热式暖风装置又分为气暖式和水暖式两种。气暖式暖风装置通常利用发动机冷却循环水的余热作为热源，将其引入热交换器，由鼓风机将车厢内或车外部空气通过热交换器而使之升温。

1. 余热气暖式暖风装置

余热气暖式暖风装置按空气加热器的结构不同，可分为热交换器式和热管式两种形式。

（1）热交换器式暖风装置

汽车余热气暖热交换器式暖风装置结构，如图3-1所示。它是在发动机的排气管上安装一个热交换器，用于加热空气。工作时，将通往消声器的阀门关闭，汽车废气就进入热交换器内，用于加热热交换器外的冷空气，冷空气通过热交换器吸收热量后温度升高，由鼓风机吹入车厢内，用于采暖和除霜。

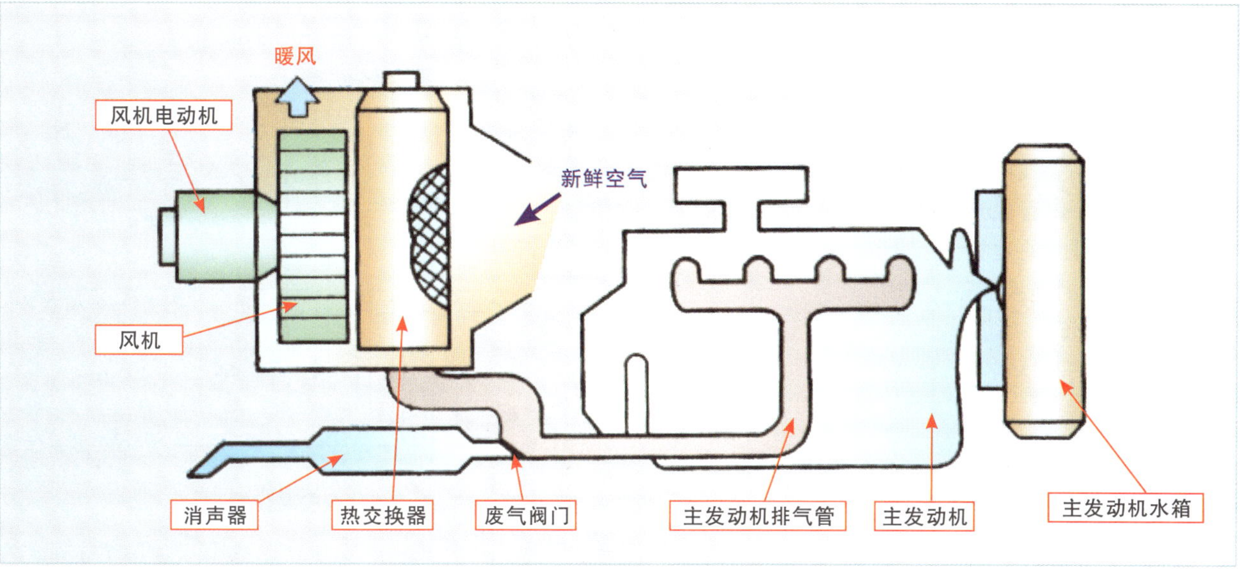

图3-1 余热气暖热交换器式暖风装置结构

轿车空调余热气暖式暖风装置布置，如图3-2所示。热交换器接在发动机后，由进气管将混合空气引入热交换器加热，加热的空气通过排热风管，由鼓风机将热风送入车厢内采暖。

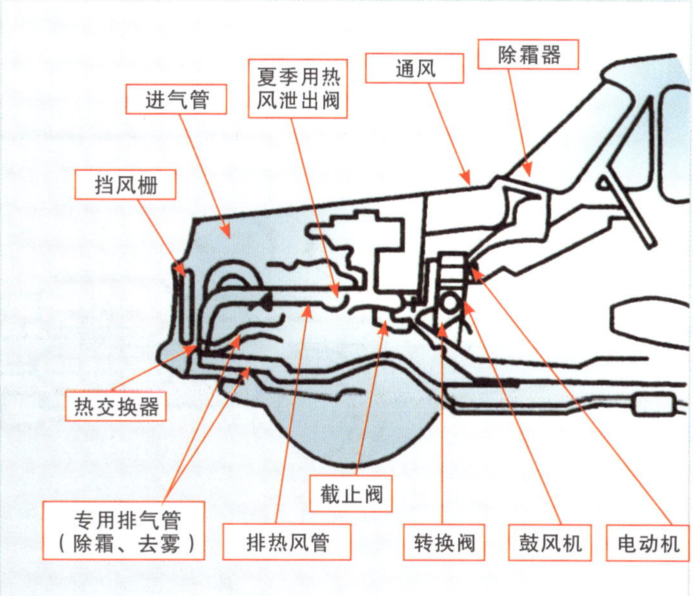

图3-2 轿车空调余热气暖式暖风装置布置

操纵控制板装在驾驶员控制台上，由操纵机构改变风门位置，使部分热风进入除霜器，对车前位玻璃除霜。若有特殊要求，可通过专用排气管对后窗玻璃、侧位玻璃、脚下、侧位进行供暖。夏季空调制冷时，从蒸发器吹出来的冷风湿度较大，人会感觉不舒服，这时可通过其与热风泄出阀吹出的热风相混合，混合比例可根据舒适性要求由风门控制冷热风量，这样就会吹出温湿度适宜的凉风。截止阀是用来关闭热风的。目前，大多数高级轿车都采用这种冷暖混合的整体式空调。

余热气暖式暖风装置的供暖效果受车速、发动机工作状况影响，供暖温度不够稳定。车速快，传热效果好；车速低，传热效果差。这一特点是影响余热气暖式广泛使用的主要原因。其次，排气中的二氧化硫、水等杂质会腐蚀排气管壁和热交换器管壁，受腐时间过长，废气就会进入车厢，对人体健康不利。再者，排气管道和热交换器也增加了发动机的排气阻力，增加了发动机的功率消耗，同时对发动机的工作状况产生影响。另外，余热气暖式暖风装置还存在装置庞大、结构复杂、对热交换器的结构和可靠性要求较高等缺点。

（2）热管式暖风装置

利用小型热管式换热器，可以高效回收汽车发动机排气中的余热。多用于大型汽车的冬季采暖。图3-3为热管换热器安装结构，汽车发动机的废气通过废气进口进入热管换热器的加热段，使“碳钢—氨”重力式热管

（垂直安装）内的氨液真空蒸发，蒸汽在热管冷凝段放出热量，加热由汽车车头窗下通风口进入的新鲜空气，加热后的新鲜空气由风机吹送到车厢内用于采暖。热管换热器的冷凝放热段安装在车厢内的地板上，废气加热段安装在汽车的地板下。

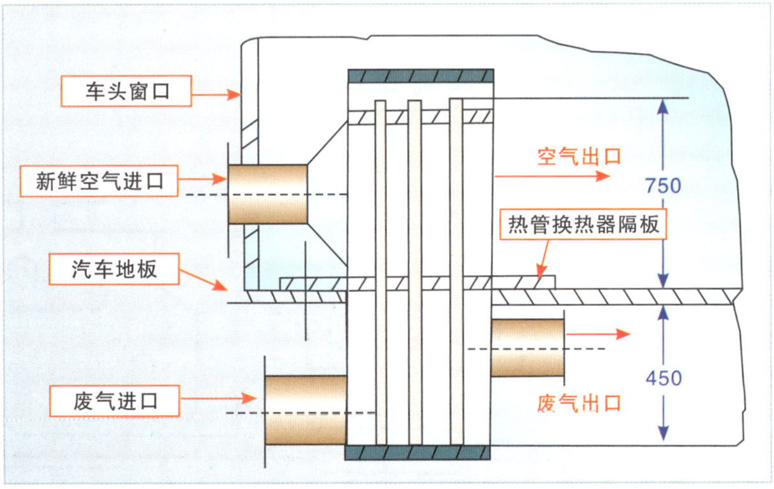

图3-3　热管换热器安装结构

图3-4为客车热管式暖风装置的布置。为提高空气侧换热效率，可在热管外安装导热肋片，为节省材料，热管一般用无缝碳钢制造。这类采暖装置可以有效地利用排气余热，在8m长的客车上装用，车内外温差可达30℃以上。其缺点是：车下换热器受排气和道路泥水的侵蚀，易于腐蚀损坏；若装于排气管后，又增大了发动机排气阻力，会相应增加发动机的油耗和减小发动机的有效功率。

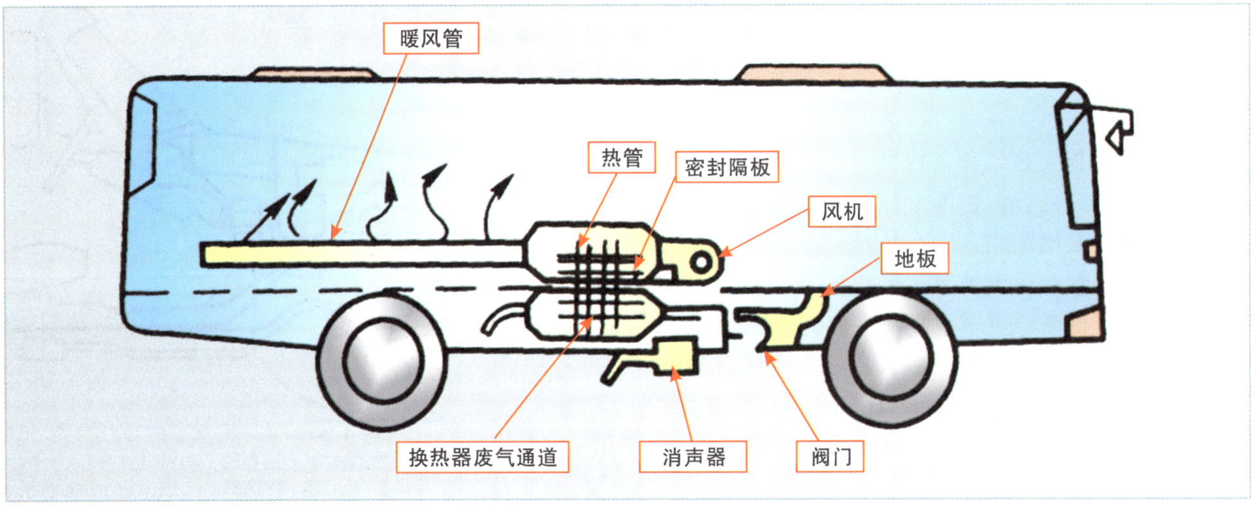

图3-4　客车热管式暖风装置布置

2. 余热水暖式暖风装置

余热水暖式暖风装置利用车上发动机冷却系的热量对车厢采暖，是一种比较经济可行的方式。目前，这种采暖装置在车上的布置大致有两种。

第一种是在冷却系中串联安装一套散热器，强制水循环，在散热器的一端装一个或数个由电动机驱动的风扇，并将散热器置于车内的合适位置。工作时，驾驶员操纵开关控制风扇的工作，利用车内的空气内循环散热。

图3-5为水箱余热式车用暖风机工作原理图。冬季使用时，打开阀门B并关闭阀门A，使发动机出水口处的热

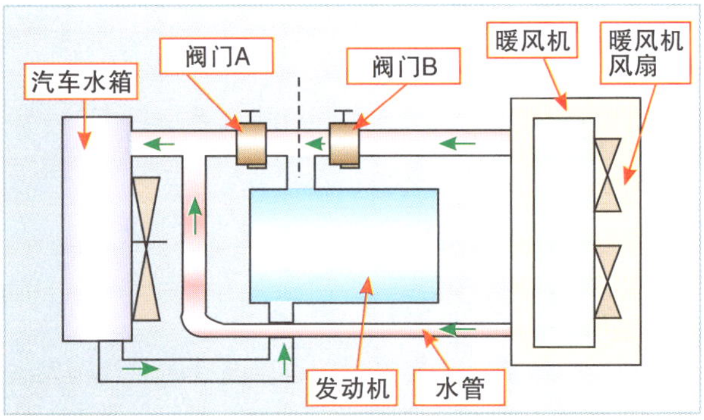

图3-5　水箱余热式车用暖风机工作原理

水首先通过风机，再经水箱进入发动机，开动暖风机开关，通过风扇将热量送入车内。而到夏季时，仅需反向操纵阀门，即关闭阀门B并打开阀门A，冷却水直接在水箱和发动机之间循环，而暖风机的管路不工作。当不采用电动机风扇而采用管片式散热器时，将它布置在车厢的内壁四周，也是利用内循环原理的另一种结构布置方式，如图3-6所示。以上布置方式曾在扬州客车制造总厂生产的JT663型客车上采用。

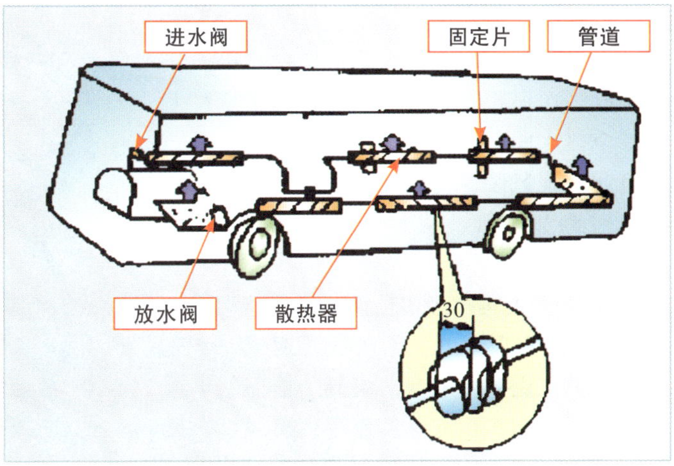

图3-6 客车采暖系统布置

第二种是水箱余热外循环式加热。它利用车上原有的水箱和风扇，直接将车外新鲜空气通过水箱加热后引入车厢内，如图3-7所示。具体布置为：在前置发动机客车上，把水箱安装在车的右前部与发动机并列，风扇动力由发动机曲轴经过桥中间轮用带传动，客车前部开有进气口，外界空气经过水箱后面的封闭型引风罩，通过引风管引入车厢内。引风罩处开有一活动翻板，当夏季车内不需要采暖时，可将车内通风管封闭，热风在水箱后面向右侧或下方排出。据使用者介绍，在冬季，当室外温度为-15℃时，车内最高温度可达15~20℃。其特点是：能有效地利用车上的能源，工作较可靠，无需维护，但是对前悬开门的客车来说，布置这种采暖装置较困难，工作时车内噪声大，而且当客车运行的路面无灰尘时，不可避免地会将外界灰尘带入车内，影响乘坐舒适性。

图3-7 水箱余热外循环空气加热式采暖装置系统

轿车、货车和小型面包车常采用余热水暖式暖风装置。它是以发动机的冷却水为热源，通过装置中的热交换器，把送风机送来的车外或车内空气与发动机冷却水进行热交换，空气加热后送入车内。图3-8为其工作原

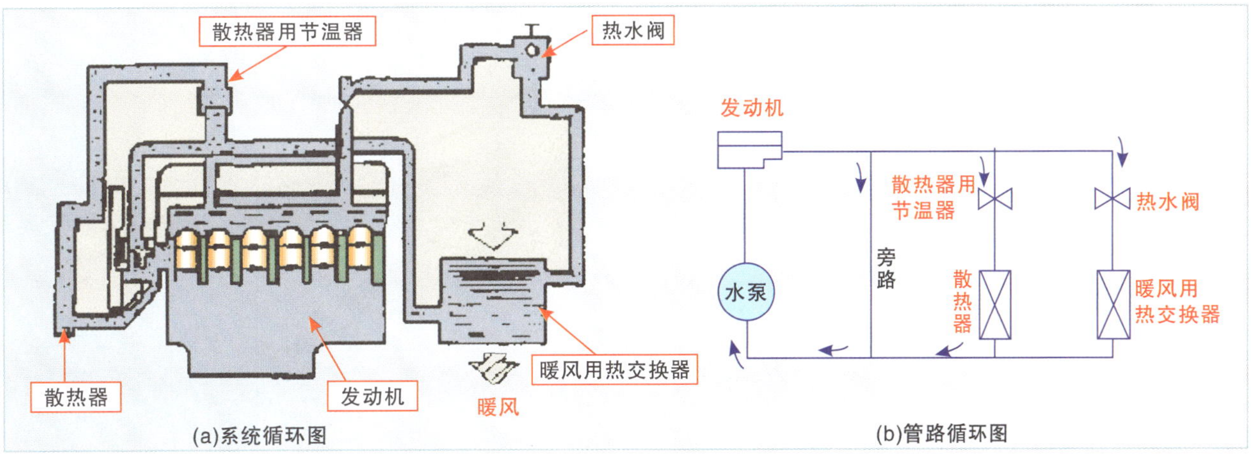

图3-8 余热水暖式暖风装置工作原理

理。在暖风加热器中被吸走热量的冷却水，离开加热器后被发动机水泵抽回发动机，从而完成一次循环。在发动机缸体的出水口上有一个热水阀，可以关闭和控制水量大小，从而调节暖风装置的供热量，暖风装置的风机也可调节风量，从而也能调节供热量大小。

图3-9为余热水暖式暖风装置的结构图。它由暖风加热器、风机及外壳等组成一个完整的总成。壳体上有吹向脚部、前部的出风口，以及吹向车窗起除霜作用的出风口。另一种结构形式是将加热器和蒸发器组装在一个箱体内，共用一个风机和壳体，从而实现全功能空调。大多数高级豪华轿车采用这种结构形式。

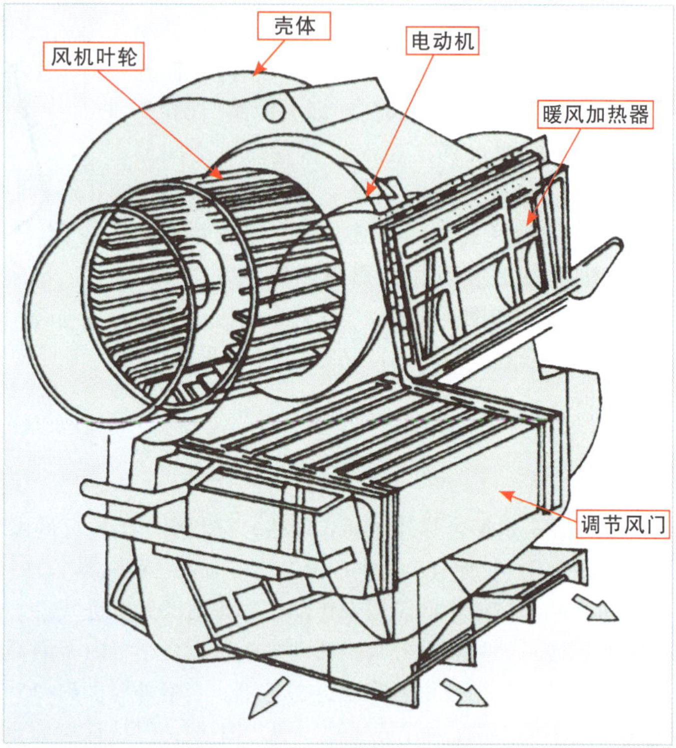

图3-9　余热水暖式暖风装置结构

余热水暖式内外混合循环暖风装置，如图3-10所示。由外部空气吸入口吸进新鲜空气，内部空气吸入口吸入内部空气，在混合室混合后，由风机送入热交换器，热交换器管内侧由发动机循环温水提供热源，混合气体加热后被送往前座脚下，通过连接管输送到前窗除霜或除雾。

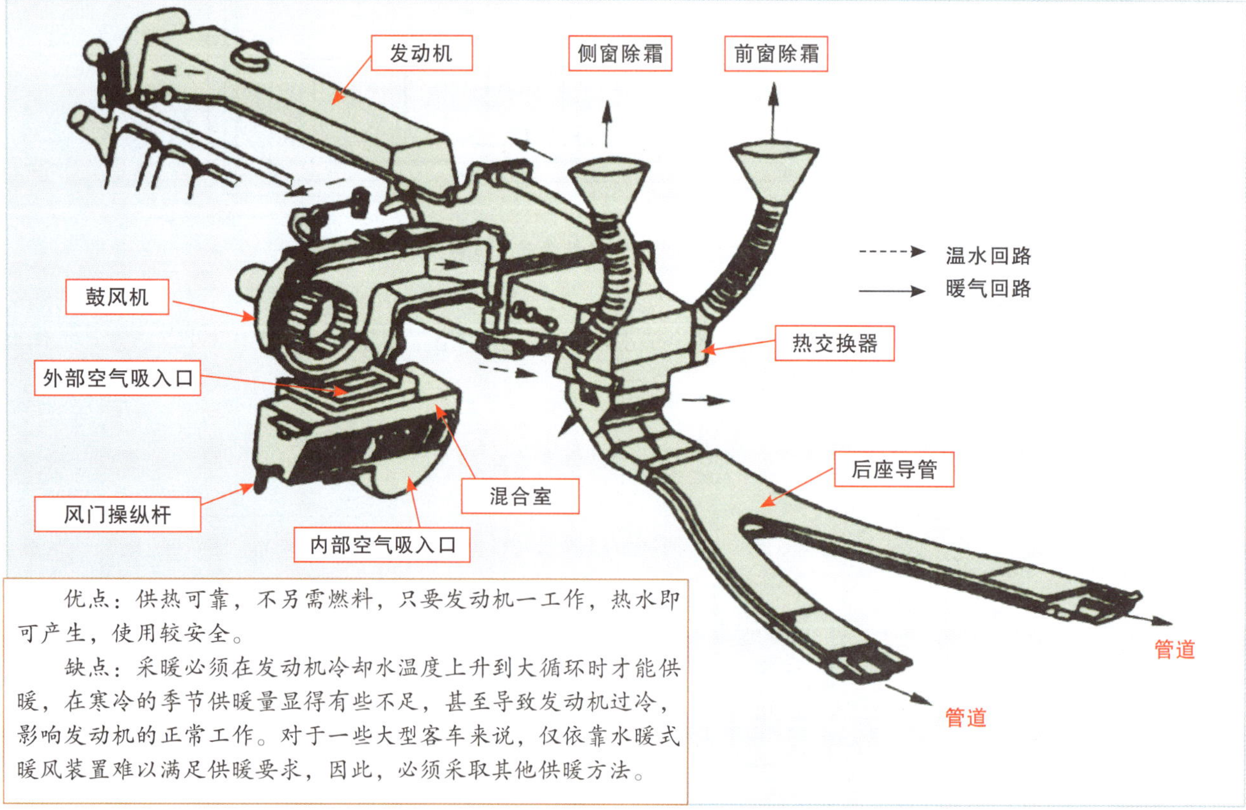

优点：供热可靠，不另需燃料，只要发动机一工作，热水即可产生，使用较安全。

缺点：采暖必须在发动机冷却水温度上升到大循环时才能供暖，在寒冷的季节供暖量显得有些不足，甚至导致发动机过冷，影响发动机的正常工作。对于一些大型客车来说，仅依靠水暖式暖风装置难以满足供暖要求，因此，必须采取其他供暖方法。

图3-10　余热水暖式内外混合循环暖风装置

二、发动机独立式供暖系统

独立热源式采暖系统分为独立热源气暖式暖风装置和独立热源水暖式暖风装置。

1. 独立热源气暖式暖风装置

独立热源气暖式暖风装置由燃烧室、热交换器、供给系统及控制系统组成。

燃烧室由燃料管、火花塞和环形雾化器、燃料分布器等组成。环形雾化器直接装在风扇电动机的轴上，依靠离心力和空气的切向力将油雾化、混合，在电火花塞点火引燃后，在燃烧器上部燃烧。燃烧室温度达800℃，所以，要用耐热不锈钢制造。

热交换器紧靠在燃烧室后端，由双层腔室构成。中心是燃烧室，包围燃烧室的第一层空腔通加热的空气，再包围一层空腔通燃烧气体，然后引到排气腔，外面再包围一层空腔通加热空气。燃烧热量通过金属隔板加热空气，加热后的空气集中进入暖气室，然后送到车内。

燃烧室内的空气供应和燃料泵都是由风扇电机来驱动。燃料泵将燃油从油箱中抽取，经过滤器、吸入管进入油泵，送入环形雾化器后与空气混合燃烧。空气是依靠鼓风机吹向加热器夹层的。

控制系统用来控制各种电动机、电磁阀、点火器、过热保护器定时继电器的工作。当加热器的暖风出口温度超过设定值（180℃）时，过热保护器动作，使继电器自动切断油泵电磁阀的电源，油泵停止供油，加热器停止燃烧。由于燃烧室的温度非常高，为了不使燃烧室被烧坏，停机时应先关油泵，停止燃烧器燃烧。而通风机仍继续运转，带走燃烧室中的热量，直到其温度降至正常，才关闭通风机。

图3-11为独立热源气暖式暖风装置结构图。其工作过程是：当暖风装置中的电动机接通电源开始运转时，带动燃料泵、燃料分布器、燃烧空气送风机和暖风送风机运转。燃料由燃料泵从燃料箱中经燃烧过滤器、吸入燃料管吸出，吸出的燃料由分布器内部滴下，由于离心力作用使其雾化。当燃烧空气送风机将被燃烧空气由吸入管吸进与燃料（汽油、柴油、煤油等）混合时，由火花塞点火在燃烧室中进行燃烧，一旦燃烧开始，电火花塞即行断电，以后就是燃烧热和燃烧环保持燃烧。燃烧后的高温气体由排气管作为废气排到环境中，而电动机前端安装的空气送风机送入空气，经过燃烧室、外筒间壁和外筒外侧被加热。加热的空气由暖气排出口排出进入车内的管道，由管道通入各风口供暖。

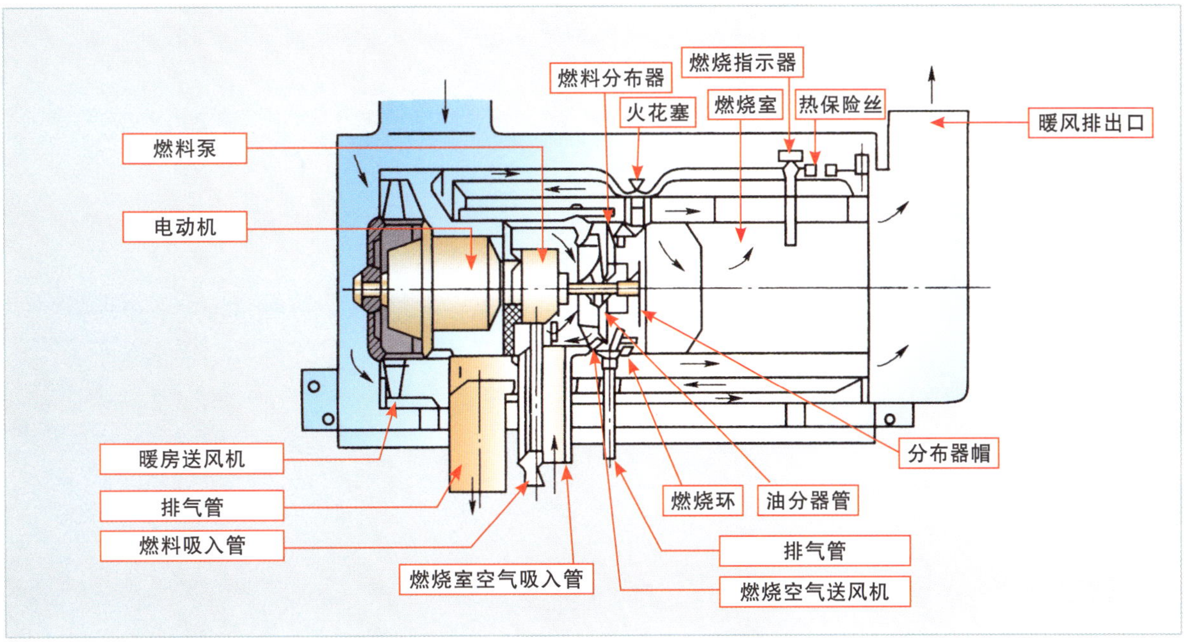

图3-11 独立热源气暖式暖风装置结构

2. 独立热源水暖式暖风装置

独立热源水暖式暖风装置结构，如图3-12所示。其与气暖式暖风装置的结构相近。燃烧室与气暖式相同，由多孔陶瓷蒸发器和电热塞组成；加热器的供油系统由电动机、油泵、助燃风扇、水泵组成；控制系统由水温控制器（恒温器）、水温过热保护器、定时器等组成。

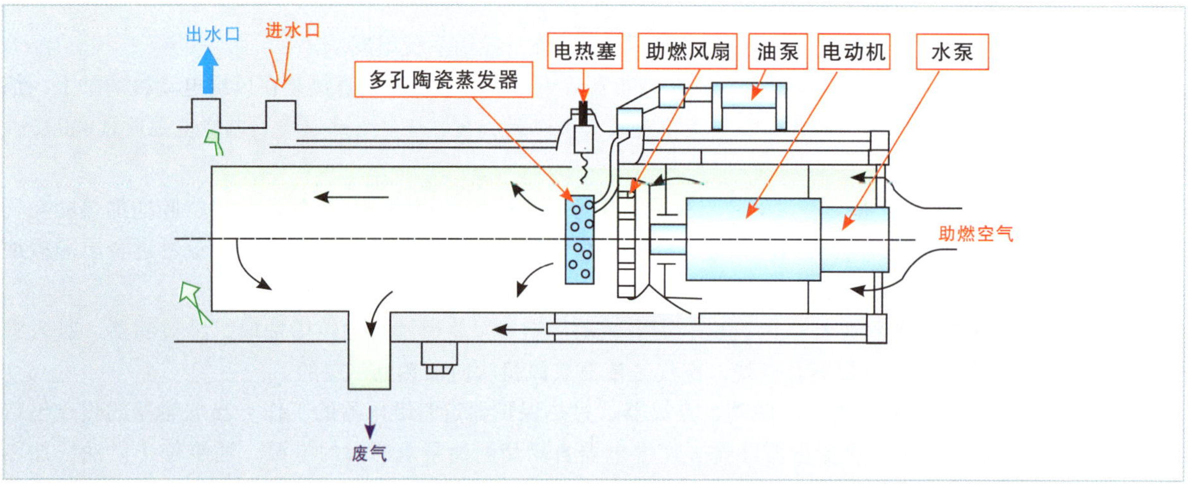

图3-12　独立热源水暖式暖风装置结构

独立热源水暖式暖风装置的暖风主要采用内循环式，灰尘少，暖气柔和而不干燥，人感觉比较舒适，不像空气加热器那样高温干热。这种水加热器可作为发动机的预热器，加热发动机的冷却水，在提高发动机的启动性和耐久性的同时，可作为暖气装置。但水加热器也存在一些缺点，如长期运行后，水管容易积水垢，影响热交换器的换热效率；使用中要经常清洗水垢，清除水垢时，需将加热器中的水全部放尽，然后注入浓度为10%的稀盐酸在加热器内循环，直至管内水垢全部清除为止。

思考与练习

一、填空题

1. 采暖装置根据获取热源的方法不同分为＿＿＿＿＿和＿＿＿＿＿两类。

2. 独立燃烧式取暖装置可分为＿＿＿＿＿和＿＿＿＿＿。

二、判断题（正确的打“√”，错误的打“×”）

1. 余热水暖式空调系统是利用发动机废气余热作为热源。（ ）
2. 按暖气设备所使用的热源可分为余热式和独立热源式。（ ）
3. 独立燃烧式暖风装置有气暖式和直接式。（ ）
4. 独立式汽车采暖装置的热源来自燃料燃烧的热能。（ ）
5. 余热气暖式空调系统是利用发动机的废气余热作为热源。（ ）
6. 间接式独立燃烧暖气装置用水作为载热介质向车室提供暖风。（ ）
7. 余热水暖式空调系统出风不热，导致原因有暖风水道有气阻、水阀打不开或操作机构损坏等。（ ）
8. 间接独立燃烧暖气装置用空气作为载热介质。（ ）

三、选择题

1. 下列哪项是属于按暖气设备使用热源分类的（ ）

A. 余热式、独立式　　B. 内循环、外循环

C. 内外混合循环　　D. 水暖式、气暖式

2. 下列说法正确的是（ ）

A. 水暖式取暖系统是利用废气的余热作为热源的

B. 气暖式取暖系统是利用冷却液的余热作为热源的

C. 水暖式取暖系统是利用冷却液循环水的余热做为热源的

D. 气暖式取暖系统是利用废气的余热直接抽送到车厢内的

3. 下列说法正确的是（ ）

A. 整体空调器是把加热器和蒸发器装在一个箱体内，共用一个鼓风机

B. 整体空调器是把加热器和蒸发器 装在一个箱体内，用两个鼓风机

C. 整体空调器是把加热器和蒸发器分开装，共用一个鼓风机

D. 整体空调器是把加热器和蒸发器分开装，用两个鼓风机

汽车空调通风拉索损坏或位置不正确、通风管道脱落或错开等，容易造成出风口无风或风量太小。需要对通风装置进行拆卸检查。带着这些问题，让我们进入通风与空气净化装置这一情境的学习。

情境二：空调通风系统

一、汽车空调通风原理

保持车内空气洁净也是汽车空调的主要功能之一。衡量空气洁净度的主要性能指标是车室内的有害气体是否超过允许浓度。要使空气洁净度达到要求，必须通过通风与净化系统来实现。另外，通风装置还能调节车内温度。

汽车空调通风分为自然通风和强制通风两种类型。自然通风是利用汽车行驶时产生的风压，将外部空气引入车内，空气的引入口设在正压部位，车内空气的排出口设在负压部位。强制通风是使用风机强制引入外部空气，其引入口和排出口要求和自然通风一样。

轿车空调通风有自然通风和强制通风两种方式。

1. 自然通风方式

利用轿车行驶时车身外表面的空气压力分布来进行通风。图3-13为轿车外表面空气压力分布，图3-14为轿车空调通风循环。其进气口设在车头部位，这个位置属于正压区，且进来的空气较新鲜；排气口设在车尾部，为负压区。

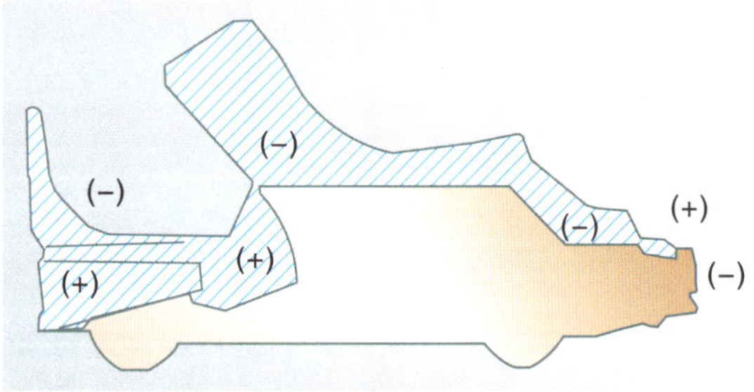

图3-13 轿车外表面空气压力分布

进风处设有进气阀门和内循环空气阀门，用来控制新鲜空气的流量。当空调器刚启动，车内温度较高时，应关闭外来空气，让车内空气循环通过蒸发器，尽快降低车内温度。等车内温度降下来以后，才打开新鲜空气进气阀，保持车内空气的清新度。

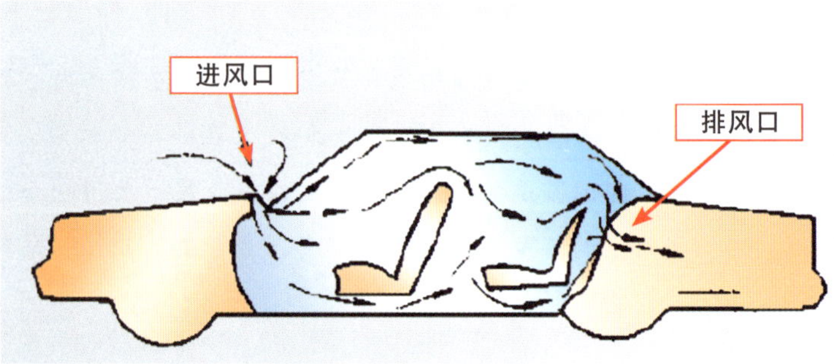

图3-14 轿车空调通风循环

2. 强制通风方式

强制通风方式利用风机强制引入室外新鲜空气。其进风口一般设置在车顶位置，以免灰尘污染；排风口一般设计在车体尾部，排出车内污浊空气。

3. 综合通风方式

综合通风是指一辆汽车上同时采用自然通风和强制通风。采用综合通风系统的汽车比单独采用强制通风或自然通风的汽车结构要复杂得多。最简单的综合通风系统是，在自然通风的车身基础上安装强制通风风扇，根据需要可分别使用和同时使用，基本上能满足各种气候条件的通风换气要求。

综合通风系统虽然结构复杂，但节省电力，经济性好，运行成本低。特别是在春秋季节，可取代制冷系统工作，用动压通风导入凉爽的空气，从而可以保证舒适性要求。这种通风方式近年来在汽车上的应用逐渐增多。

二、空气净化系统

汽车车外空气受到粉尘、烟尘以及汽车尾气中一氧化碳、二氧化硫等有害气体污染，车内空气受乘客呼出的二氧化碳、人体汗味以及漏入车内的废气污染。这些因素降低了车内空气的洁净度，因此，现代汽车空调装备了空气净化器，能够清除车内空气中的异味，去除车外空气中的花粉和灰尘，使空气净化。图3-15为空气净化器布置图。

所谓汽车空调净化处理，主要是除去空气中的悬浮尘埃。此外，在某些高级豪华汽车空调中，还设有除臭和空气负离子发生装置。

除尘净化可采取过滤除尘和静电除尘两种形式。

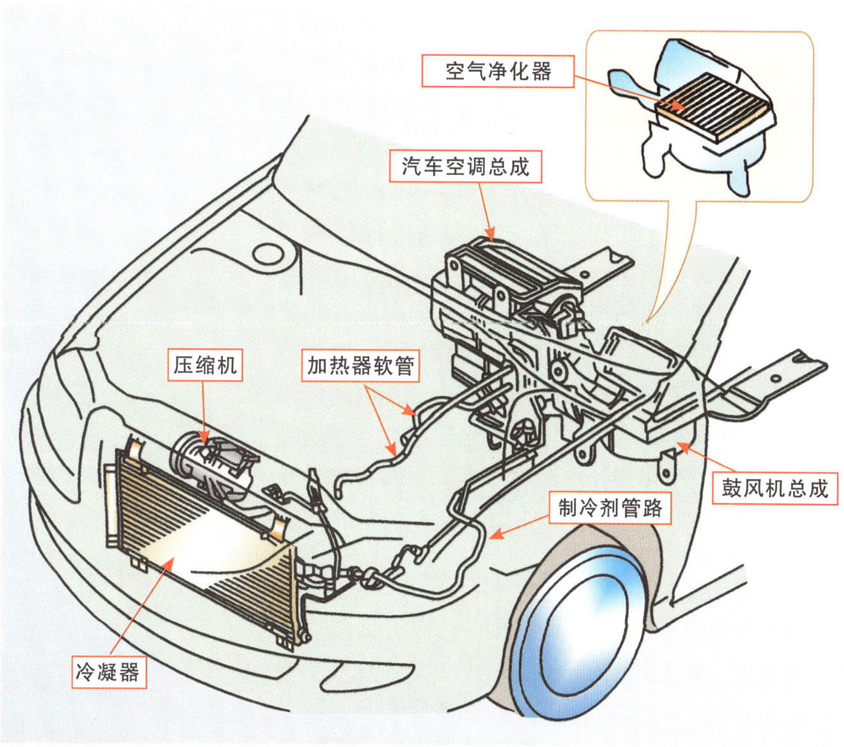

图3-15　空气净化器布置

1. 过滤除尘

主要采用由无纺布、过滤纤维等组成的干式纤维过滤器对空气进行过滤除尘。对于较大的尘埃，可利用其惯性作用，未能随气流转弯而附着在纤维孔壁上；对于微小颗粒，在围绕纵横交错的纤维表面做运动时，与纤维接触而沉积下来，并且与纤维摩擦产生静电作用，被纤维吸附在其表面。

汽车空调中，一般选用直径约10μm的中孔聚氨酯泡沫塑料、化纤无纺布和各种人造纤维做过滤器。

2. 静电除尘

静电除尘式空气净化过程如图3-16所示。预滤器用于过滤空气中粗大的尘埃杂质。除尘器以静电除尘方式把微小的颗粒尘埃、烟灰及汽车排出的气体中所含微粒吸附在除尘板上。灭菌器用于杀灭吸附在集尘板上的细菌。除臭装置用于除去车室内的汽油、香烟等气味，一般采用活性炭过滤器、纤维式或滤纸式空气过滤器来吸附烟尘和臭气等有害气体。

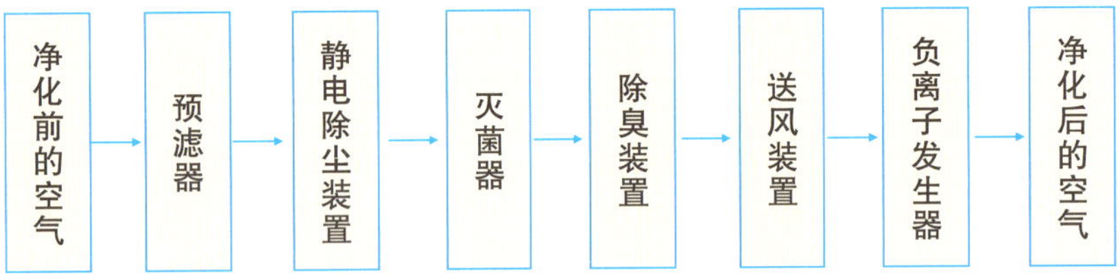

静电除尘是利用高压电极产生高压电场，对空气进行电离，使尘粒带电，然后在电场作用下产生定向运动，沉降在正负电极上，实现对空气的过滤除尘。

图3-16　静电除尘式空气净化系统的空气净化过程

静电式净化器的工作原理如图3-17所示。它由电离部、集尘部、活性炭吸附器三部分组成。电离部和集尘部可做成一体，也可分开，它是静电式净化器的主要组成部分。电离部在电极之间加上5kV的电压，产生电晕放电，粉尘被电离带上负电，并被正极板吸引，正极板就是集尘部，在集尘部外加高电压，使粉尘受库仑力作用而附着在正极板上。当集尘部上的积灰达到一定数量时，可进行清洗、除尘或更换。除去粉尘后的空气再用活性炭吸附，除去臭味及有害气体，净化后的空气被送至车厢内。有的净化器还设有负离子发生器，改善车厢内的空气质量，以利于人体健康。

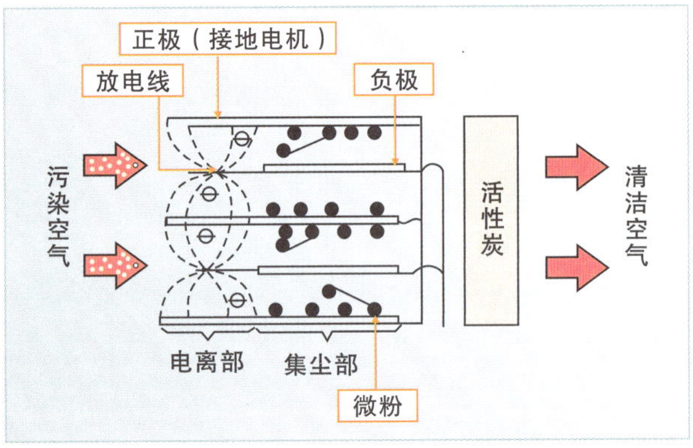

图3-17　静电式净化器工作原理

静电除尘式空气净化装置的结构示意图如图3-18所示。其工作过程是：由粗滤器除去空气中较大的尘粒，由静电除尘器吸附细微尘埃，通过活性炭过滤器除去烟气和臭气，由负离子发生器供给负离子，再由风机将净化的空气送入车内。

净化后的空气洁净度很高，可以满足乘员的舒适性要求。对于制冷或暖风用内循环方式的大客车来说，使用空气净化装置之后，效果更加明显。

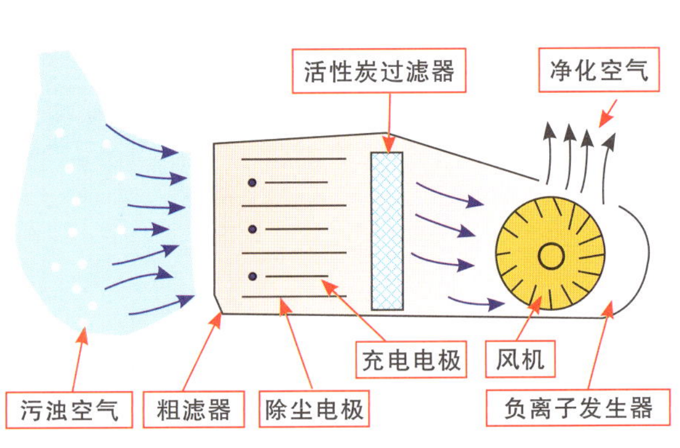

图3-18　静电除尘式空气净化装置

三、配气系统

配气系统由进气模式风门、鼓风机、混合气模式风门、气流模式风门、导风管等组成。汽车车厢内或车厢外未经调节的空气，经鼓风机送至蒸发器或加热器处，此时已被调节成冷气或暖气的空气流，根据风门模式伺服电机的开启角度而流向相应的出风口，如图3-19所示。

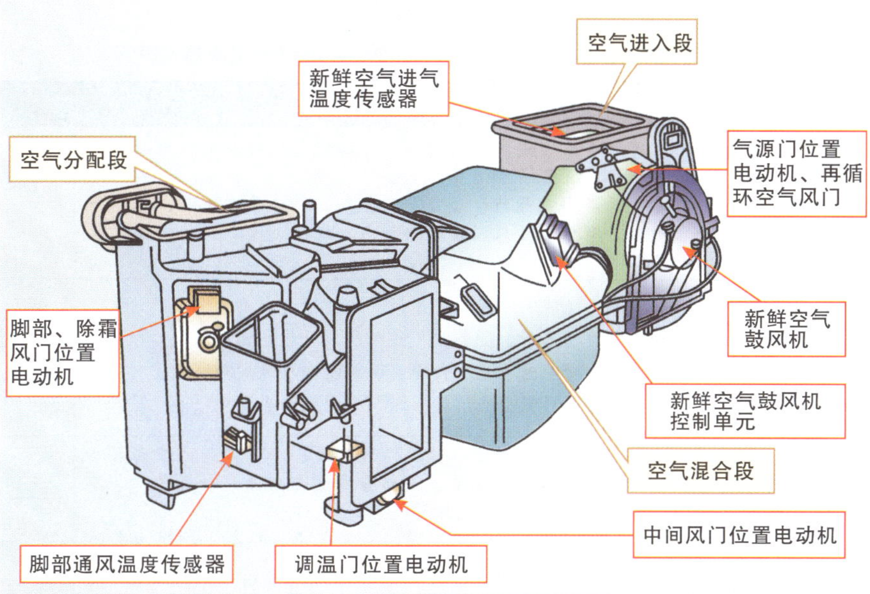

图3-19 暖风通风系统结构

汽车空调配气系统一般由三部分构成。

第一部分为空气进入段。主要由气源门和伺服器组成，用来控制室内循环空气和室外新鲜空气进入，如图3-20所示。

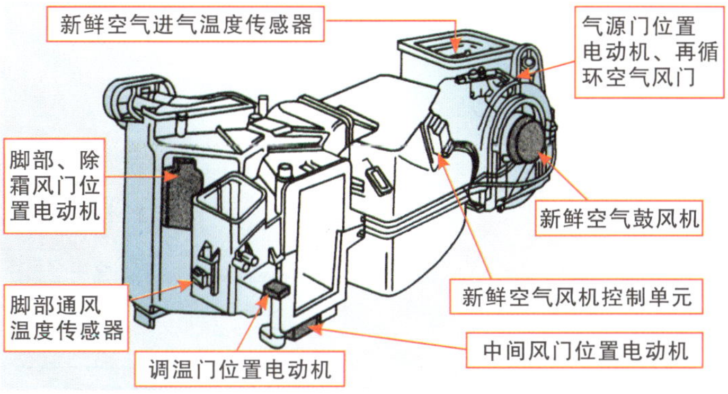

图3-20 配气系统的空气进入段及各种电动机

第二部分为空气混合段。主要由蒸发器、加热器和调温门组成，用来调节所需要温度的空气，如图3-21所示。

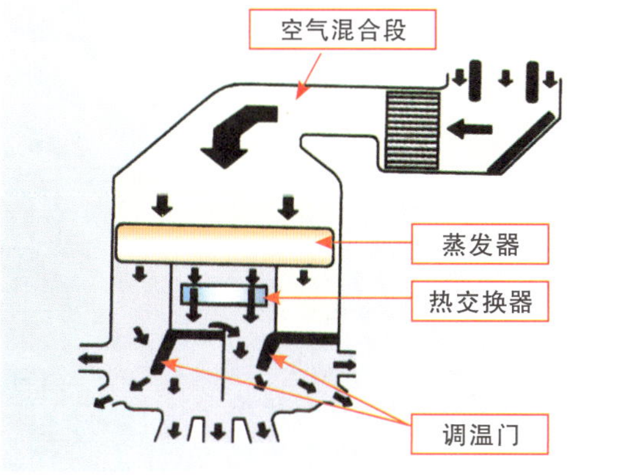

图3-21 空气混合段

第三部分为空气分配段。分别使空气吹向面部、脚部、和挡风玻璃上，主要包括中风门、下风门、除霜门和上风口、中风口、下风口，如图3-22所示。

图3-22 空气分配段

四、汽车空调通风循环分类

汽车空调通风循环的分类见表3-1。

表3-1　汽车空调通风循环

种类	工作原理	构成
冷风、暖风独立式	在夏季，车内空气在风机吹动下，通过蒸发器冷却后吹向车室内，降低车内温度 在冬季，车内空气与车外空气混合，在风机的吹送下，通过加热器升温，从中、下风门输送到车内，或经上风口吹向挡风玻璃进行除霜	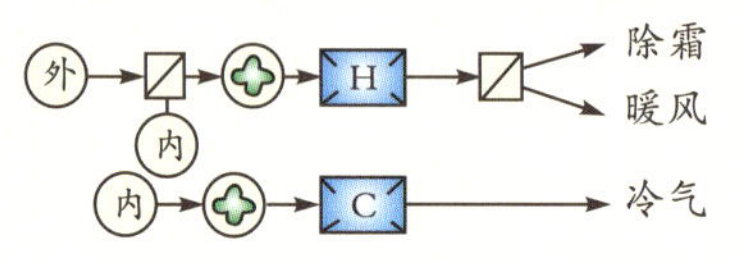
冷风、暖风转换式	当选择制冷功能时，混合空气经蒸发器冷却后吹出 当选择制热功能时，混合空气经加热器升温后由地板风口吹出 当选择除霜功能时，热风由除霜风口吹向挡风玻璃 当加热器和蒸发器全关闭时，送入车内的为自然风	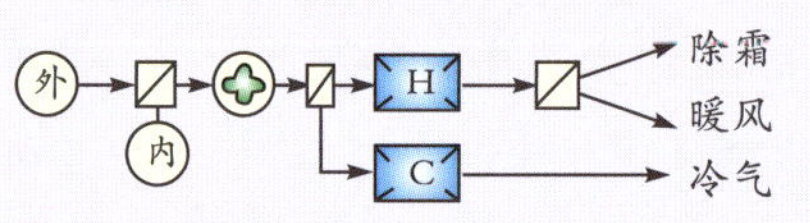
半空调式	车内循环空气和新鲜空气经风门调节混合后，先经过蒸发器冷却，后经风机送入风门调节，一部分或大部分进入加热器，冷气出口不再进行调节，已经被除湿 如果不开蒸发器，送出的是暖风；若不开加热器，则送出来的是冷风；若两者不开，则送出来的是自然风	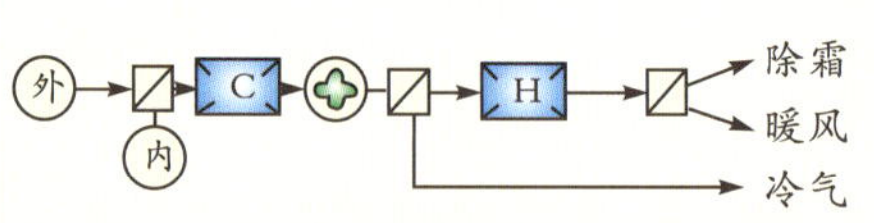
全空调式	也称空气混合式，即新鲜空气和车内循环空气经风门调节后，由风机吹向蒸发器进行降温除湿，再经风门进入加热器加热，出来的冷气和热气混合后，按功能要求送入车内	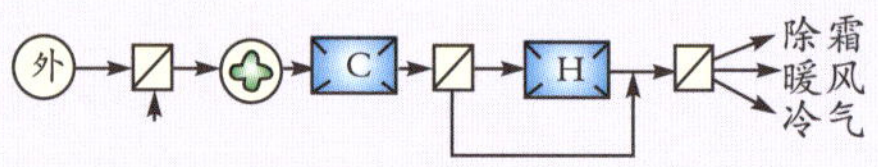
备　注	外 指外气吸入；内 指内气吸入；指送风机；指风门；C 指蒸发器；H 指暖气热风交换机	

五、空气分配总成

图3-23分别列出了主要的空气分配部件。成型塑料件将各个独立部件相连接，并作为空气管道。它将全部气流从入口经由灰尘与花粉滤清器送到各个独立通风口。仪表板中的胸部通风口位于电动马达驱动的结构盖板后面。

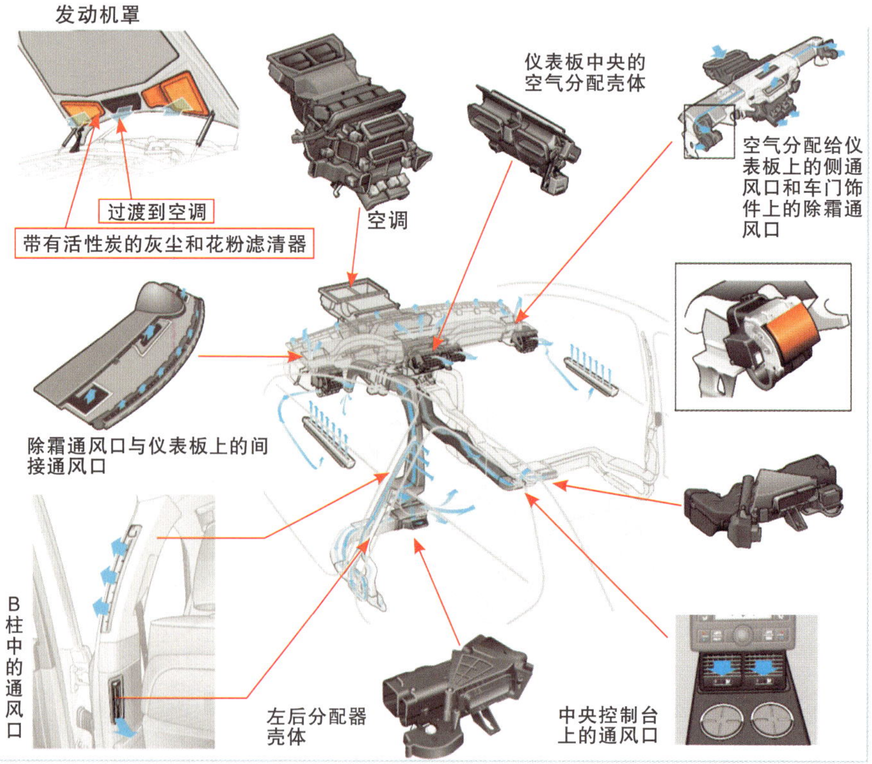

图3-23　空气分配系统分布

1. 车内空气分配

新鲜空气鼓风机引导新鲜空气流经灰尘与花粉滤清器后送至蒸发器。流出蒸发器后，气流在空调中首次被分流：较大的气流流经热交换器，较小的气流越过热交换器送给空调中的冷风门。

两个并排的热交换器设计可以产生左右两股气流给车内通风。

用于车内左右两部分的两股气流温度主要由前排座椅处的温度设置确定。

流出热交换器后，空调和仪表板上的电动马达驱动风门进一步向各个独立通风口分配气流。在此过程中，B柱通风口和后部脚部空间通风口出来的空气可以用辅助加热元件加热，如图3-24所示。

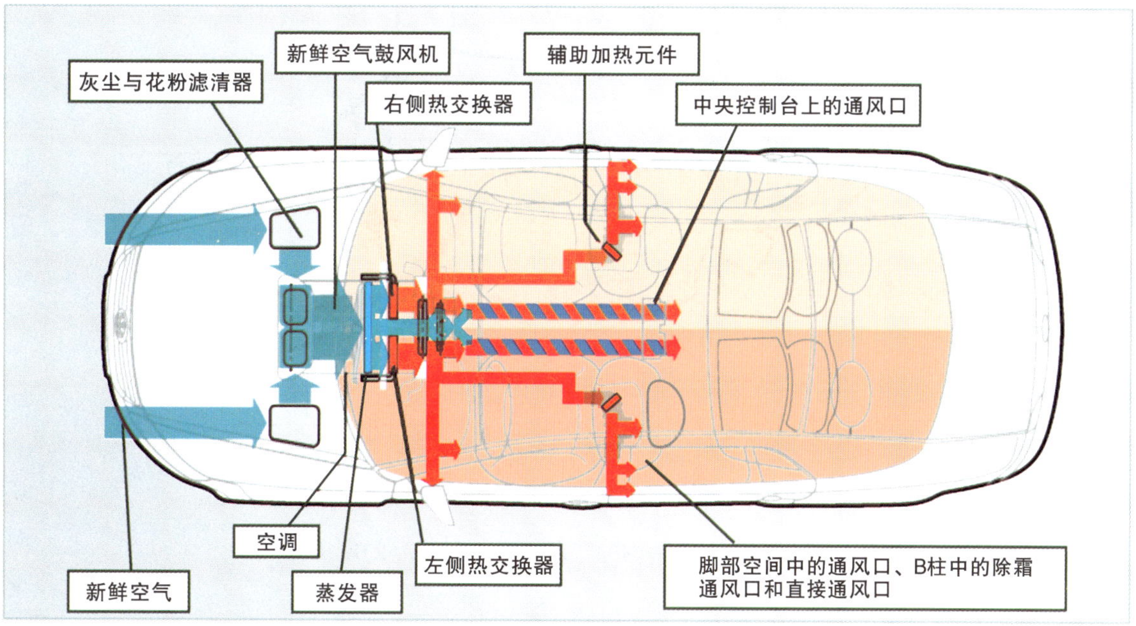

图3-24 车内空气分配

2. 空调空气分配

空调是组成空气分配总成的主要部件。它位于仪表板中间的下部。用于空气分配和温度控制最重要的部件包括：新鲜空气鼓风机和控制单元、蒸发器、两个热交换器、15个驱动各种风门的控制马达、两个位于热交换器后面的温度传感器，以及一个蒸发器下游的温度传感器，如图3-25所示。

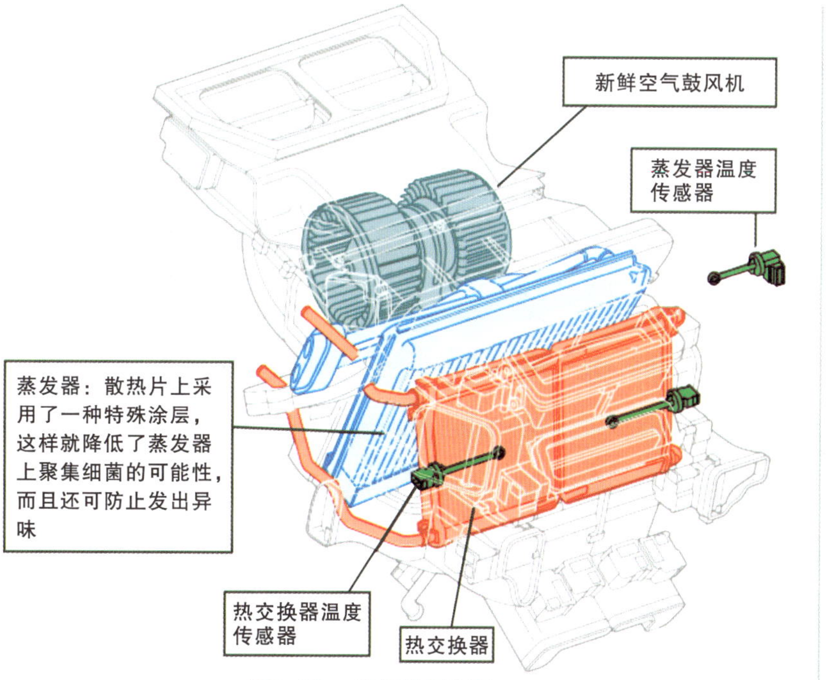

图3-25 空调空气分配

3. 空调上的风门

空气通过空调上的风门送到空气管道与通风口。每个风门的位置与开度决定了流出的空气量及温度混合比。图3-26列出了空调的所有风门。

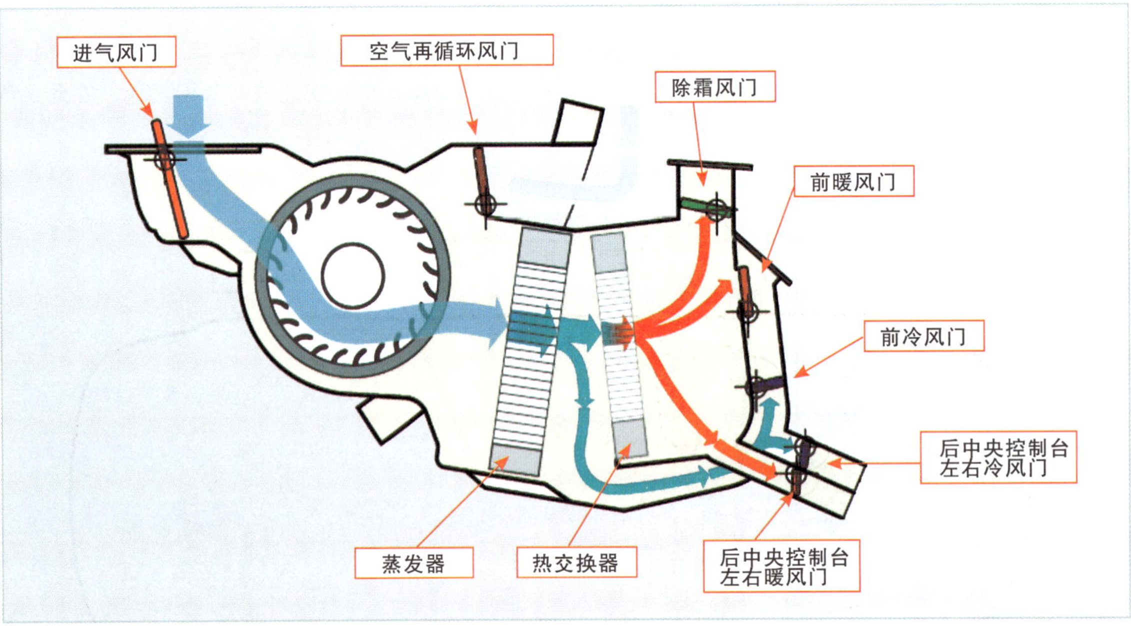

图3-26 空调上的风门示意图

热交换器后的壳体肋板用以阻止车内左右两侧的气流混合，如图3-27所示。

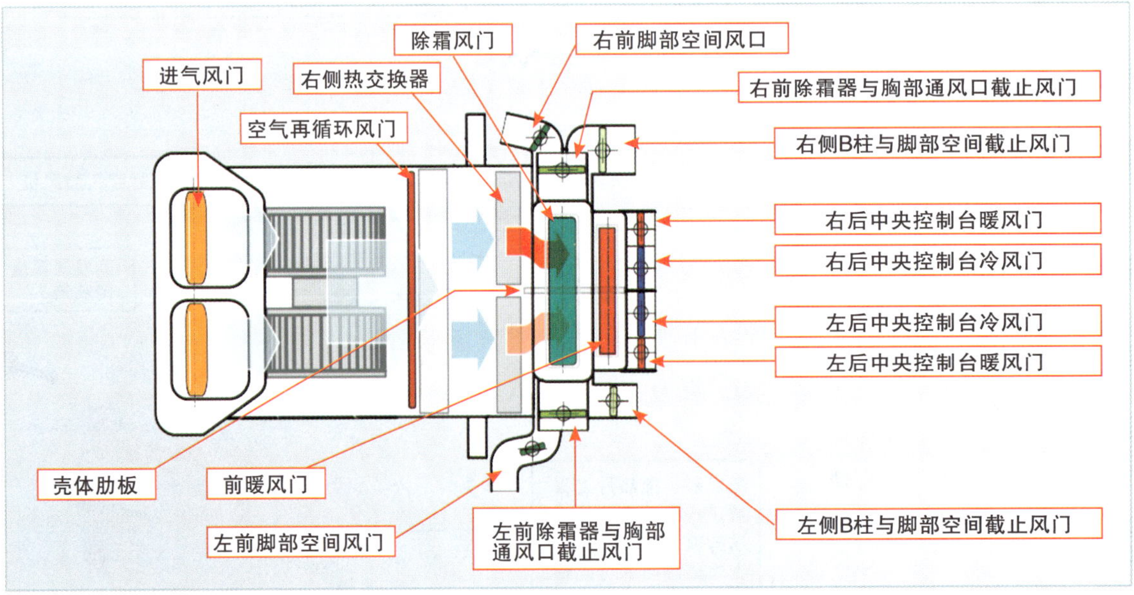

图3-27 热交换器后的空气分配

仪表板中央的空气分配器壳体直接安装在空调的暖风门之后，并固定在仪表板上。来自空调的空气在空气分配器壳体中混合。根据风门位置，空气随后到达直接通风的两个中央通风口以及仪表板上侧的间接通风口。通风口温度传感器G191检测温度，如图3-28所示。

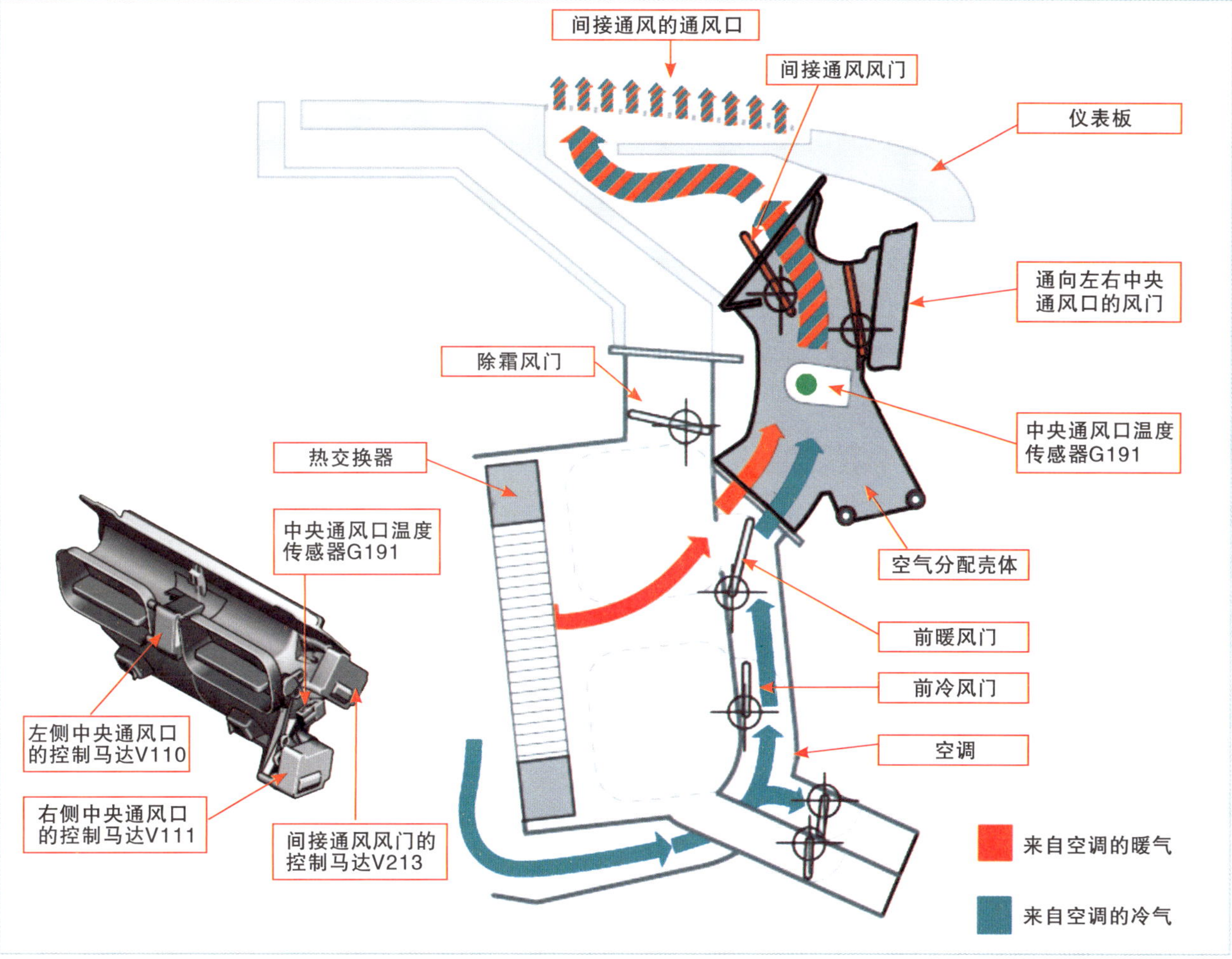

图3-28 仪表板中央空气分配

后脚部空间中的分配器壳体位于前排座椅的下面。在分配器壳体中，来自空调的空气通过两个风门送至后脚部空间的通风口、后侧车窗的除霜通风口和B柱上进行后部的直接通风。这两个风门是通过控制马达控制一个带有导轨的门来驱动的。

分配器壳体中的加热元件可以对空气进行辅助加热。加热元件之后的气流温度由温度传感器检测，用以控制后脚部空间的温度。图3-29为右后脚部空间的分配器壳体。

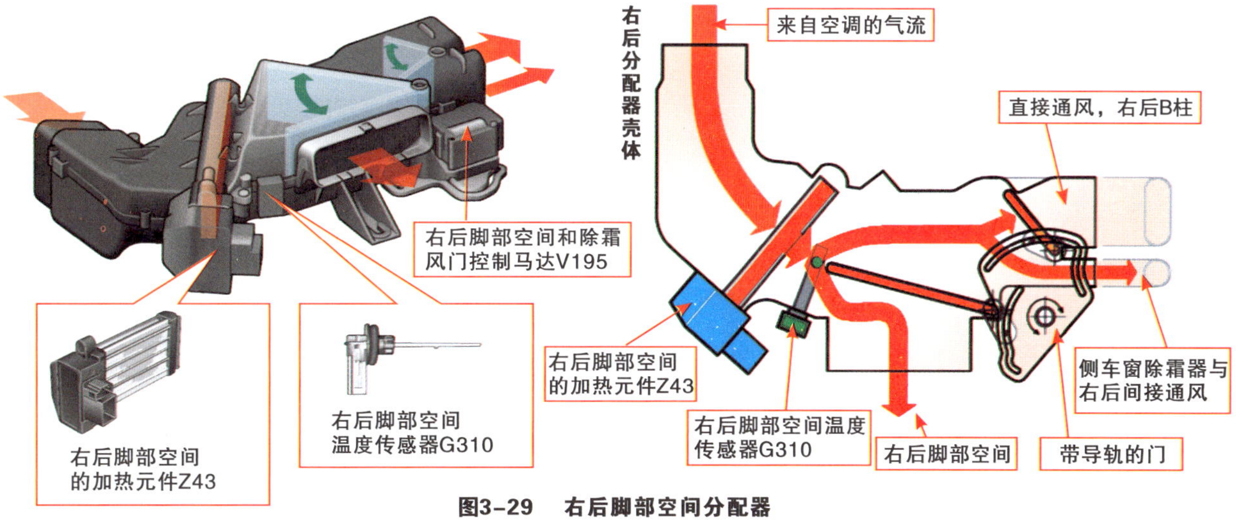

图3-29 右后脚部空间分配器

思考与练习

一、填空题

1. 汽车空调通风方法有两种，一种是______________，另一种是______________；排气也有两种，一种是______________，另一种是______________。

2. 汽车空调配气系统一般由______________、______________、______________三部分组成。

3. 汽车空气净化两种主要方式所用的设备分别是______________和______________。

二、判断题（正确的打“√”，错误的打“×”）

汽车通风系统有两种方法，一种是顶面通风法，另一种是压力吸气法。（ ）

三、选择题

1. 汽车空调的通风方法有（ ）

A. 自然通风 B. 强制通风 C. 顶面通风法 D. A、B都是

2. 汽车空调配气系统由三部分组成，下列正确的是（ ）

A. 空气进入段 B. 空气混合段 C. 空气分配段 D. A、B、C都是

第四部分

空调电气控制原理与维修

为了能使空调系统正常工作，维持车内所需的舒适性条件，汽车空调系统中需要有一系列控制元件和调节执行装置进行控制。

情境：常见电气装置与控制

一、温度控制器

1. 温度控制器的概念与作用

温度控制器又叫恒温器、热敏开关、温控开关等。在大众车系的手动空调系统中，称其为冷量开关E33。它是汽车空调电路控制系统中用做温度控制的一种基础元件。

温控器一般安装在蒸发器组件或靠近蒸发器组件的空调操作面板上，如图4-1、4-2所示。它主要有两种形式：机械式和电子式。温控器通过感测蒸发器的表面温度，将温度变化信号转化成空调控制电路的通断信号，以实现压缩机的循环通断控制。温控器在设置好的温度上使压缩机离合器结合或断开，起到调节车内温度、防止蒸发器结霜和避免压缩机产生液击现象等作用。

图4-1 温控器安装位置

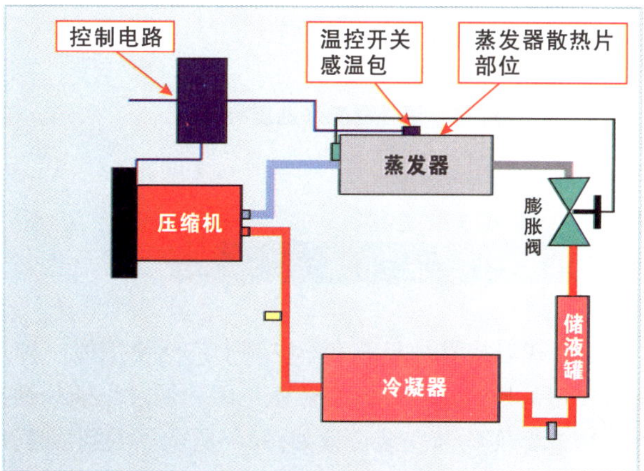

图4-2 温控器工作示意图

2. 机械式温控器

机械式温控器主要由感温系统、调温机构和触头开闭机构等组成。感温系统主要由感温包、毛细管和波纹管构成，在这个密封的空腔内充满了处于饱和状态的感温剂，如图4-3（a）所示 。感温管一端插入蒸发器表面的翅片上，感受蒸发器出风口方向的表面温度。当蒸发器表面温度变化时，感温装置内的介质也随之发生压力变化，使波纹管伸长或缩短，并将压力信号传递出去，以控制电路的通断。在一定的温度变化范围内，感温介质的压力与温度变化呈线性关系。即力点A的位移与感温介质的压力变化呈正比关系，如图4-3（b）所示。

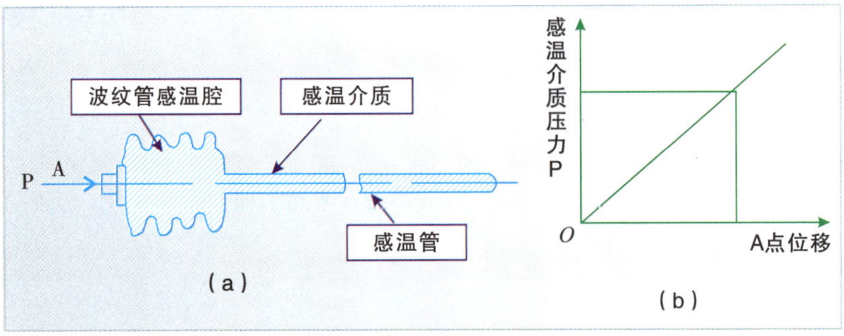

图4-3　波纹管式感温器

调温机构由调节旋钮、螺栓等组成，其功能是使温控器在最低至最高温度范围内对任一设定温度产生控制动作。温控器触头开关的断开点是根据调节螺栓给定的位置而变化的，触头的闭合点与断开点的位置平行，工作温度特性，如图4-4所示。

触头开闭机构主要是由触头、弹簧和杠杆等组成，其功能是执行由控制机械传来的动作信号。通过触头开闭来接通或断开电磁离合器电路，实现恒温控制。

图4-5为波纹管式温控开关的工作原理。

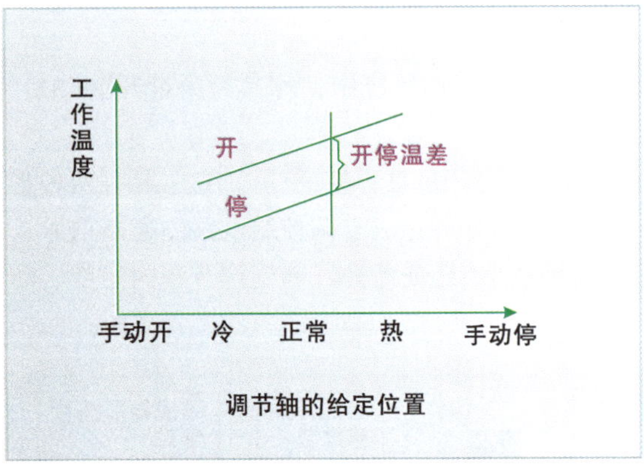

图4-4　温控器工作温度特性

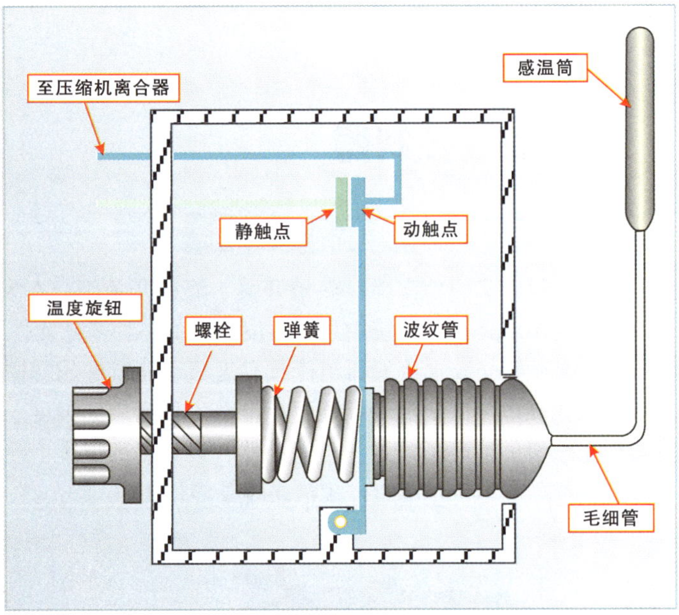

图4-5　波纹管式调温开关工作原理

3. 电子式温控器

电子式温控器是目前汽车空调上广泛使用的一种温度控制器，一般简单的电子式温控器只具备温控功能，它所使用的感温元件为一只热敏电阻，通过小插片插在蒸发器出风口方向的翅片上，用来检测蒸发器出风口温度。恒温器实物与安装位置如图4-6所示。受到温度变化影响时，其阻值会发生相应变化。空调上多采用负温度特性的热敏电阻，即随着温度升高，阻值下降；反之，阻值上升。其特性曲线如图4-7所示。

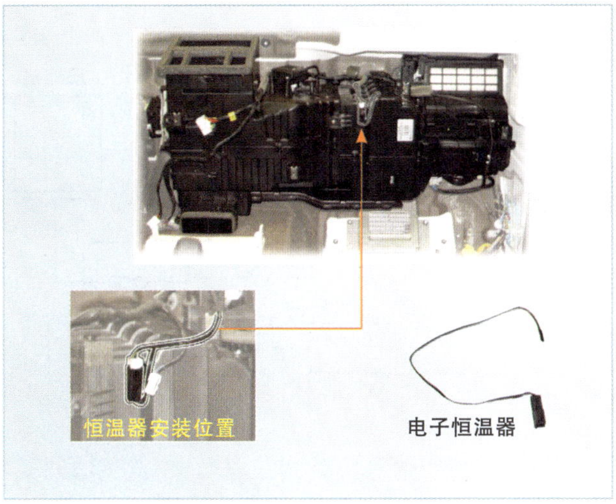

图4-6 恒温器实物与安装位置

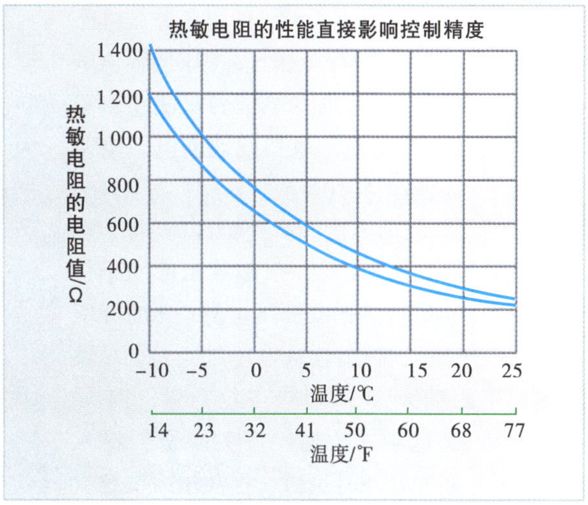

图4-7 负热敏电阻特性

热敏电阻通过导线与电子温控器相连，由于温度变化，使热敏电阻阻值也发生变化，转化为线路中电压信号的高低变化，经温控器将信号放大后，控制电路的接通与断开，实现循环制冷。温控器的电路图如图4-8所示，检测方法如图4-9所示。

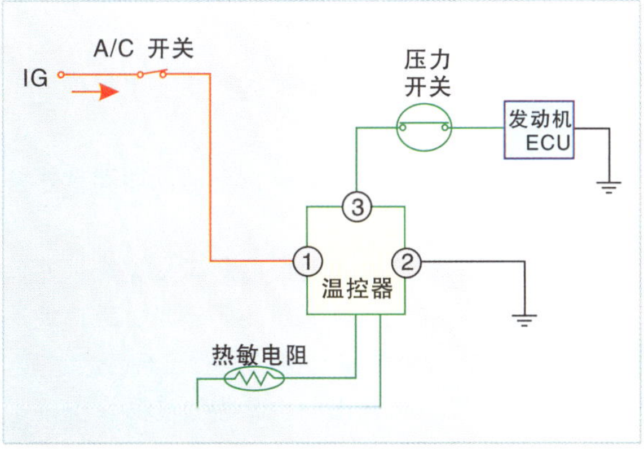

图4-8 温控器电路

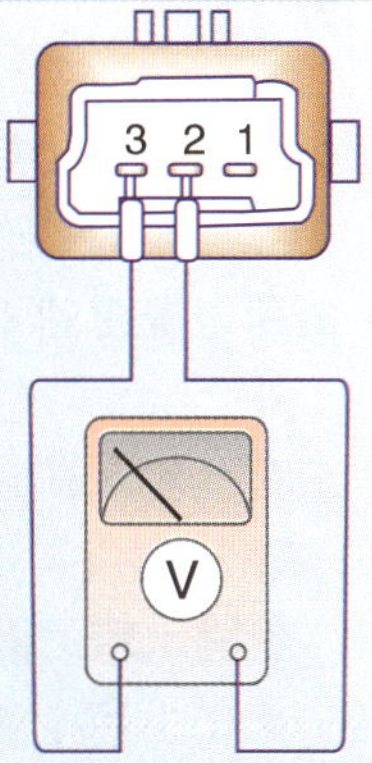

信 号	工作电压	端子温度
ON	12V	3~6℃
OFF	0V	0.5±0.5℃

图4-9 温控器检测方法

下面以图4-10和图4-11所示的电子式温控器为例来说明这种温控器的工作过程。这种温控器主要由温度检测电路、信号放大电路和电子开关电路三部分组成，其中R_3是负温度系统热敏电阻，用于检测蒸发器表面的温度。当蒸发器表面温度越低时，其阻值也就越大。K为电压比较器，用于比较输入电压和加载在热敏电阻R_3上的电压，两者之差越大，K的输出电压也就越大，反之，则很小。TR_1与TR_2组成电子开关，当TR_1与TR_2导通时，空调控制电路接通，反之断开，压缩机继电器不工作。

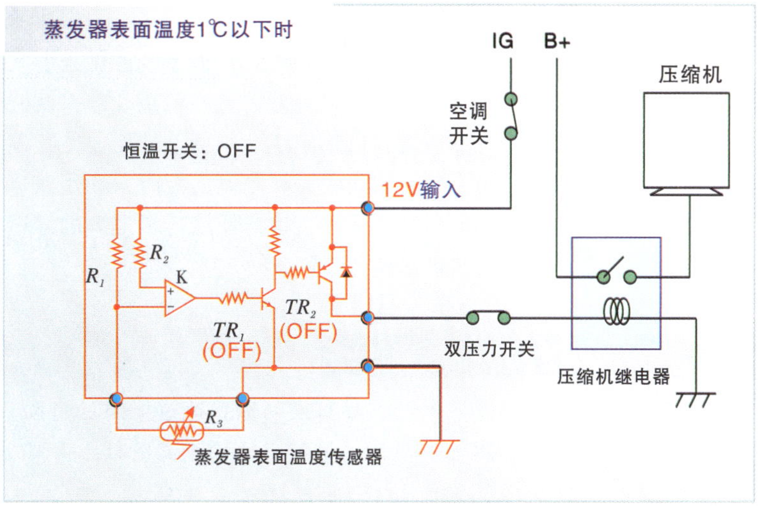

图4-10 蒸发器表面温度1℃以下时的电路状况

当蒸发器表面温度下降到1℃以下时，热敏电阻检测到这一变化，引起其阻值升高，使得由R_1与R_3组成的串联分压电路中R_3的分压变大，导致电压比较器K的输出电压变小，不足以驱动TR_1，TR_1与TR_2截止，温控开关断开，压缩机继电器线圈断电，空调系统不工作，如图4-10所示。

当蒸发器表面温度升高到4℃以上时，热敏电阻检测到这一变化，引起其阻值变小，使得由R_1与R_3组成的串联分压电路中R_3的分压变小，电压比较器K的输入电压差变大，导致其输出电压变大，TR_1基极电位升高，TR_1导通，接着TR_2也导通，温控开关闭合，输入12V电压，经过双压开关后，控制压缩机继电器线圈通电，继电器触电闭合，接通压缩机的供电电路，空调系统开始工作，如图4-11所示

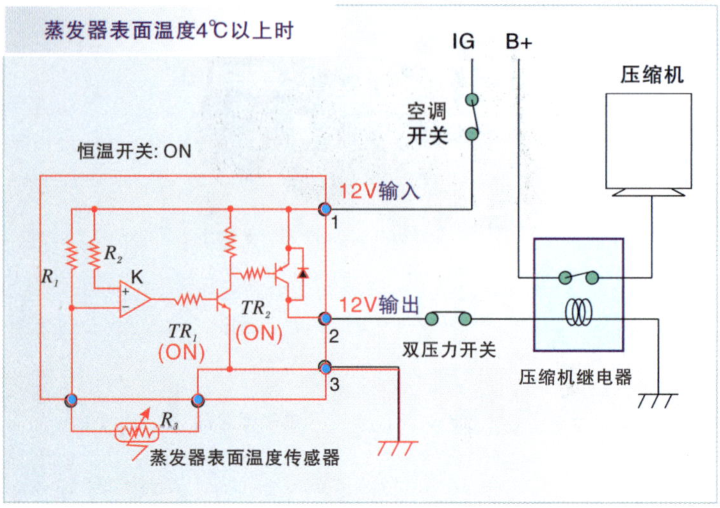

图4-11 蒸发器表面温度4℃以上时的电路状况

二、发动机怠速稳定装置

对于非独立式的空调系统，当发动机处于怠速运行或车辆慢速行驶时，若此时开启空调，将会引起以下不良情况：

第一，造成发动机空负荷工况或小负荷工况怠速不稳定，甚至造成发动机熄火，影响汽车的低速和怠速性能。

第二，引起发动机过热。发动机空负荷或小负荷运行时，水箱和冷凝器的散热主要由冷却风扇完成，迎风通风量很少，对于冷却风扇由发动机直接驱动的汽车来说，空载或小负荷时，风压和风量均不充足，散热效果很差。冷凝器一般装在水箱前，这进一步影响水箱的散热，造成发动机过热，影响发动机的正常运行。

第三，空调长时间低速运行，还易造成车上用电量不足。因为怠速时发电机发出的电量相当有限，空调工作时需消耗大量电能，致使车上用电负荷过大，影响其他系统的正常工作。

第四，空载或小负荷工作时，还会使冷凝器散热不良，影响制冷剂的液化，致使空调制冷效果变差，甚至由于管道压力过高而发生破坏事故等。

为消除这些不利影响，充分发挥非独立式空调系统的优点，实现汽车运行与空调运行的统一性，汽车上一般都设有怠速稳定装置。怠速稳定有两种方式：一种是开启空调时，只要发动机怠速低于规定转速，用怠速切断器切断压缩机电磁离合器电源，以稳定发动机怠速性能，防止发动机因负荷过大而导致灭火。这一方式被一部分丰田汽车所采用。另一种方式是在开启空调的同时，利用怠速提升装置自动提高发动机怠速，增加发动机输出功率，达到带负荷的低速稳定运转，这样便维持了空调的舒适性要求，这一方式被绝大多数汽车所采用。下面分别介绍怠速切断器和怠速提升装置。

（一）怠速切断器

怠速切断器又叫怠速继电器，具有发动机怠速过低时。自动切断压缩机电磁离合器电源的功能。这种怠速切断器的外形，如图4-12所示。

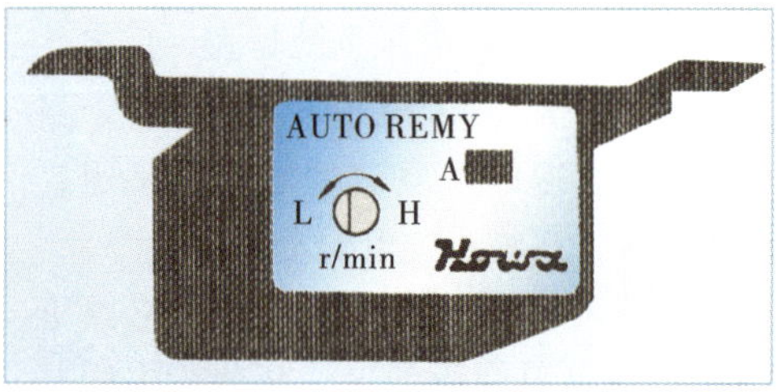

图4-12 怠速切断器外形

它上面有一个怠速设定旋钮，预选转速由人工控制，当调整到700～750r/min时自动切断离合器电路，当调整到950r/min时再接通电路。怠速切断器上面设有一个转换开点K，将开关调至

A位为自动控制，调至M位为人工控制（怠速切断器不起作用）。怠速切断器一般有4根接线，如图4-13所示。其中：①接电源正极；②接电磁离合器线圈；③接搭铁；④接点火线圈负极接线柱。下面以图4-13为例分析这种怠速切断器的工作过程。

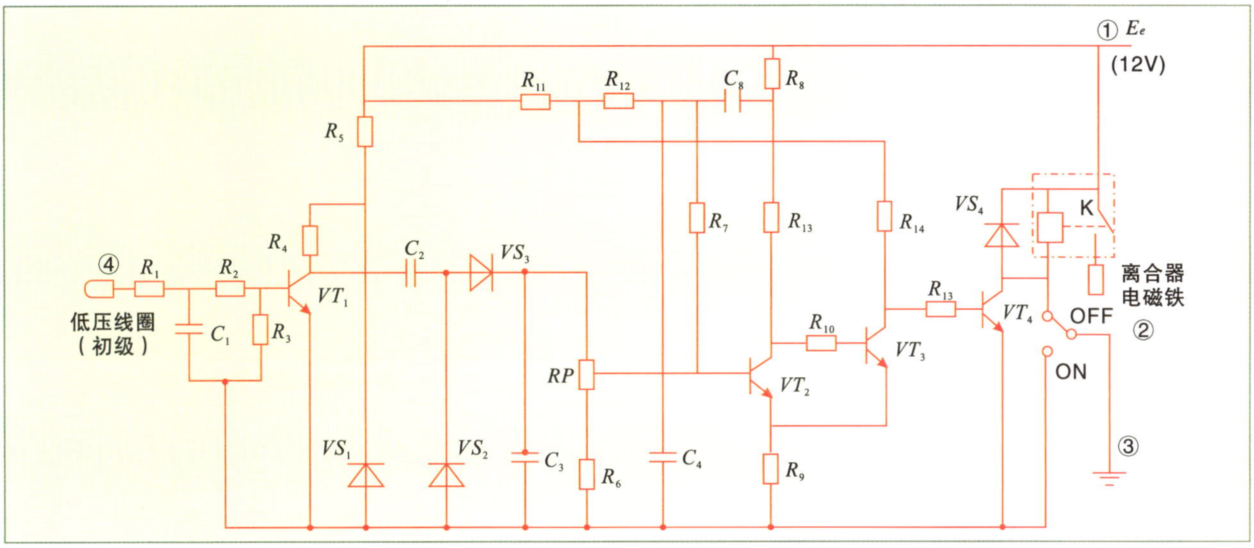

图4-13 怠速切断器电路

系统工作时，点火线圈一次绕组的信号脉冲频率与发动机转速成正比。当脉冲输入时，电容C_1通过R_1充电，其端电压提高使VT_1导通；脉冲消失，靠C_1放电，使VT_1的导通维持并逐步转向截止，这样，便在VT_1的集电极上获得一个交流电压信号，此信号经C_2耦合，VS_2、VS_3和C_3整流滤波后变成一个矩形脉冲信号。这个矩形脉冲信号与发动机转速一致，该信号输入到由VT_2和VT_a组成的稳态触发电路，决定VT_2管的基极电位。若发动机转速高，则点火脉冲频率高，从VT_1集电极上取得的平均电压信号就高，VT_2的基极电位就会相应提高。调节可调电阻，当发动机转速达到规定的怠速转速时，使VT_2导通，VT_3截止，VT_4导通，继电器通电吸合，电磁离合器接合，压缩机工作。若发动机转速低于设定值，则VT_1集电极上取得的平均电压信号较低，使VT_2截止，VT_3导通，VT_4截止，继电器线圈回路被切断，压缩机不工作，发动机转速得以稳定。电位器RP可用于调节输入到施密特触发器的输入电压，用来调节电磁离合器开始接通和断开时的发动机转速值。

电路中，VT_2和VT_3组成施密特触发器，用来驱动VT_4，VT_4为功率管，用以驱动继电器。施密特触发器向VT_4基极提供高电平还是低电平，取决于发动机转速是否达到设定值。开关S为工作方式选择，分为手动和自动。接到“OFF”位置，则继电器接通吸合，压缩机工作不再受怠速切断器控制；反之，接到“ON”位置，则接通怠速切断，压缩机的工作受到发动机转速的控制。

（二）怠速提升装置

采用怠速切断装置后，一旦汽车处于空负荷或小负荷时，空调便不能开启，破坏了空调系统的舒适性要求，特别是在堵车或炎热的夏季，这种情况就更为突出，采用怠速提升装置就能解决这一矛盾。即A、C开关闭合后，在接通离合器电源的同时，自动提高发动机的怠速转速。增加一定的功率，保证压缩机继续工作，若空调未启动或压缩机被温控装置切断电源而停止工作时，发动机仍会按原来的怠速转速运行，无需重新调定怠速转速。

常见的怠速提升装置有VSV阀怠速提升装置、怠速电机提升装置、节气门电机提升装置。其中，怠速电机提升式、节气门电机提升式是目前电控发动机普遍采用的怠速控制方式。

1. VSV阀怠速提升装置

VSV阀怠速提升控制的工作原理，如图4-14所示。当空调风量开关和A、C开关接通后，怠速提升控制电磁阀处于通电状态，怠速提升阀与发动机进气歧管之间构成真空通道，在发动机与进气歧管内真空度的作用下，吸动怠速提升阀的膜片，克服膜片复位弹簧的阻力和节气门弹簧的阻力而向上运动，膜片向上运动带动拉杆向上运动，从而带动节气门转动一个角度，加大了节气门的开度，即加大了可燃混合气的供给量，发动机转速得到提高，转矩得到加大，提高的转矩用于带动压缩机转动。压缩机工作后，发动机的转速因压缩机的负荷会有一定的降低，但两者平衡后，可使发动机带动压缩机在某一平衡转速稳定运转，这个稳定转速就是发动机的空调怠速。

可以通过发动机怠速调整螺钉和空调怠速调整螺钉分别调整。必须注意，空调怠速调整必须在空调处于开启状态下进行。

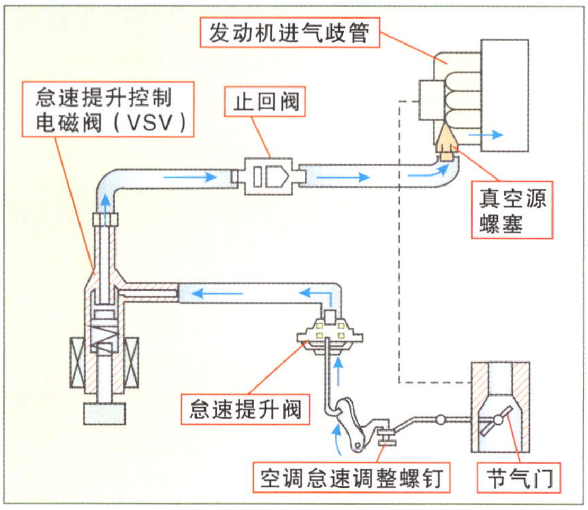

图4-14　怠速提升控制

VSV阀怠速提升装置结构，如图4-15（a）所示。怠速提升控制电磁阀（VSV）由活动铁芯、压缩弹簧、电磁线圈等组成，外部有三个接口，其中，A通向真空源，B通向真空电动机，C通向大气。图4-15（b）为压缩机运转状态，此时电磁线圈通电，活动铁芯克服弹簧力上行，关闭A，则B与C接通；反之，A、C关闭，电磁线圈断电，活动铁芯受弹簧力作用下行，将C关闭，此时A与B接通，如图4-15（c）所示。

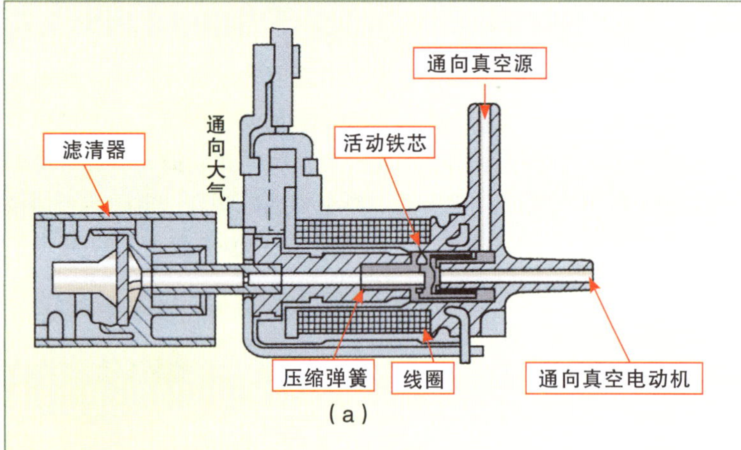

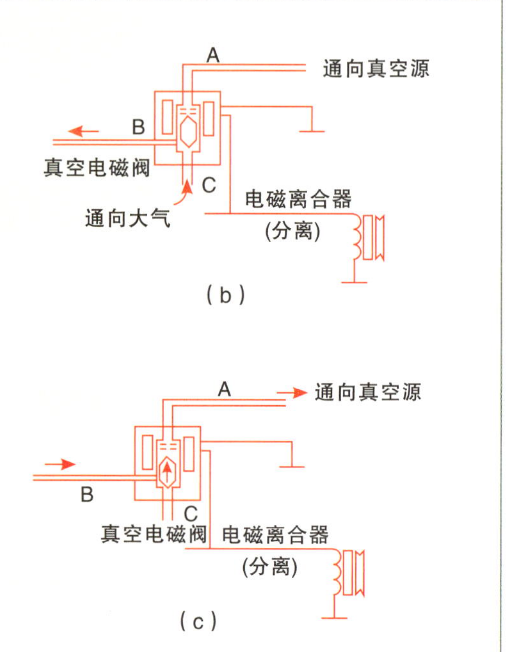

图4-15　怠速提升控制电磁阀

2. 怠速电机提升装置

图4-16　怠速步进电机

怠速电机提升装置是由EFI（电控燃油喷射系统）的控制单元控制的，怠速电机与节气门装在节气门体上，即节气门体包括发动机正常运行工况控制过气量的节气门和怠速运行时少量空气通过旁通通道的怠速控制装置。

怠速电机提升装置使用步进电机精确控制怠速空气量，由发动机控制单元给电机线圈通电，打开或关闭怠速通道。怠速步进电机如图4-16所示，怠速控制原理和怠速执行器步进电机电路图分别如图4-17、4-18所示。

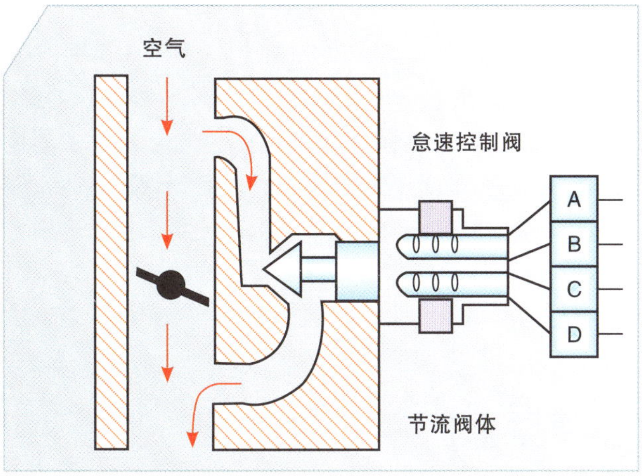

图4-17 旁通式怠速控制装置原理

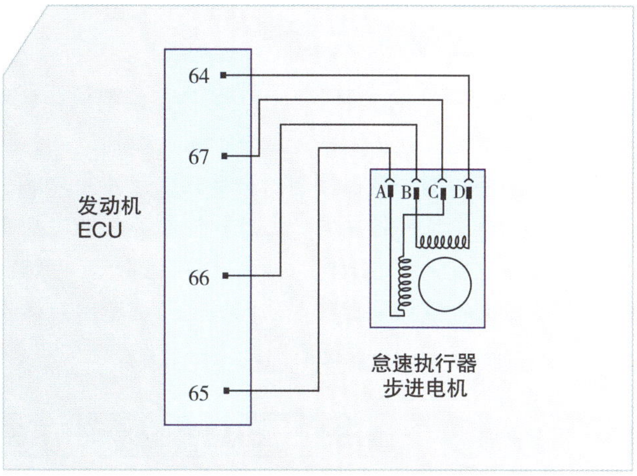

图4-18 怠速执行器步进电机电路

步进电机的工作原理：

步进电机是一台微型电机，它由围成一圈的多个钢质定子和一个转子组成。每个钢质定子上都绕着一个线圈；转子是一个永久磁铁，其中心是一个螺母。所有的定子线圈都始终通电。只要改变其中某一个线圈的电流方向，转子就转过一个角度。当各个定子线圈按恰当的顺序改变电流方向时，就形成一个旋转磁场，使永久磁铁制成的转子按一定的方向旋转。如果将电流方向改变的顺序颠倒过来，那么转子的旋转方向也会颠倒。连接在转子中心的螺母带动一根丝杆。因为螺旋杆不能转动，所以它只能在轴线方向上移动，故又称直线轴。丝杆的端头是一个塞头，塞头可以缩回或伸出，从而增大或减小怠速执行器旁通进气通道的截面积，直到将它堵塞。

3. 节气门电机提升装置

为使发动机实现优化运行，现代轿车的电控发动机采用集中控制系统，即怠速控制、点火控制、燃油喷射控制等都由发动机ECM集中统一控制。因此，没有专用的空调怠速提升装置，怠速的提升是通过发动机的节气门阀体完成的。如图4-19所示，发动机ECM通过空调开关或空调压缩机工作的电位信号，便能检测到空调器是否开启，以决定是否提高发动机转速。当发动机电脑决定提高怠速时，控制节气门电机打开一定角度，直至达到设定空调运行转速。空调开启时的怠速转速一般是900~1 000r/min。

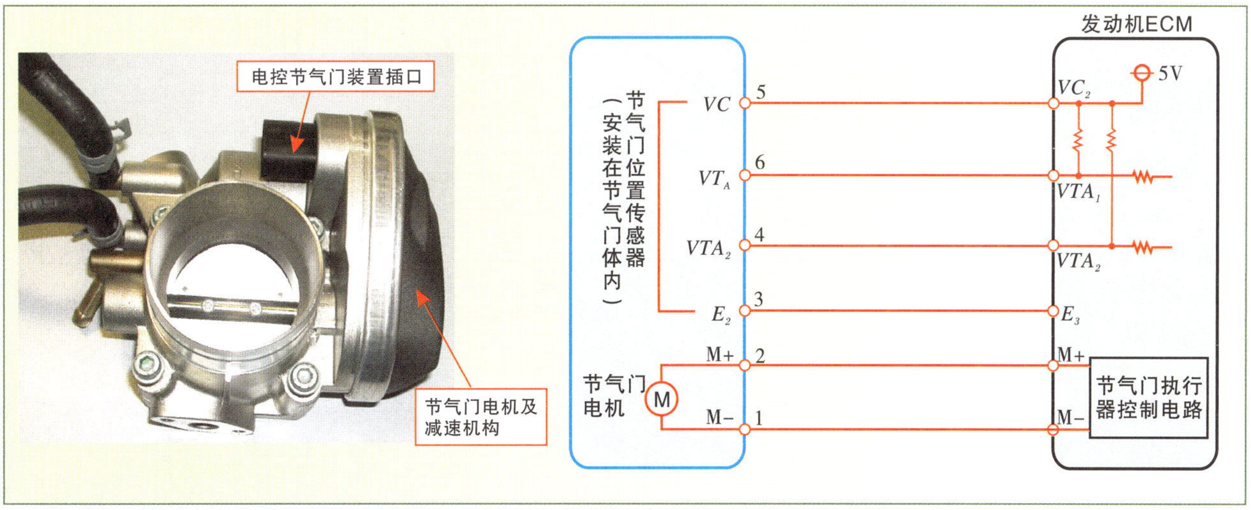

图4-19 电控发动机节流阀体和节气门电机控制电路

三、空调放大器

随着电子技术的发展，电子元器件高度集成化，体积不断缩小，功能不断扩展及智能化。汽车空调控制器在发展过程中也实现了：从无到有，从简单到复杂，从低级到高级，从单一功能到多功能。例如：电子式温控器只具备温控功能，怠速控制器只具有怠速控制功能，功能相当单一。而现代汽车将几种控制器做成一体，成为空调放大器（空调控制器）。这种控制器功能增加，控制精度提高，在一些普通轿车及小客车上广泛应用。现代高档轿车更是将电脑作为控制装置，进行高度智能化控制，实现了空调运行与汽车运行的统一，极大地提高了制冷效果，节约了燃料，从而提高了汽车的整体性能和最佳的舒适性。下面介绍最基本的空调放大器，至于空调控制电脑将在后面的有关章节里介绍。

（一）具有温度控制和怠速切断功能的放大器

这种放大器由温度控制器和速度控制器组合而成。内部电路由发动机转速检测电路、温度控制电路和放大驱动电路等组成。其控制原理如图4-20所示。

启动空调后，在实际工作中会出现以下四种工作情况：

一是车内温度高于设定温度，发动机转速高于空调放大器设定转速。这时转速检测电路使VT_1截止，温度检测电路使VT_2截止。所以此时VT_3饱和导通，继电器线圈通电吸合，压缩机工作。

二是车内温度高于设定温度，而发动机转速低于空调设定转速。此时，转速检测电路使VT_1导通，温度检测电路使VT_2截止。根据电路特点分析可知，只要VT_1或VT_2导通，都会使VT_3截止，所以此时VT_3处于截止状态，继电器不工作，电磁离合器处于分离状态。

三是车内温度低于设定温度，而发动机转速高于空调工作转速。这时，发动机虽允许空调工作，但由于热敏电阻检测到温度低于调定值，经温度检测电路放大后，将使VT_1处于导通状态，仍然不能满足压缩机工作条件。

四是车内温度低于设定温度，发动机转速低于规定转速。根据前面分析可知，此时VT_1、VT_2均处于导通状态，故VT_3截止，压缩机不工作。

综合以上四种工作状态可知：只有同时满足车内温度高于设定值，转速高于设定转速，压缩机才能启动。

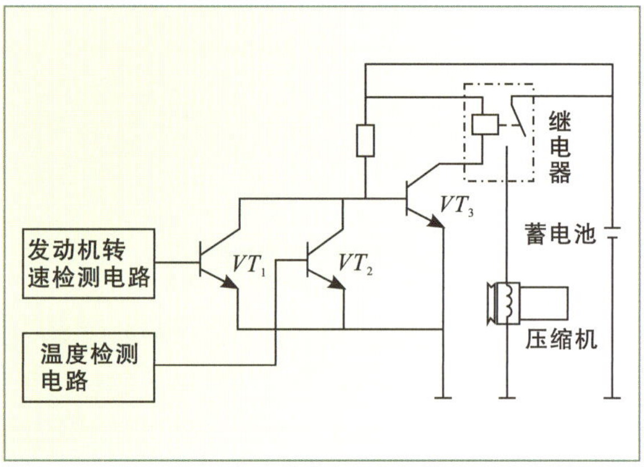

图4-20 怠速稳定和温度放大器控制原理

（二）多功能手动空调放大器

这种放大器主要应用在手动空调上，它在温度控制和速度控制基础上增加了其他功能，使放大器更加完善。下面以图4-21为例说明这种放大器的工作原理。

这种放大器由工作电源、信号采集电路、执行器电路、空调放大电路等组成。空调放大器根据空调开关等各种信号，控制压缩机电磁离合器、发动机怠速提高等装置。

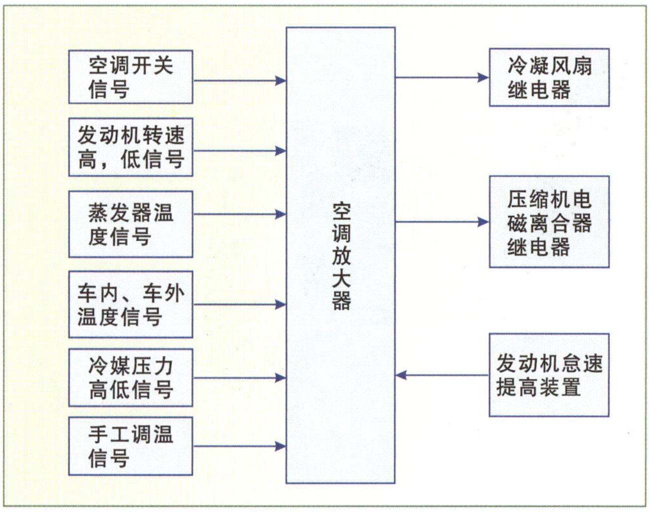

图4-21 多功能手动放大器工作原理

例如大众捷达、桑塔纳常用的空调放大器J293（又称散热风扇控制器），根据双温开关和组合压力开关信号控制散热器风扇转速的高低挡。收到空调开关信号后，根据空调开启的条件是否满足来控制空调电磁离合器的接通与断开。大众手动空调放大器外观，如图4-22所示，空调放大器输出控制电路，如图4-23所示。

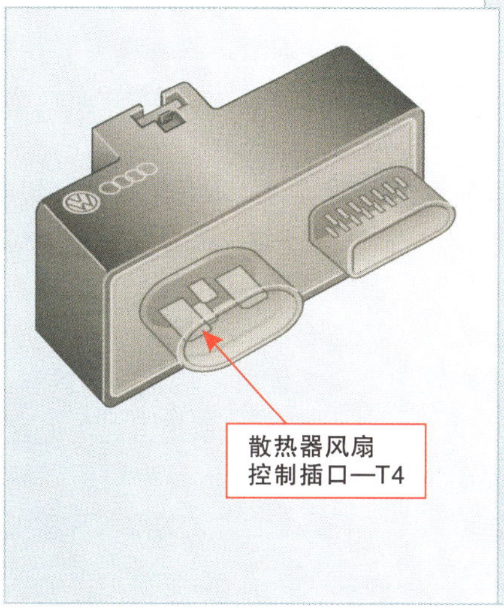

图4-22 大众手动空调放大器外观

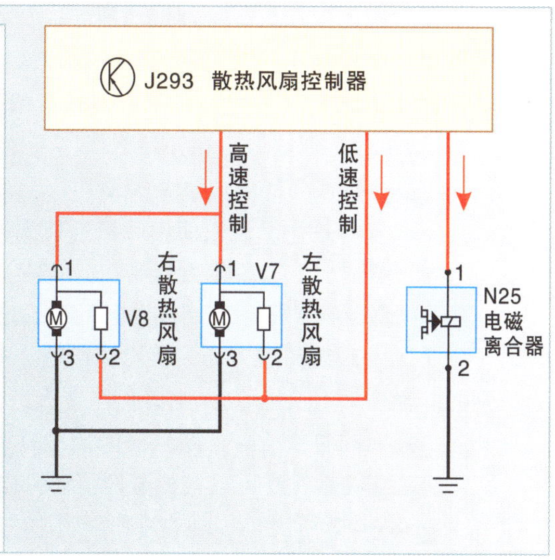

图4-23 空调放大器输出控制电路

四、空调压力开关

1. 高压开关

汽车空调在使用过程中，当出现散热片堵塞、风扇不转动或制冷剂充注过量等不正常状况时，系统压力就会异常升高，此时若不停止压缩机的运转，过高的压力将导致压缩机损坏、管道破裂等故障发生。

高压开关有常开型或常闭型两种形式。用作冷却风扇控制的则有常开型和常闭型，如图4-24所示。用作压缩机电源切断的一般为常闭型，如图4-24（b）所示。下面以常闭型压力开关为例分析它的结构。高压端制冷剂压力作用在膜片上，正常情况下，高压端压力小于弹簧的弹力，固定触头与活动触头处于闭合状态，电路处于接通状态。一旦系统压力超过3.14MPa（R12系统为2.65MPa）时，高压蒸汽压力大于弹簧弹力，金属膜片反弹变形，致使活动触头与固定触头快速分离，切断离合器电路，压缩机停转。当高压端制冷压力下降到2.55MPa（R12系统为2.17MPa）时，触点恢复闭合，电路接通，压缩机恢复运转。

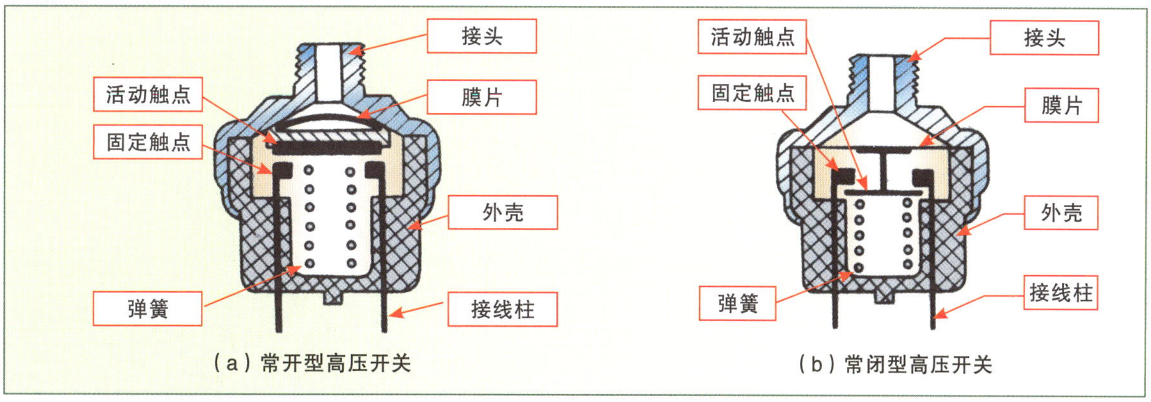

图4-24 高压开关结构

2. 低压开关

低压开关一般装在制冷系统的高压端，用来防止压缩机在异常低压力下工作。空调工作时，高压侧压力过高，一般表明系统存在泄漏。另外，在小型的汽车空调制冷系统中，很多压缩机不带润滑油泵。压缩机中摩擦副的润滑很大程度上依靠制冷剂带油回流进行，这样压缩机在缺油环境下继续运行会导致严重损坏，且空调送出的风不凉，又增加了发动机功耗。在这种情况下，低压开关动作，触点断开，压缩机停转，可以起到保护作用。低压开关的结构与常开型高压开关基本相同。当高压侧压力高于0.23MPa时，触点保持闭合；当系统高压侧压力低于0.12MPa时，触点在弹簧力作用下断开，压缩机便无法启动。

低压开关还可作为环境温度开关使用。当环境温度较低时，低压开关断开，切断离合器电源，防止空调在低温环境下工作。这个原理较简单，当环境温度较低时，制冷剂对应的压力也低，这时低压开关断开，空调不能启动。在设计时，一般将压力控制在0.423MPa（对应温度为10℃）以上。

另有一种低压开关用于控制蒸发器的蒸发温度。许多循环离合器孔管（CCOT）系统和固定孔管循环工作离合器（FOTCC）系统用压力开关替代温控器，低压开关装在系统中的蒸发器出口和压缩机进口之间，一般装在集滤器上，感受低压侧压力，使离合器在大约207kPa时定期断开，该压力对应温度为0℃，即利用饱和状态下温度与压力成对应关系原理。图4-25为低压开关在CCOT系统的应用。

设置低压开关后，既可以实现温控，还可以保护系统不受可能进入的空气和湿气的损害。

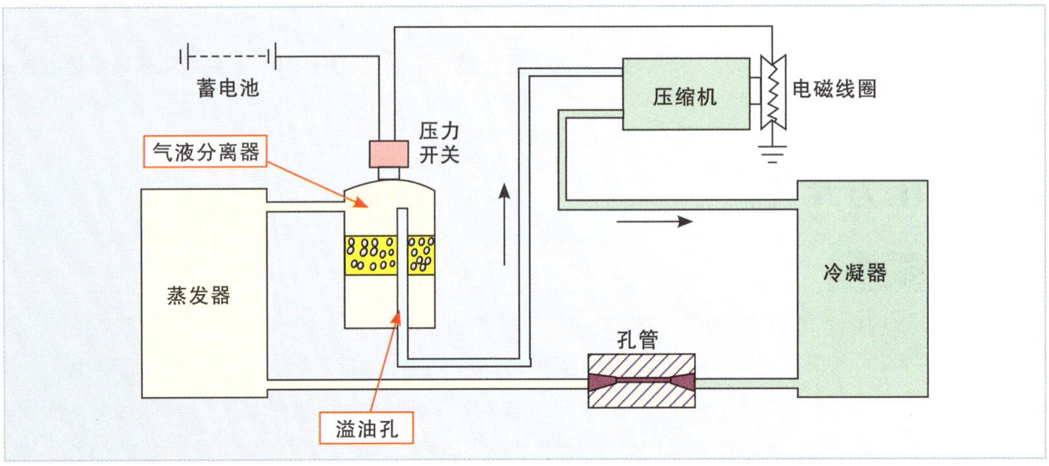

图4-25　低压开关控制的CCOT制冷系统

3. 双重压力开关

新型的空调制冷系统是把高、低压开关组合成一体，成为双重压力开关。它安装在储液干燥器上面，这样就减少了压力开关的数量和接口，从而减少了制冷剂泄露的可能性。双重压力开关结构如图4-26所示。

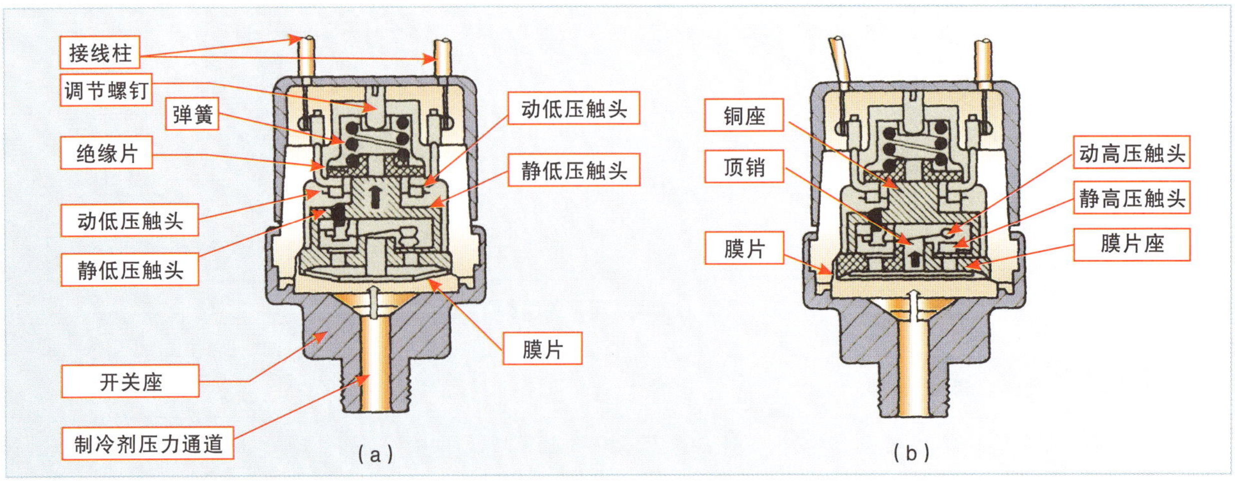

图4-26　双重压力开关结构

工作原理：

当高压制冷剂的压力正常时，压力应在0.423～2.75MPa，金属膜片和弹簧力处在平衡位置，高压触头和低压触头均闭合，电流从触头到高压触头后再从触头出来。当制冷剂压力降低到小于0.423MPa时，弹簧压力将大于制冷剂压力，推动低压触头并脱开，电流随即中断，压缩机停止运行，如图4-26（a）所示。

反之，当压力大于2.75MPa时，蒸汽压力将整个装置往下推到下止点，蒸汽继续压迫金属膜片下移，并推动顶销将动高压触头推开，并与静高压触头接触，将离合器电路断开，压缩机停止运行。当高压端的压力小于2.17MPa时，金属膜片恢复正常位置，压缩机又开始运行，如图4-26（b）所示。

双重压力开关

4. 三重压力开关

为减少压力开关的数量和接口，以减少制冷剂泄漏的可能，使空调结构更加紧凑，目前很多汽车空调采用三重压力开磁（三位压力开关）。这种开关由高、低压开关（双重压力开关）和一个中压开关组成，安装在制冷系统高压侧，如图4-27所示。

高、低压开关（双重压力开关）：如果制冷管道高压端压力太高（由于散热不良等）或太低（由于泄漏），三重压力开关动作，送一个信号到冷却风扇单元（本田车）或空调控制器（一般车），以防止压缩机在异常高或异常低的压力下运转。

中压力开关：如果冷媒压力高于1 520kPa，三重压力开关会传递信号到风扇控制单元，或直接控制冷凝器继电器来改变冷凝器风扇和水箱风扇的速度，只要中压力开关闭合，则风扇仅做高速运转。

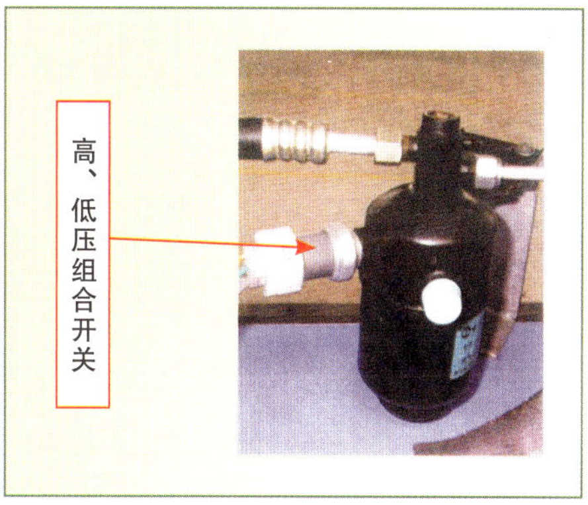

图4-27 三重压力开关

三重压力开关

5. 制冷剂压力传感器

现在的中高档轿车，特别是使用自动空调的轿车通常采用压力传感器来感测系统压力，以测量压力是否正常。它的结构相当于一个歧管压力传感器，一般为压敏电阻式，如图4-28所示。位于制冷剂管路高压侧的制冷剂压力传感器对制冷系统起到保护作用，防止压力过高或过低对其造成损坏。如果系统内的压力超过或低于规定值，制冷剂压力传感器就会检测制冷剂管路内的压力，并向ECM发送电压信号。当制冷剂压力传感器检测到高压侧的压力高于2 746 kPa或低于134 kPa时，ECM会使继电器关闭，并停止压缩机工作。压力传感器除用于压力控制外，还作为冷却扇的控制信号，当检测到制冷剂压力高于1.7 kPa时，冷凝器散热风扇将高速运转。

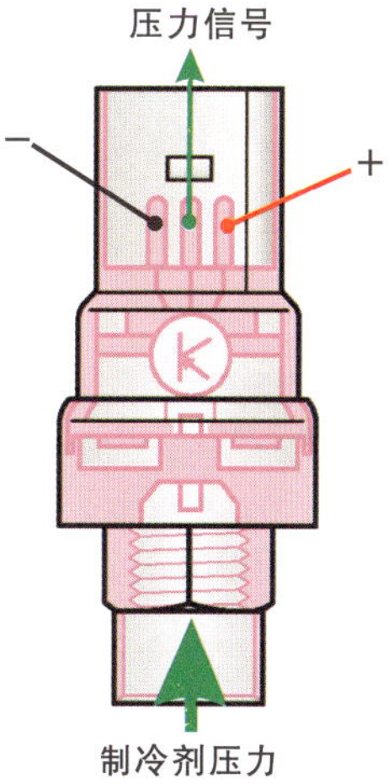

图4-28 空调压力传感器

五、系统过热过压保护

1. 过热限制器

过热限制器有两种，一种装在压缩机缸盖上，作用是使电磁离合器电源中断，压缩机停转；一种装在蒸发器出口管路上，作用是使泄漏报警灯亮。这两种结构都会防止由于缺少制冷剂或压缩机缺乏润滑油而过热损坏。

过热限制器主要用在斜盘式压缩机上。当制冷系统温度过低时，切断离合器的电路，使压缩机停止运行，防止压缩机受到损坏。过热限制器的构造如图4-29所示。它包括过热开关和熔断器两部分。过热开关装在压缩机后盖紧靠吸气腔的位置，是一种温度传感开关，如图4-30所示。

当制冷系统的制冷剂泄漏量较多时，压力会下降，若这时压缩机继续工作，就会产生过热现象。这时制冷剂的温度上升，但压力不增加，会毁坏润滑油，进而损坏压缩机，压缩机内部将烧焦变成黑色。

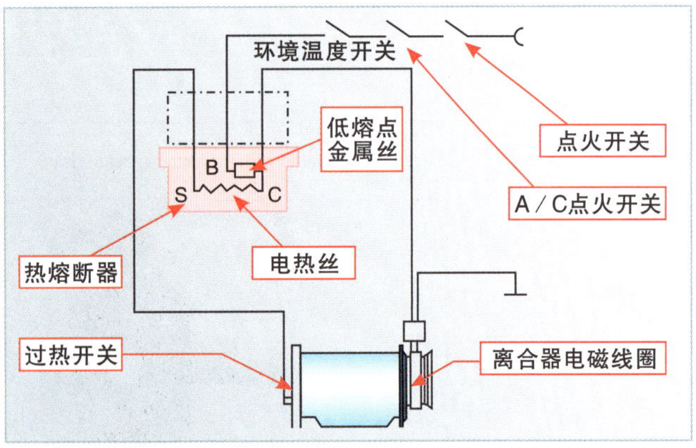

图4-29　过热限制器的构造

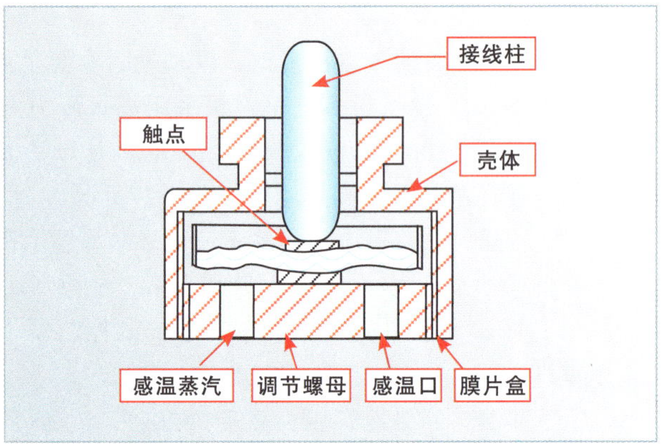

图4-30　过热开关

图4-29中的过热熔断器有三个接头，S接过热开关，B接外电源，C接离合器。熔断器内部的B和C之间接一个低熔点金属丝，S和C接通电热丝。正常情况下，电流通过空调开关与环境温度开关，经过熔断器低熔点金属丝到压缩机的电磁线圈。

当压缩机过热时，过热开关内的制冷剂蒸汽将感测到入口的温度升高，过热开关闭合，使电路接通，这时电流接通过热限制器上的电热丝。电热丝发热后熔化低熔点的金属丝，切断压缩机离合器电路，压缩机停止运行。

当熔断器断路时，一定要仔细检查制冷系统是否因泄漏而缺少制冷剂，否则，接好熔断器后很快又会烧断。另外，如果检查制冷系统后确认不缺少制冷剂，那么就可能是过热开关损坏，需要更换。过热开关现在已大多被低压保护开关所取代。

2. 高压泄压阀

如果制冷剂的压力升得太高，将会损坏压缩机。因此，在典型的空调系统中，都有一个装在压缩机或高压管路上的由弹簧控制的泄压阀。

一般汽车空调系统中，当制冷剂管路高压侧温度和压力异常高时，常通过使易熔塞的易熔合金熔化和将制冷剂释放的办法来保护制冷系统免受损坏。该办法让制冷剂全部释放到大气中，不仅造成经济上的损失，而且对环境也造成污染。当易熔塞熔化后，空气还将进入制冷系统。

高压卸压阀的作用是防止高压侧压力异常升高，以免损坏压缩机和冷凝器。高压卸压阀一般安装在压缩机或高压管路上，当冷凝器散热条件不好时，冷凝器的温度和压力可能会过高，当汽车空调制冷系统内制冷剂量过多时，系统压力也可能会过高。高压卸压阀的压力调整范围为2.4~2.8MPa，当压力超过该调整值范围时，卸压阀被迫打开，让制冷剂放出，直至压力降低到调整值为止。在正常情况下，由于弹簧的压力作用，使密封塞压向阀体，与A面凸缘紧贴，制冷系统内制冷剂不能放出，如图4-31（a）所示；当系统压力异常升高时，弹簧被压缩，阀被打开，制冷剂被释放出来，系统内压力立即下降，如图4-31（b）所示。当压力降至约2.8MPa时，弹簧又立即将密封塞推向A面，将阀关闭。

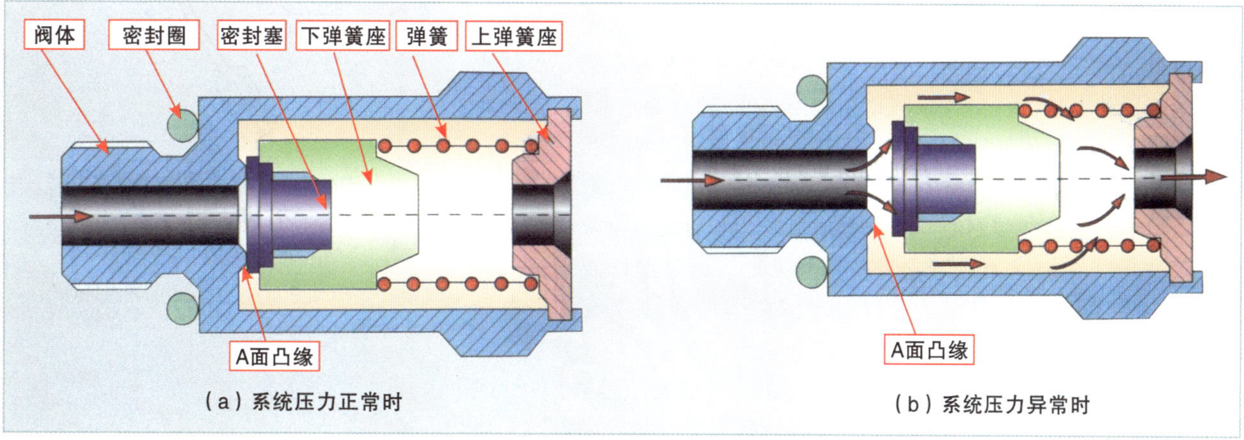

图4-31 高压卸压阀工作原理

采用高压泄压阀，只释放出少量制冷剂，不存在上述易熔塞的缺点，空气也不会进入系统，而且便于判断故障原因。

由于空调系统和厂家的不同，高压泄压阀的压力调整值也有所不同。当制冷系统压力过高（如超过3.5~4.2MPa）时，高压泄压阀打开，使制冷剂逸出而泄压；当压力降至3.5MPa以下时，在弹簧作用下，泄压阀自动关闭，以确保空调系统的正常工作。例如，日产颐达乘用车的空调系统由位于压缩机后端的泄压阀来加以保护，如图4-32所示。当系统内的制冷剂压力升高到非正常水平（大于3.8MPa）时，泄压阀的泄压口就会自动打开，并将制冷剂释放到空气中去。

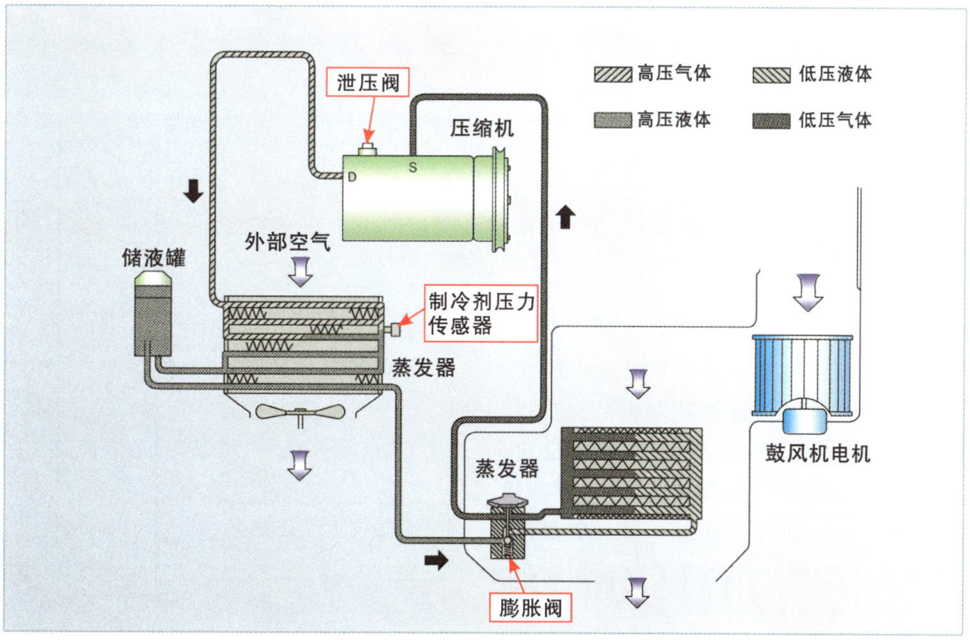

图4-32 日产颐达空调系统泄压阀

六、汽车加速切断装置

1. 机械式加速切断器

这种机械式断开器的开关是由加速板通过连杆或钢索来操纵的，当加速踏板踩到其行程的90%时，加速踏板碰到切断器的控制簧片，切断器将电磁离合器电源切断，压缩机停止运行，这样便卸除了压缩机的动力负荷，使发动机的功率用来克服汽车加速时的阻力，保证汽车有足够的动力输出，实现顺利超车。当切断器断开时，压缩机的转速被限制在最高极限转速范围内，从而保护了压缩机零件免受损坏。断开器外形图，如图4-33所示。

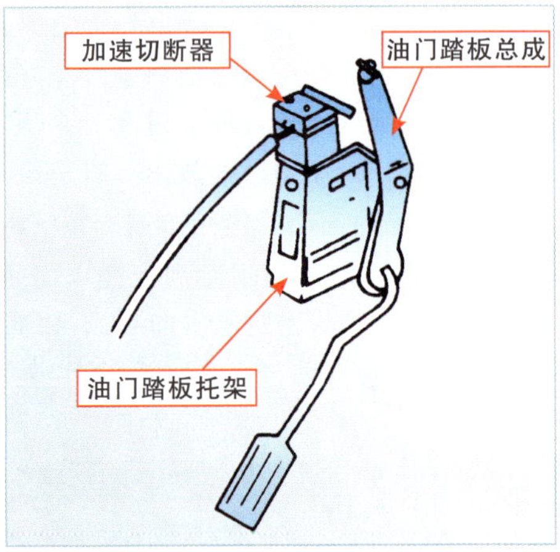

图4-33 机械式加速切断器

桑塔纳轿车加速控制断开装置由加速开关和延迟继电器组成。加速开关一般装在加速踏板下或装在其他位置，通过连杆或钢索来操纵。当加速踏板行程达到最大行程的90%时，加速开关及延时继电器切断电磁离合器线圈电路，使压缩机停止工作，发动机的全部输出功率用来克服加速时的阻力，从而提高了车速。当踏板行程小于90%或加速开关打开后延时十几秒钟，则自动接通电磁离合器线圈电路，使压缩机又自动恢复工作，如图4-34所示。

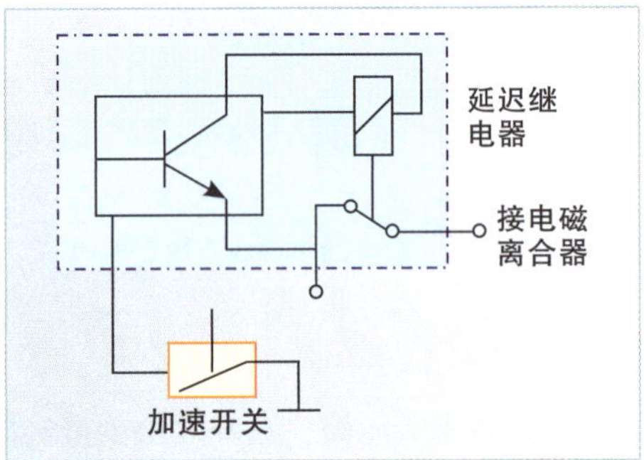

图4-34 桑塔纳轿车加速断开器

2. 真空式加速切断器

这种加速切断器由发动机进气歧管真空度控制。当进气歧管真空度较低（汽车处于均速或少许加速）时，则开关处于闭合状态，空调正常工作。当进气歧管真空度较大（急加速或怠速）时，真空断开器内膜片断开触点，切断离合器电源，压缩机停止工作。当加速变缓时，真空度下降，弹簧推动膜片将触点闭合，空调系统恢复正常工作。

3. 电控加速切断控制

在现代电控发动机汽车上，它的加速切断功能是由电控系统来完成的。在空调开启情况下急加速时，发动机ECU通过节气门位置传感器可以检测到加速情况及加速踏板被踩下的位置，大部分有节气门拉索的电控汽车对加速踏板踩下位置的检测是由节气门开度来计算的。当节气门开度达到90%或者95%时，发动机ECU停止向空调压缩机继电器供电，切断压缩机离合器线圈的电源；有的汽车则是在加速踏板下面安装了位置检测开关，当加速踏板几乎全部踩下时，位置检测开关闭合，这一开关信号直接提供给发动机控制单元，控制单元便会切断空调压缩机继电器，空调系统停止运行8s或更长时间。具有这种电控加速切断功能的系统，其原理，如图4-35所示。

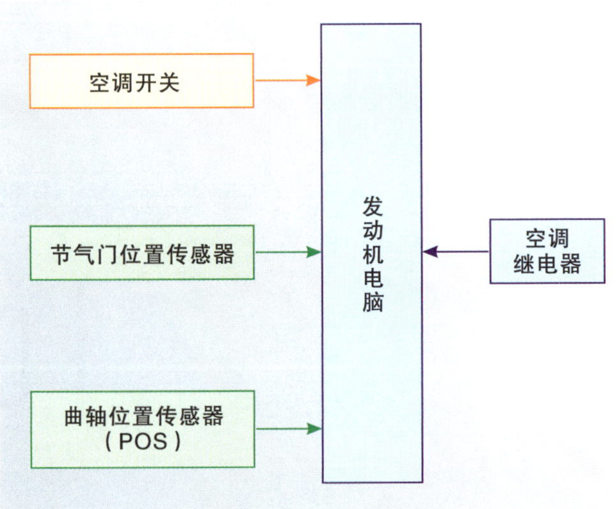

图4-35 高级轿车加速切断原理

七、鼓风机转速控制

汽车空调上一般使用鼠笼式鼓风机，鼓风机由扇风轮和鼓风机电机组成，如图4-36所示。要使车内有一个舒适的环境，除了要控制空调送风温度、风门模式外，还要使风机转速可以控制，以调节风量大小，适应环境变化，满足驾驶员或乘客的不同需要。鼓风机的转速控制一般有三种形式：鼓风机开关和调速电阻联合控制、空调电脑通过晶体管控制和晶体管与调速电阻组合控制。

图4-36　鼠笼式鼓风机

1. 鼓风机开关和调速电阻联合控制

鼓风机的控制挡位一般有二、三、四、五速四种，最常见的是四速，如图4-37所示。在有后空调暖风系统的汽车上，其后鼓风机一般采用二、三速。通过改变风机开关与调速电阻的接通方式，使风机以不同的转速工作。风机开关处于Ⅰ位置时，至鼓风机电机的电流须经过三个电阻，由于经过电机的电流较小，风机以低速运行；开关调至Ⅱ位置时，至电动机的电流须经过两个电阻，风机按中低速运转；开关调至Ⅲ位置时，至电动机的电流只经过一个电阻，风机按中高速运转；选定最大挡位Ⅳ时，风机电路不串任何电阻，电源电压直接加至电动机，风机以最高速度运转。

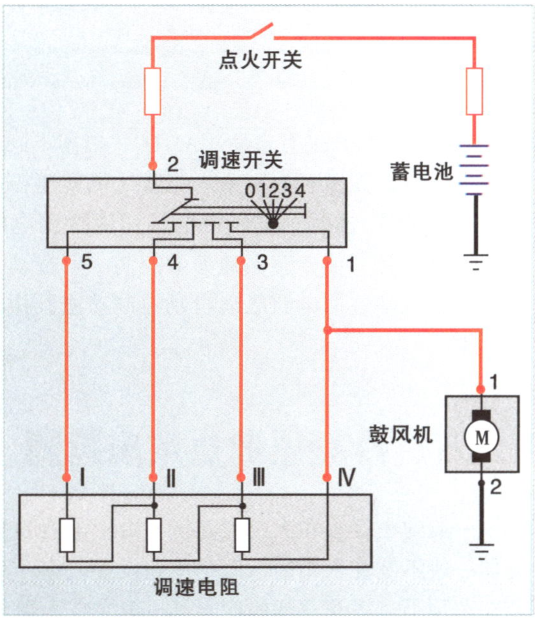

图4-37　鼓风机调速控制电路

鼓风机调速电阻一般装在空调蒸发器组件上，利用气流进行冷却，外部有铝制散热片，如图4-38所示。风机调速开关安装在操作面板内，由一调节旋钮操纵。对鼓风机转速的控制有两种方式：一种是控制通向电机的正极，另一种是控制电机的电路搭铁，如图4-39所示。本田飞度轿车就是以控制电机搭铁的方式来控制鼓风机转速的。

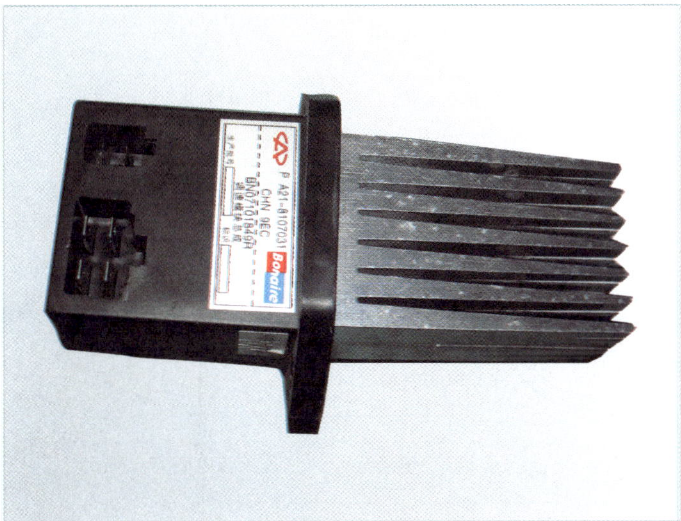

图4-38　调速电阻

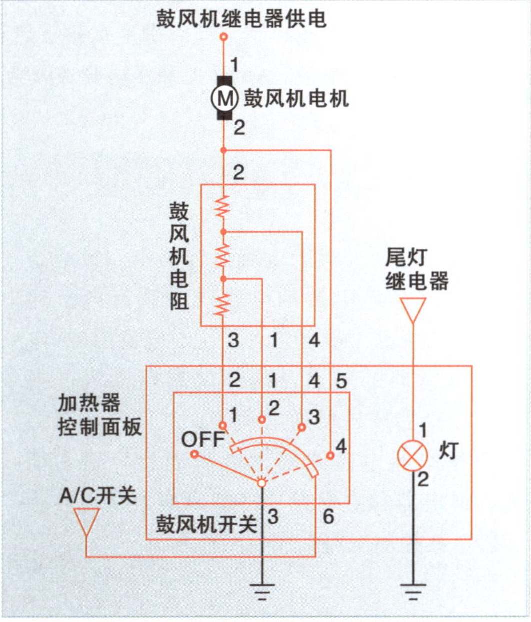

图4-39　搭铁控制的风机调速电路

2. 空调电脑通过晶体管控制

现代中高档轿车为实现风速的自动控制，风机的转速一般由电控模板通过大功率晶体管控制，如图4-40所示。

功率组件控制风机的运转，它把来自程序机构的风机驱动信号放大，放大器的输出信号根据车内情况，按照指令提供不同的风机转速。如果车内温度比所选定的温度高很多，在空调工作状态下，风机将高速运转；而当车内温度降低时，风机速度又降为低速。反之，如果车内温度比所选定的温度低得多，在加热状态下，风机将被启动为高速；而当车内温度上升后，风机速度降为低速。

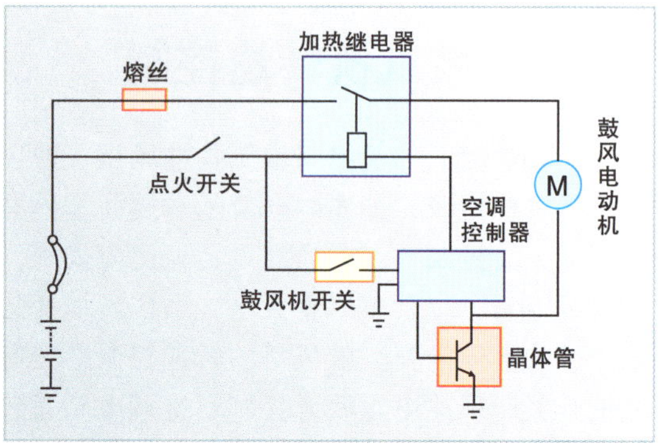

图4-40 晶体管控制的风机电路

3. 晶体管与调速电阻组合控制

鼓风机控制开关有自动（AUTO）挡和不同转速的人工选择模式，如图4-41所示。当鼓风机转速控制开关设定在“AUTO”挡时，鼓风机的转速由空调电脑根据车内、外温度及其他传感器的参数控制。若按动人工选择模式开关，则空调电路取消自动控制功能，执行人工设定功能。

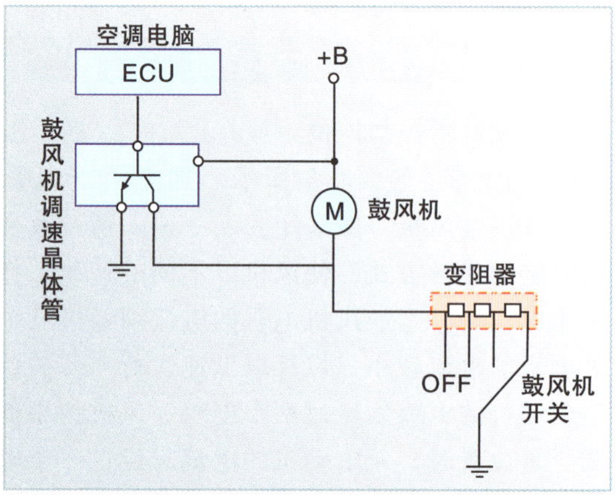

图4-41 晶体管与调速电阻组合型

八、冷凝器散热风扇控制

一般的小客车和大中型客车，由于车辆底盘结构与轿车有很大区别，空调系统的布置方式也不一样，其冷凝器一般不装在水箱前，而是单独设置。像客车的车外顶置式空调，其冷凝器安装在车辆顶部，故散热风扇安装在车顶上。轿车空调的冷凝器一般装在水箱前，为了减少风扇的配置，使结构简化，在设计上一般将水箱冷却风扇和冷凝器风扇组装在一起，利用一个或两个风扇对水箱和冷凝器进行散热。其控制方式一般是根据水温信号和空调信号共同控制，同时满足水箱散热和冷凝器散热的需要。常见的冷凝器散热风扇电路有以下几种：空调开关直接控制型、A/C开关和水温开关联合控制型、空调放大器控制型。

1. 空调开关直接控制型

这种控制方式的电路比较简单。接通空调开关时，继电器的电磁线圈就有电流通过，并产生磁力吸合触点，这时电流由12V电源→继电器的触点→冷却风扇电动机→搭铁，冷凝器风机便通电运转；关闭空调开关时，继电器电磁线圈无电流通过，磁力消失，继电器触点断开，冷却风扇电动机停止运转。其控制电路如图4-42所示。

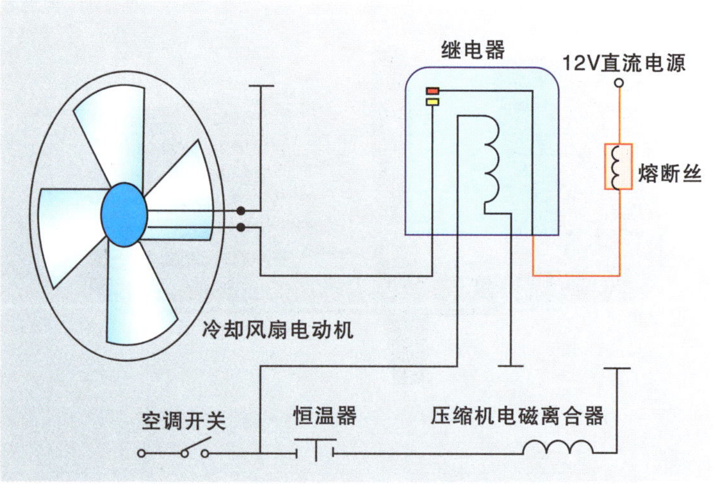

图4-42 空调开关直接控制的冷凝器风扇电路

2. A/C开关和水温开关联合控制型

有些汽车的发动机冷却系统和空调冷凝器共用一个风扇进行散热，如图4-43所示。

这种风扇有两种转速，即低速和高速。风扇电动机转速的改变是通过改变线路中电阻值的方法实现的。从图中可以看出，起关键控制作用的是A／C开关和水温开关。当空调开关开启时，常速风扇继电器通电工作。由于线路中串联了一个电阻，风扇低速运转。当冷却系统水温达到89～92℃时，水箱风扇也是低速运转；一旦发动机水温升至97～101℃时，水箱风扇高速运转，以加强散热效果。

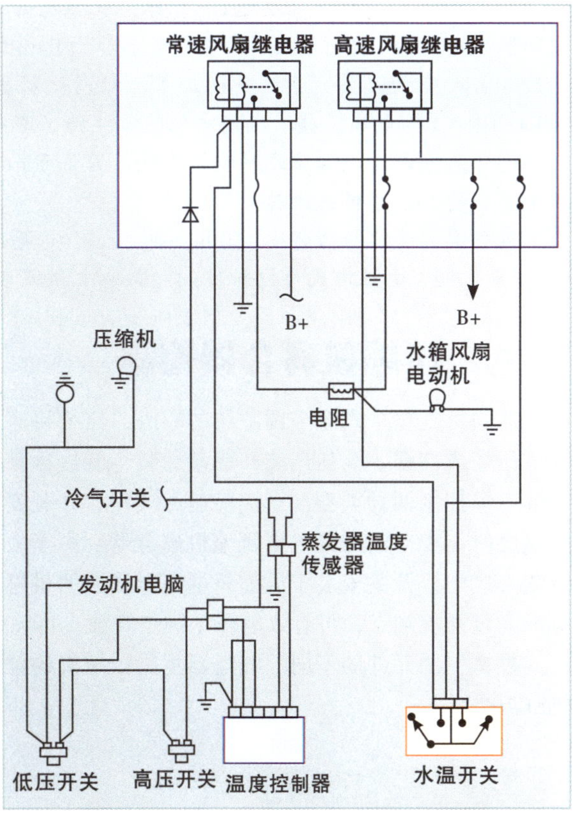

图4-43 空调开关和水温开关联合控制型

3. 空调放大器控制型

现代轿车的手动空调放大器集成了散热器风扇控制这一功能。这些空调放大器的内部配置有用于控制散热器风扇转速的两个继电器，一个用于控制低速，一个用于控制高速。它根据空调信号和水温信号进行联合控制，大众桑塔纳3000就是利用空调放大器来控制散热器风扇转速的。其电路图如图4-44所示。

桑塔纳3000散热器风扇的运转受发动机冷却液温度和空调系统压力的双重控制。当打开空调开关时，空调放大器收到开启信号后，便会控制散热器风扇低速运转。具体控制过程如下：

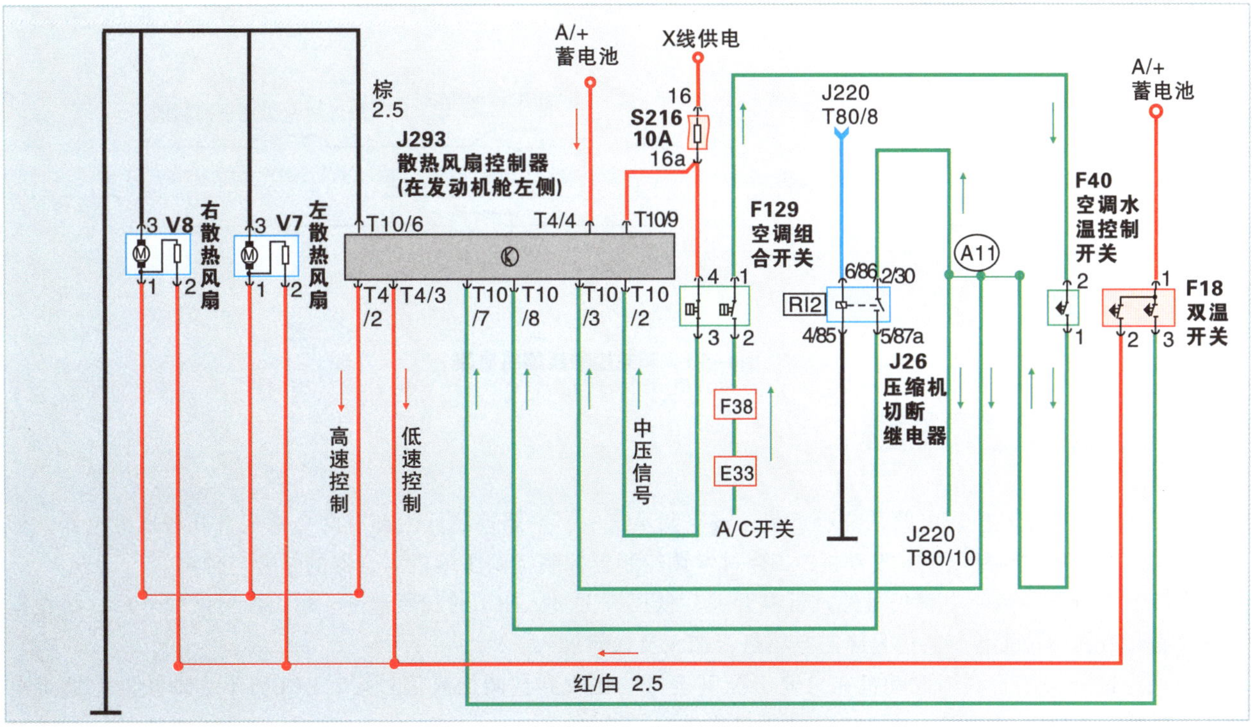

图4-44 桑塔纳3000散热器风扇电路图

①当发动机冷却液温度达95℃时，双温开关F18内的1、2低温触点闭合，12V电压经触点接通风扇电机的低速挡（电流通过串接电阻），左右风扇同时低速运转。

②当发动机冷却液温度达105℃时，双温控开关F18内的1、3高温触点闭合，12V电压经闭合的触点到风扇控制器T10/7脚，控制器收到高温信号后，由T4/2脚输出12V电压，风扇高速运转。

③打开空调开关，系统一切正常，空调控制器的T10/3及T10/8分别收到空调可启动信号时，控制器立即从T4/3输入12V电压，接通风扇电机的低速挡，避免制冷剂的温度急剧升高。

④开启空调后，如果此时空调系统压力低于1 600kPa，组合压力开关F2的3、4脚是闭合的，风扇低速运转。

⑤当空调管路压力超过1 600kPa时，位于空调高压管上的组合压力开关F2的3、4脚断开，12 V电压由风扇控制器T4/2脚输出到风扇高速挡，风扇高速运转。

冷凝器散热风扇控制

九、压缩机离合器控制

压缩机是整个汽车空调系统的心脏，压缩机离合器接合后带动压缩机运转，将从蒸发器出来的低温、低压气体压缩成高温、高压气体，驱动着整个制冷循环回路。根据有无继电器，压缩机的控制方式可分为直接控制和继电器控制两种类型。直接控制方式中，开关安装于电源与压缩机离合器之间，直接控制电源的通断，当开关闭合时，大电流经开关至压缩机离合器，由于大电流经过开关触点，容易烧蚀触点，造成电路故障。继电器控制方式中，开关安装于压缩机继电器线圈的供电电路中，通过控制压缩机继电器控制压缩机离合器，由于小电流经过开关触点，可有效地防止触点烧蚀，目前大多数轿车采用继电器控制方式。

根据控制元件的不同，继电器控制压缩机的控制电路又分为以下三种：开关控制、空调控制器控制和发动机ECU控制。

1. 开关控制

该控制方式的控制电路，如图4-45所示。当空调开关（A/C开关）、环境温度开关、温控器开关、压力开关闭合时，压缩机继电器通电，压缩机电磁离合器通电，压缩机运转。

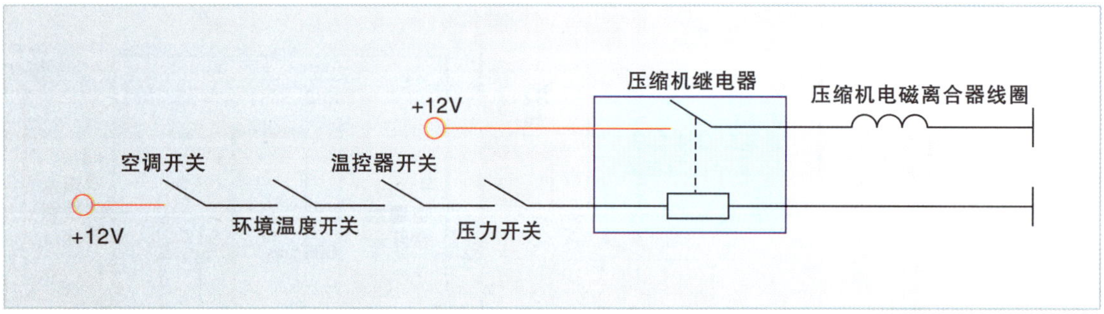

图4-45　开关控制压缩机电路

2. 空调控制器控制

图4-46为大众捷达空调电路系统示意图。该空调系统中，空调控制器内部有两个常规常开触点继电器，即高速风扇继电器和空调继电器。发动机ECU通过空调控制器控制空调压缩机离合器的结合与分离。

当按下空调开关后，空调信号经过低温开关、低压开关进入ECU的28号端子。ECU接到该信号后，将根据怠速开磁和节气门位置传感器信号确定空调是否加入及如何加入。

如果怠速开关闭合，则发动机在怠速工况下运行。在收到空调加入信号后，ECU将不立即接通空调继电器，而是给一个140ms的延时，同时ECU将提高发动机转速。

如果节气门全开，则发动机在全负荷工况下运行。即使空调开关接通，ECU也将切断空调继电器，使空调压缩机停止工作。当节气门部分开启或全关时，ECU接通空调继电器，使空调压缩机工作。

影响空调压缩机工作的还有外界温度开关，该开关在外界温度低于1℃时断开，高于5℃时闭合，防止压缩机低温启动。

当制冷管路中的制冷剂过少或有泄漏导致压力过低时，低压开关断开，防止压缩机低压运行损坏。

综上所述，压缩机电磁离合器的控制是由空调控制器来执行的，当控制器的MK脚输出12V电源时，离合器闭合，空调压缩机工作。

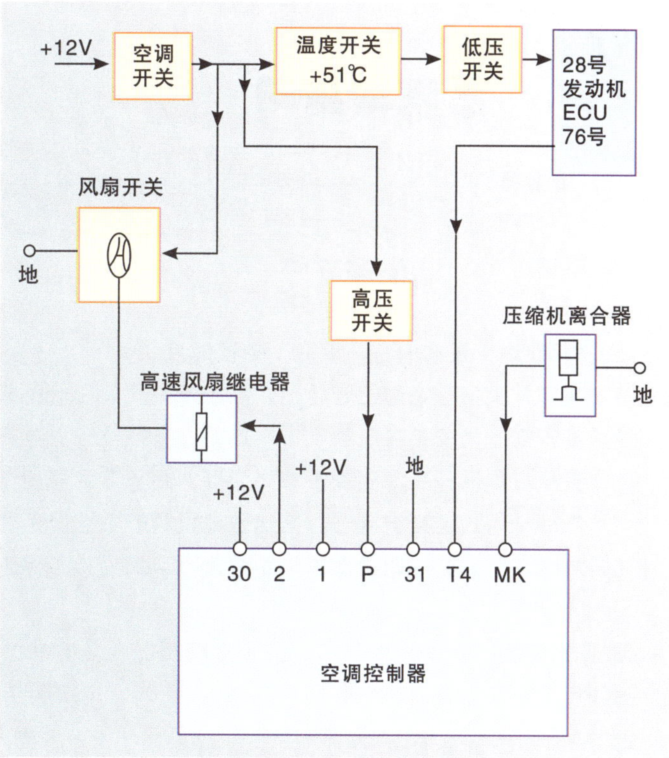

图4-46 捷达5V空调控制系统

3. 发动机ECU控制

图4-47中空调系统的压缩机最终是由发动机ECU控制的。由图可知，该控制系统有一个特点，就是在打开空调开关前，必须先打开鼓风机开关，让鼓风机运转。这样，蒸发器工作之前，鼓风机就已经开始送风，防止蒸发器结霜。鼓风机运行后，打开空调开关，IG电流通过。这时空调开关信号分成两路：一路进入发动机ECU，ECU使发动机提高怠速转速，做好空调开启准备；另一路经恒温开关、双压力开关到达压缩机继电器电磁线圈端子，当发动机ECU控制压缩机继电器线圈的另一端子搭铁时，继电器工作，触点闭合，接通压缩机工作电路。

因此，发动机ECU是在收到空调开关信号之后，控制压缩机继电器搭铁，使空调压缩机工作的。在空调控制电路中，恒温开关检测蒸发器表面温度，当蒸发器表面温度低于1℃时断开，压缩机停止工作，防止蒸发器表面结冰。双压开关在空调系统压力低于210kPa或高于3 200kPa时断开，使压缩机停止工作，防止系统压力过低或过高时继续工作而损坏压缩机。双重压力开关又叫压缩机保护开关。

在此控制系统中，发动机ECU控制压缩机是否工作并未计算各种传感器数据，是一种比较简单的发动机ECU控制，而在一般的汽车空调系统中，发动机ECU根据传感器信号计算空调压缩机是否符合开启条件。

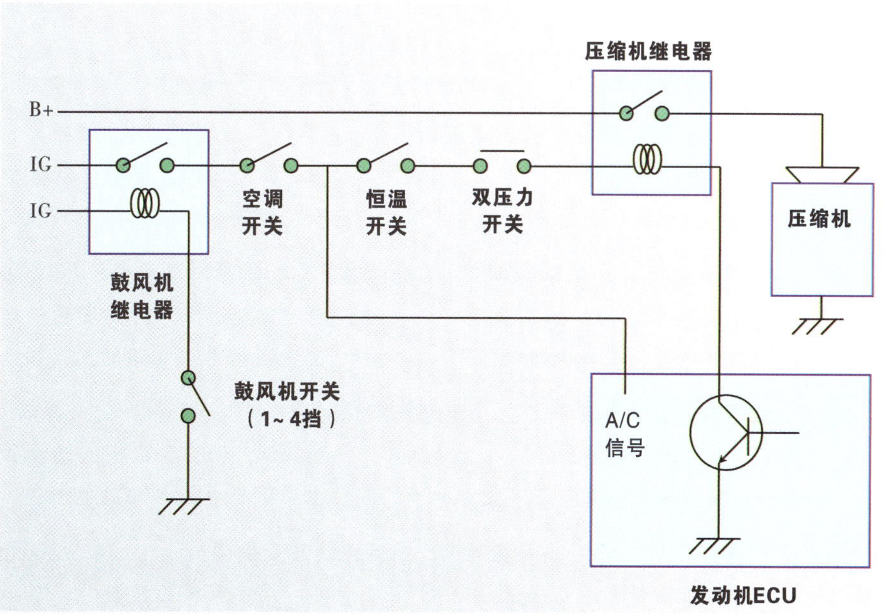

图4-47 ECU控制的压缩机电路

思考与练习

一、填空题

1. 汽车空调压力开关分为________、__________、____________和_________四类。
2. 系统正常运行后的压力：高压端压力为 ________MPa，低压端压力为________MPa。

二、判断题（正确的打“√”，错误的打“×”）

1. 高压开关安装在高压管路上，低压开关安装在低压管路上。 （　　）
2. 高压卸压阀安装在压缩机排气口处，当系统压力过高时，阀门打开，制冷剂溢出而卸压。 （　　）
3. 温度控制器开关起到调节车内温度、防止蒸发器因温度过低而结霜的作用。 （　　）
4. 热敏电阻式温度控制器，其热敏电阻具有负温度系数，即当温度升高时，其阻值上升。 （　　）
5. 制冷系统安装发动机怠速控制装置，目的是为了保证汽车的怠速性能。 （　　）

三、选择题

1. 压力开关动作时，切断的电路是（　　），以防止制冷系统不受损坏
   A. 鼓风机电路　　B. 电磁离合器电路
   C. 温控器电路　　D. 冷凝器风机电路
2. 低压开关安装在高压管路上，制冷系统正常工作时为闭合状态，当（　　）时为断开状态
   A. 系统压力超高时　　B. 系统压力波动时
   C. 系统制冷剂严重泄漏时　　D. 系统压力停止时
3. 温度控制器开关起调节车内温度的作用，其控制的电路是 （　　）
   A. 鼓风机电路　　B. 电磁离合器电路
   C. 混合温度门电路　　D. 冷凝器风机电路
4. 波纹管式温度控制器开关，其毛细管前感温包安装在 （　　）
   A. 车厢内　　B. 蒸发器翅片内
   C. 冷凝器翅片内　　D. 车厢外
5. 制冷系统安装怠速继电器的功能是 （　　）
   A. 提高发动机怠速　　B. 加大油门，提高发动机转速
   C. 切断空调电磁离合器电源　　D. 调整电机电路的电阻值
6. 制冷系统安装怠速提高装置的目的是：当开启空调且发动机处于怠速运行时， （　　）
   A. 降低发动机怠速　　B. 加大油门，提高发动机转速
   C. 切断空调电磁离合器电源　　D. 调整电机电路的电阻值
7. 加速控制装置在汽车行驶加速或超车加速时应 （　　）
   A. 稳定发动机怠速　　B. 加大油门，提高发动机转速
   C. 切断空调电磁离合器电源　　D. 调整电机电路的电阻值
8. 蒸发器鼓风机电机为一直流电机，其转速的改变是通过（　　）来实现的
   A. 调整电机电路的电阻值　　B. 改变电机的匝数
   C. 改变电源的电压值　　D. 加大油门，提高发动机转速

第五部分

汽车自动空调

你对当今汽车上的自动空调感到非常好奇吧！你好奇的理由是因为它是“自动”的吗？本文以概括的方式让你对汽车自动空调有一个全面了解。

情境一：自动空调概述

随着科学技术的发展和生活水平的提高，人们对汽车乘坐舒适性的要求越来越高，汽车空调就是一个改善乘坐舒适性的装备。汽车空调在经历了多年的手动空调器发展后，现代很多车系都已经使用微电脑控制的自动空调。手动空调只能按驾驶员所设定的送气温度、送风模式和鼓风机转速不断运行，而自动空调则根据汽车内外的各种温度（车内温度、车外环境温度、日照强度、空调蒸发器温度和发动机冷却水温度等）传感器的输出信号，由ECU中计算机的平衡温度计算，对进气转换风门、送气转换风门、混合门、压缩机和鼓风机等进行自动控制，按照乘客的要求，使车厢内的温度、湿度等小气候保持在最佳状态，即人体感觉最舒适的状态。对自动空调的设定操作是在控制面板上完成的，图5-1为某轿车上的双区全自动空调控制面板。

图5-1　双区全自动空调控制面板

一、自动空调结构组成

自动空调系统由制冷、暖风、送风、操纵控制等分系统组成。其中，制冷系统包括压缩机、冷凝器、蒸发器等，与手动空调相似。暖风系统有热交换器、水阀等。送风系统有鼓风机、风道、吸入与吹出风门等。自动空调与手动空调结构组成的最大差别是控制系统，自动空调电子控制系统主要由传感器、执行元件和空调控制单元（ECU）组成。自动空调模块和传感器如图5-2所示，自动空调控制系统如图5-3所示。

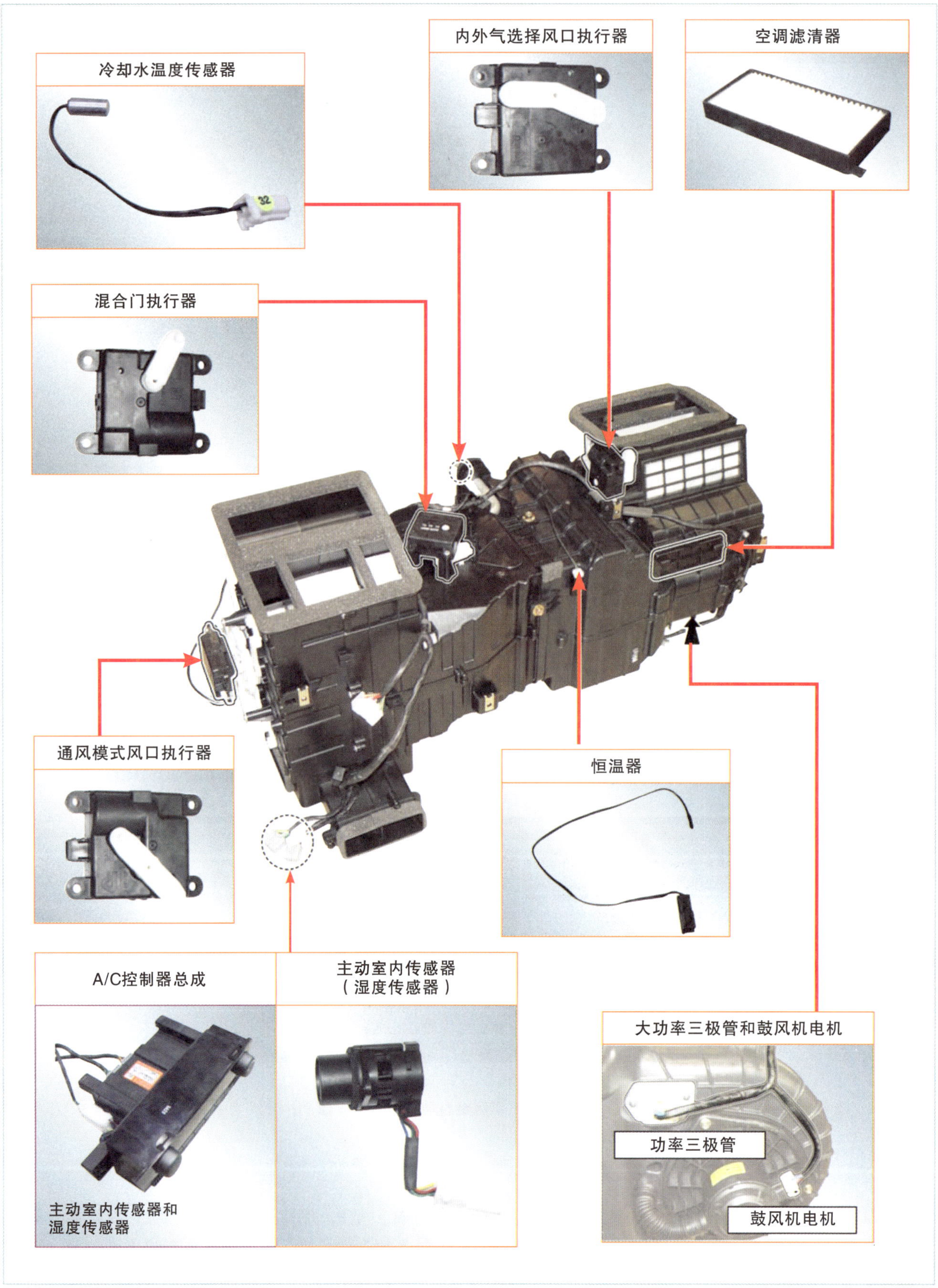

图5-2　自动空调模块和传感器

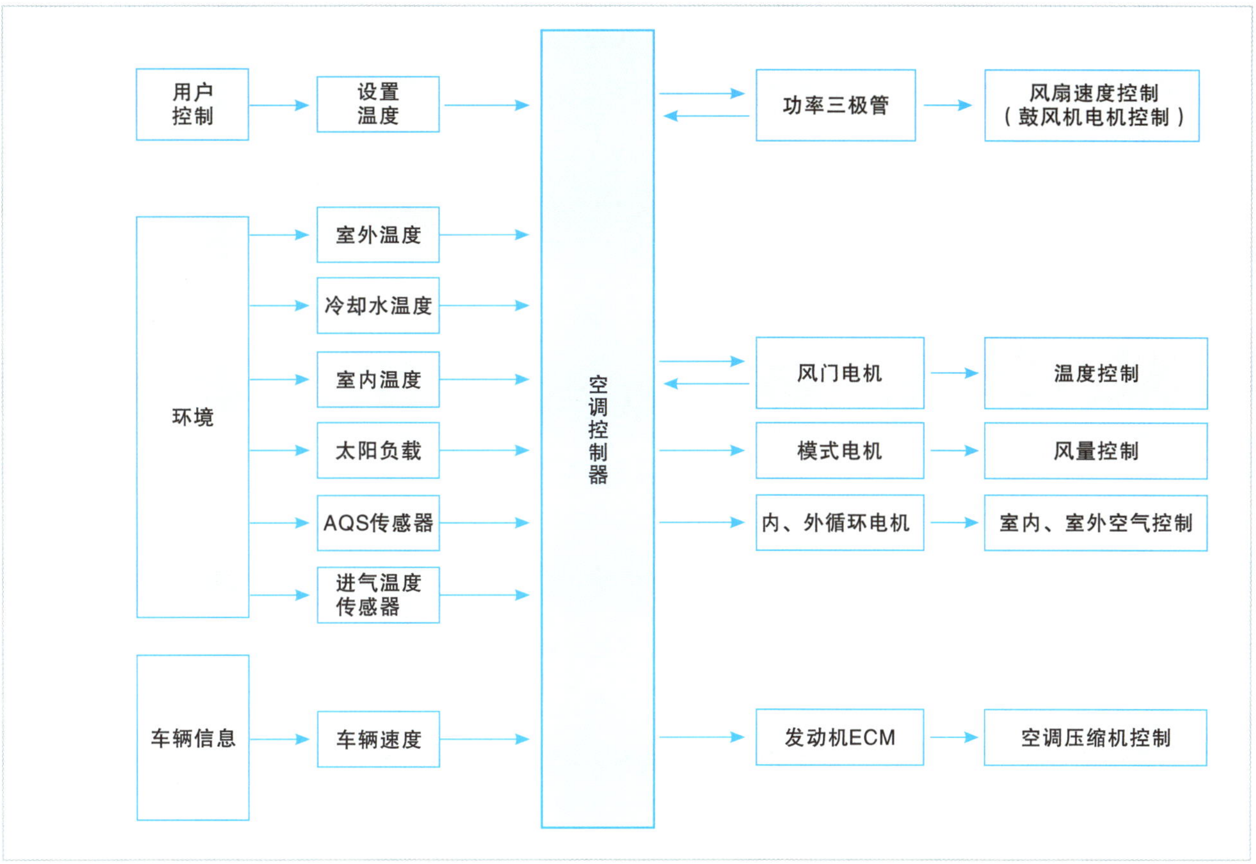

图5-3 自动空调控制系统

1. 传感器

（1）车内及车外温度传感器

它们都是负温度系数热敏电阻传感器，分别用来感受车内及车外温度。当温度发生变化时，热敏电阻值改变，从而向空调电控单元（ECU）输送温度信号，如图5-4所示。

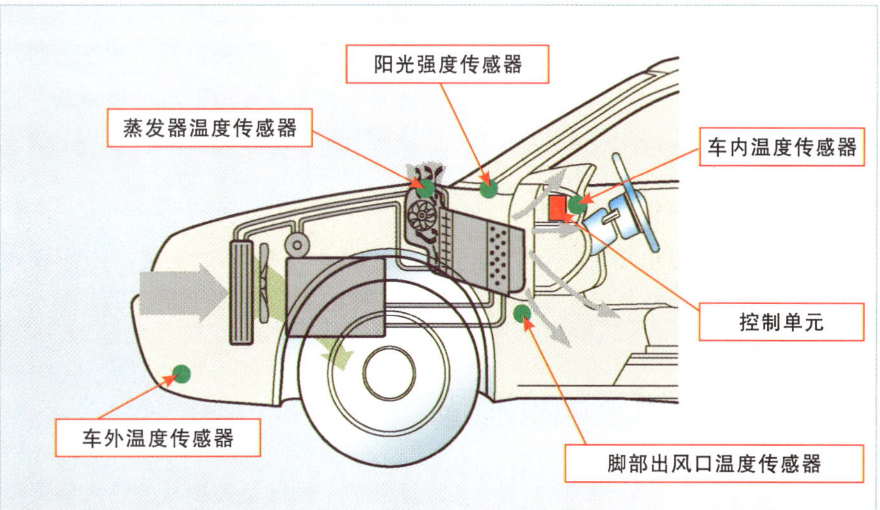

图5-4 自动空调传感器元件

（2）蒸发器温度传感器

这种传感器是用来检测通过蒸发器的空气温度或者蒸发器表面的温度变化，并依此来控制压缩机电磁离合器的结合或断开。

（3）水温传感器

水温传感器直接安装在热交换器底部的水道上，用来检测冷却水温度，产生的水温信号输送给电控单元（ECU），控制低温时鼓风机的转速。

（4）阳光传感器

阳光传感器是一个光敏二极管，利用光电效应，把阳光照射量转换为电流值变化的信号，并输送给空调电控单元，用来调整空调吹出的风量与温度。

2. 执行元件

自动空调的执行元件一般包括伺服电动机、鼓风机及压缩机电磁离合器等。

（1）进气伺服电动机

进气伺服电动机控制进气方式，电动机的转子经连杆与进气风挡相连。当驾驶员使用进气方式控制键选择“车外新鲜空气导入”或“车内空气循环”模式时，空调控制单元（ECU）即控制进气伺服电动机带动连杆顺时针或逆时针旋转，从而带动进气风挡闭合或开启，达到改变进气方式的目的。

（2）空气混合伺服电动机

当驾驶员进行温度控制时，空调电控单元首先根据设置的温度及各传感器输送的信号，计算出所需的出风温度，并控制空气混合伺服电动机连杆顺时针或逆时针转动，改变空气混合风挡的开启角度，进而改变冷、暖空气的混合比例，将风温调节至与计算值相符。电动机内电位计的作用是向空调控制单元（ECU）输送空气混合风挡的位置信号。

（3）出风模式伺服电动机

出风模式伺服电动机也叫气流方式伺服电动机。当驾驶员操纵面板上的某个出风模式键时，空调电控单元电动机上的相应端子接地，而电动机内的驱动电路据此使电动机连杆转动，将送风控制风挡转到相应的位置，打开某个送风通道。

（4）最冷控制伺服电动机

最冷控制伺服电动机的风挡有全开、中开和全闭三个位置。当空调电控单元使某个位置的端子接地时，电动机驱动电路使电动机旋转，带动最冷控制风挡位于相应的位置上。

3. 空调控制单元（ECU）

空调电控单元又称空调控制器，控制器总成上的键是控制器的输入装置。控制器首先接收来自车内温度和外界温度传感器的输入信号，然后根据来自传感器和控制器总成上各键的输入、输出，用于控制压缩机、电磁离合器、暖风加热器、热水阀等的工作状况，以及模式门位置的信号。

二、自动空调功能

自动空调利用传感器随时检测车内温度和车外温度的变化，并把检测到的信号输送给空调电控单元（ECU），ECU则按照预先编制好的控制程序对信号进行处理，并通过伺服电动机等执行元件，不断地对鼓风机转速、出风温度、送风模式及压缩机的工作状况等进行调节，从而使车内空气温度和流动情况始终保持在驾驶员设定的水平上。电控自动空调系统还具备自诊断功能，以便于对电控元件及控制线路故障进行快速检测。

有些轿车的自动空调还装有红外线温度传感器，专门探测乘员面额部的皮肤温度。当传感器检测到人体皮肤温度后会反馈到ECU。这样，ECU有多种传感器的温度数据输入，就能更精确地控制空调。这样，乘员只要操作旋钮或按键，设置所需温度及风机转速，以后一切事情都由自动空调控制系统来完成。随着集成电路成本降低和人们对舒适性需求的增大，装配自动空调的轿车越来越多。

思考与练习

一、填空题

1. 对自动空调的设定操作是在__________上完成的。

2. 自动空调的执行元件一般包括__________、__________及压缩机电磁离合器等。

二、判断题（正确的打“√”，错误的打“×”）

1. 自动空调完全是自动的，不需要人工设置。（　　）

2. 自动空调的鼓风机转速可以像手动空调一样人工调节的。（　　）

3. 空气混合伺服电机是用来控制送风模式风门的。（　　）

三、选择题

1. 鼓风机（　　）电阻是调节制冷量的一个辅助元件

A. 调速　B. 调控　C. 调整　D. 整理

2. 轿车空调蒸发箱总成具有冷、暖及（　　）三种功能

A. 除湿　B. 除尘　C. 除霜　D. 除螨

3. 制冷剂的蒸发压力应比大气（　　），以免空气进入制冷系统

A. 压力高　B. 压力大　C. 压力强　D. 压力适中

4. 甲说：空调系统电路中可变电阻的作用是使鼓风机能无级变速；乙说：可变电阻的作用是能为鼓风机提供几个挡位的速度控制。谁正确？（　　）

A. 甲正确　B. 乙正确　C. 两人均正确　D. 两人均不正确

5. 在给空调系统加注制冷剂时，如压缩机不循环，甲说：可用一搭接线并联温度开关；乙说：可用一搭接线并联低压开关。谁正确？（　　）

A. 甲正确　B. 乙正确　C. 两人均正确　D. 两人均不正确。

6. 甲说：空调系统的问题能引起冷却系统出现问题；乙说：冷却系统问题能引起空调系统发生问题。谁正确？（　　）

A. 甲正确　B. 乙正确　C. 两人均正确　D. 两人均不正确。

汽车自动空调的“自动”体现在它自动化的电气控制系统上。你只要设定一下自己认为比较舒适的送风温度，空调系统就会自动运行，从而达到你的期望目标！了解和学习汽车自动空调，应当抓住自动空调的控制系统这一要点。

情境二：自动空调控制系统

一、自动空调输入元件

（一）车内温度传感器

车内温度传感器也称室内温度传感器、车内气温传感器。

1. 作用

车内温度传感器是自动空调的重要传感器之一。它会影响出风口空气的温度、鼓风机的转速、进气门的位置以及模式门的位置等。车内温度传感器通常安装在仪表台后面的吸气装置内，如图5-5所示。

图5-5　车内温度传感器的安装位置

2. 结构

按强制导向车内温度传感器的气流方式不同，车内温度传感器可分为吸气器型和电动机型两种，如图5-6所示。

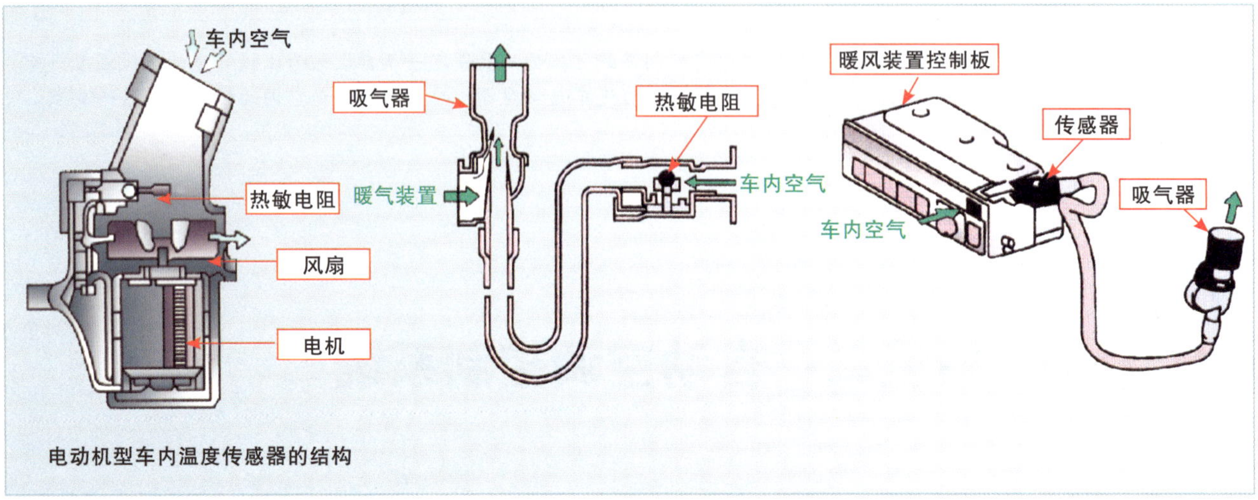

图5-6　车内温度传感器

3. 工作原理

吸气器型车内温度传感器内有一根抽风管连接车内温度传感器与空调的管道，与空调管道连接处有文丘里式效应管装置（射流装置，图中点A所示），鼓风机工作，空气快速流过就会产生负压。这样就有少量空气流过车内温度传感器，如图5-7所示。

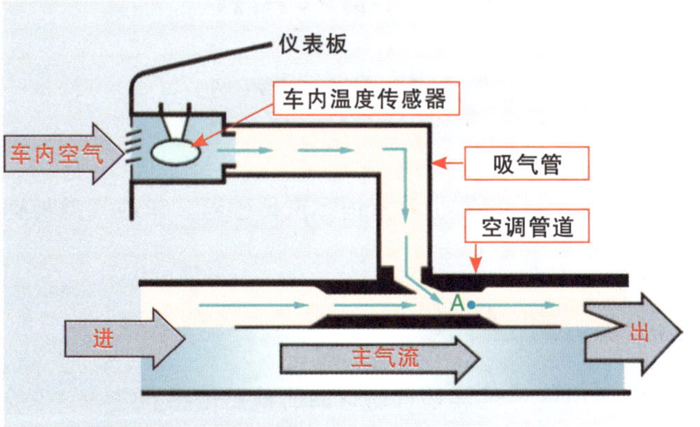

图5-7　吸气器型车内温度传感器的工作原理

4. 车内温度传感器的检测

车内温度传感器控制电路如图5-8所示，一般可以使用万用表或利用自诊断系统进行检测。

（1）万用表检测

检查电源线：拆下车内温度传感器的连接器，测量线束侧2脚与搭铁之间应有5V的直流电压；否则，说明线束或ECU有故障。

检查搭铁线：拆下车内温度传感器的连接器，测量线束侧1脚与搭铁之间的电阻，应为0Ω；否则，说明线束或ECU有故障。

检查传感器：拆下车内温度传感器的连接器，测量传感器侧1脚与2脚之间的电阻，其电阻值应随温度的升高而减小，并与规定相符；否则，说明传感器有故障。

检查传感器信号电压：插好车内温度传感器的连接器，测量1脚与2脚之间的信号电压，电压值应随温度的升高而减小，并与规定相符；否则，说明传感器或控制电路有故障。

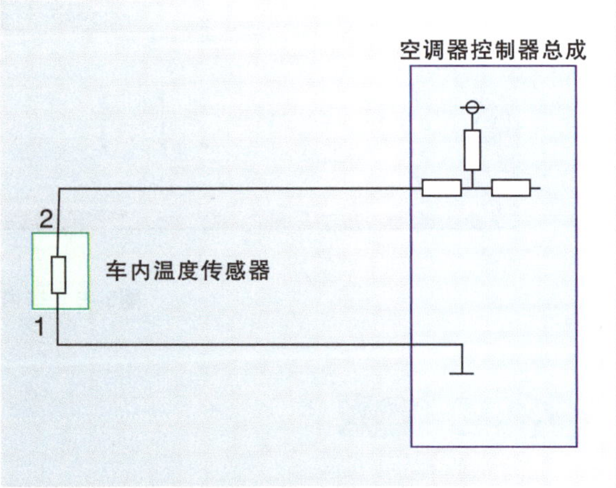

图5-8　车内温度传感器控制电路

（2）自诊断检测

空调电控单元（ECU）具有自诊系统，用故障诊断仪和通过空调控制面板读取车内温度传感器测量的温度值，与实际的车内温度做比较，如果测量温度值与实际温度值有所不同，则说明车内温度传感器或控制电路有故障。

车内温度传感器出现故障时，ECU自诊系统能够存储相应的故障码，用故障诊断仪读取故障码可以快速判断故障部位。有些车型在车内温度传感器出现故障时，空调ECU会采用替代值代替，以使空调继续工作，不同车型的替代值有所不同。

（3）车内温度传感器强制通风装置的检测

使风机高速运转，将一小片纸（5cm×5cm）靠近车内温度传感器，若纸片被吸住，说明车内温度传感器强制通风装置良好；若没有被吸住，说明强制通风装置有故障。对于吸气器型车内温度传感器，应检测抽风管道密封是否良好；对于电机型车内温度传感器，应检测电机及其控制线路。如图5-9所示。

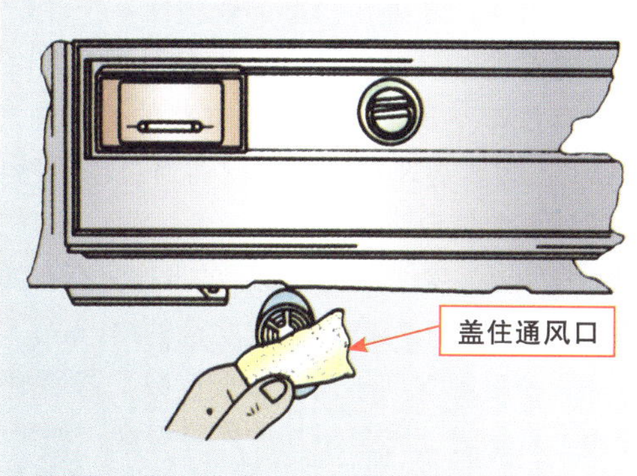

图5-9　车内温度传感器强制通风装置的检测

（二）车外温度传感器

1. 作用

车外温度传感器是自动空调的重要传感器之一。它能影响出风口空气的温度、鼓风机的转速、进气门的位置和模式门的位置以及压缩机的工作状态等。车外温度传感器的作用：

第一，确定混合门的位置，从而决定出风口的空气温度。车外温度传感器指示的车外温度越高，混合门就越朝“冷”的方向移动，出风口的温度越低；反之，车外温度传感器指示的车外温度越低，混合门就越朝“热”的方向移动，出风口的温度就越高。

第二，确定鼓风机的转速，从而决定出风口的风量。在制冷工况下，车外温度传感器指示的车外温度越高，鼓风机的转速就越高；反之，车外温度传感器指示的车外温度越低，鼓风机的转速就越低。在取暖工况下，车外温度传感器指示的车外温度越高，鼓风机的转速就越低；反之，车外温度传感器指示的车外温度越低，鼓风机的转速就越高。

第三，确定进气门的位置，从而影响车内空气的温度与新鲜度。在制冷工况下，车外温度传感器指示的车外温度越高，一般进气门都处于内循环位置，随着时间的推移，车内空气温度的下降，进气门可以处于20%新鲜空气的位置。

第四，确定模式门的位置。

第五，控制压缩机。

一般自动空调在环境温度低于某一数值（如2℃）时，压缩机就不会工作。

2. 结构

车外温度传感器一般安装在前保险杠内或水箱之前，如图5-10所示。

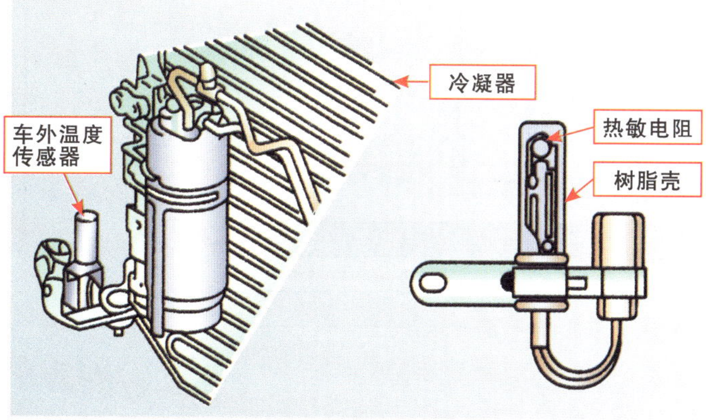

图5-10　车外温度传感器的安装位置及结构

3. 工作原理

车外温度传感器的工作原理与车内温度传感器相同。

由于车外传感器一般都是安装在前保险杠或散热器之前，极易受到环境（水箱温度、前面车辆的排气等）影响，因此，车外传感器一般包在一个注塑树脂壳内，以免对温度的突然变化引起反应，使其能准确地检测到车外的温度。除此之外，有些车型在空调ECU内部设有防假输入电路，不同车型的防假输入电路各不相同。上海别克汽车空调的防假输入电路的工作原理如下：外部空气温度传感器位于车辆前减震器下面的护栅部位。HAVC（暖风通风空调）控制器通过该传感器接收环境温度信息。根据该信息，暖风通风空调控制板向驾驶员提供外界空气温度数字显示。

若外界温度增加，所显示的温度只有在如下条件下才能随之增高：一是车辆以高于32km/h的速度行驶约2 min；二是车辆以高于72km/h的速度行驶约1 min。

这些限制有助于防止错误读数。若所显示的温度下降，外界温度显示将立即更新；如果车辆熄火超过3h，车辆再启动时，将显示当前外界温度；如果车辆熄火不足3h，车辆再启动时，将显示车辆上次操作时的温度。

（三）蒸发器温度传感器

蒸发器温度传感器是NTC型传感器，其阻值随着温度的升高而变小，随温度降低而增大。蒸发器温度传感器安装在空调总成中的蒸发器金属翅片上，如图5-11所示。它的作用是检测蒸发器表面的温度，将检测结果输入给自动空调控制单元。当蒸发器温度低于2℃时，空调停止运转，防止蒸发器结霜、结冰；当蒸发器温度高于5℃时，空调系统才能重新接通。因此，它是空调电气控制系统的一个保护性传感元件。蒸发器温度传感器电路及检测值如图5-12所示，在制冷系统中的位置如图5-13所示。

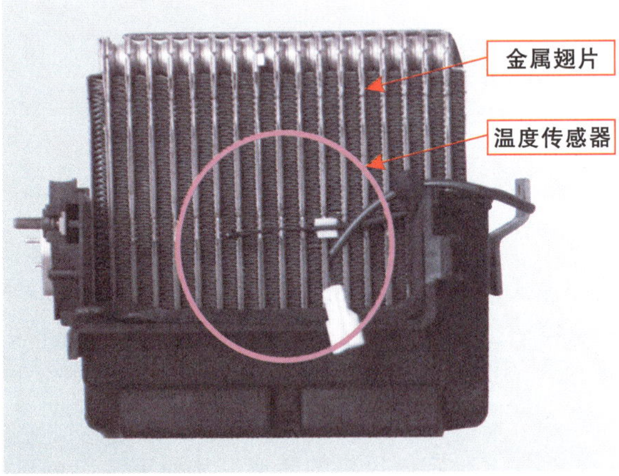

图5-11 蒸发器温度传感器

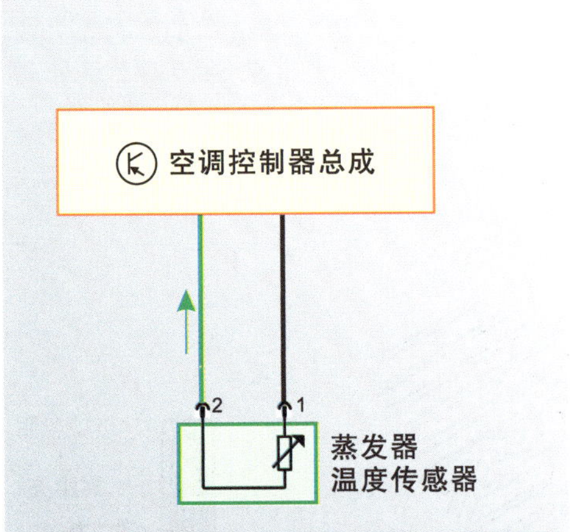

热敏电阻（℃）	电阻（kΩ）
0	6.3~7.0
25	1.8~2.2

图5-12 蒸发器温度传感器电路及检测值

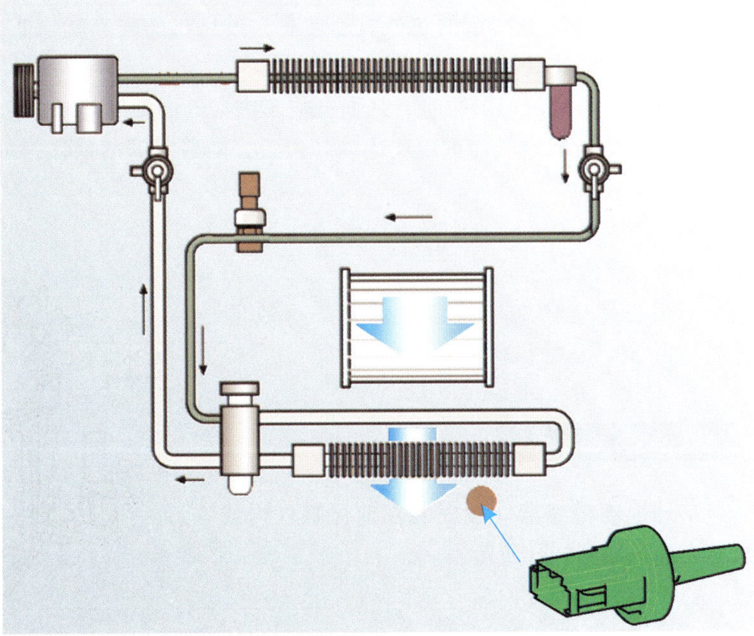

图5-13 传感器在制冷系统中的位置

（四）日照传感器

日照传感器安装在仪表板上部左端。它具有电流随着光敏面上的光变化而变化的特性。光敏二极管把光强度变化转换成电流变化，检测通过挡风玻璃的光数量，把它变成电流，然后把这个信号发送给自动空调控制器。这个输入用来测量作用在车辆乘客身上的阳光热效应，如图5-14所示。

自动空调ECU内也包含一个处理电路，用来探测一段时期内平均的日照量变化。这样可以防止因为探测到的日照微小或快速变化所导致的自动空调系统工作的剧烈变化。

例如，设想驾车驶过一条不时有庞大树群耸立两旁的道路。每次太阳光被树挡住时，日照传感器探测到的日照量就会变化。处理电路将一段时期内探测到的日照进行平均，这样树瞬时遮住阳光的影响很微小，将不会使自动空调系统的工作产生任何变化。相反，当车驶入一条长的隧道时，系统就会马上识别出日照的变化，并作出相应的反应。

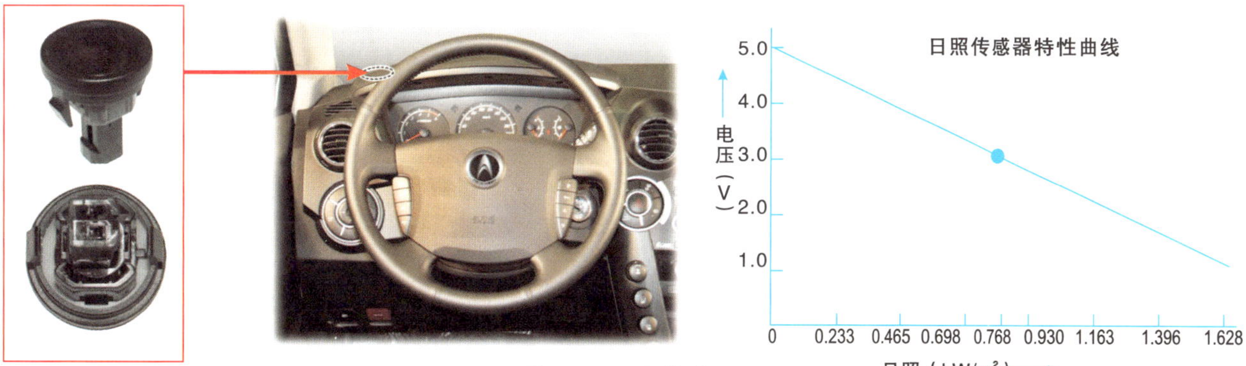

图5-14 日照传感器

日照传感器的检查：

①拆卸日照传感器，测量阳光下的端子之间的电流。

②在阴暗处再次测量电流。如果测得的值小于在阳光下测得的值，说明它正常。

③点火开关转到“ON”位置。

④从自动空调连接器上测量电压（在阳光下约2.5V，在阴暗处约4.8V）。

⑤如果不能测量电压值，检查电路是否断路。如果测得的值在规定范围内，更换自动空调控制器。

（五）空调压力传感器

空调压力传感器保护制冷系统免受极限压力，并帮助控制发动机冷却风扇的转速。压力传感器安装在发动机舱内空调高压管路上，如图5-15所示。该传感器向发动机或空调控制单元输出压力信号，当检测到空调制冷管路压力过低或过高时，控制系统停止对空调压缩机离合器供电，压缩机停止运转，以免对空调系统造成损坏。当制冷剂压力达到中等压力值时，散热器风扇高速运转，从而降低空调制冷剂压力。

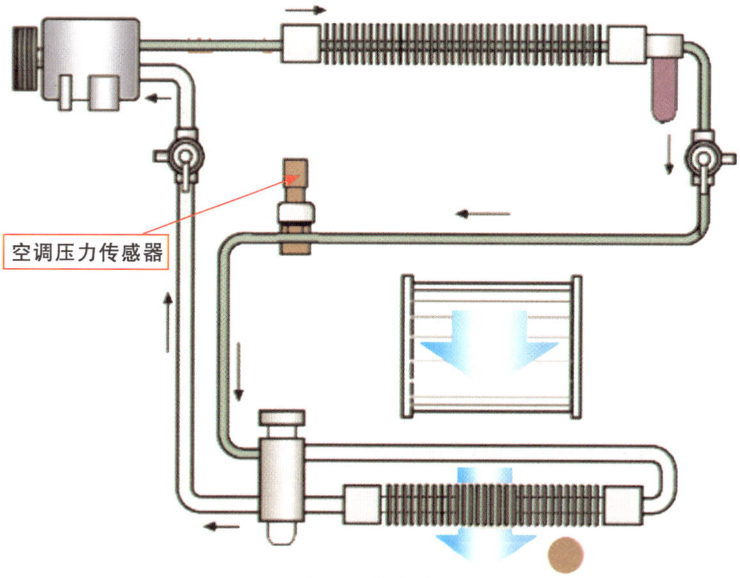

图5-15 空调压力传感器

（六）空气质量传感器（AQS）

空气质量传感器用于检测外界空气中的有害气体含量。如果空气中的有害物质超标，则通过关闭进气风门，使空调系统处于内循环模式来切断有害气体，以保护乘员的健康，如图5-16所示。

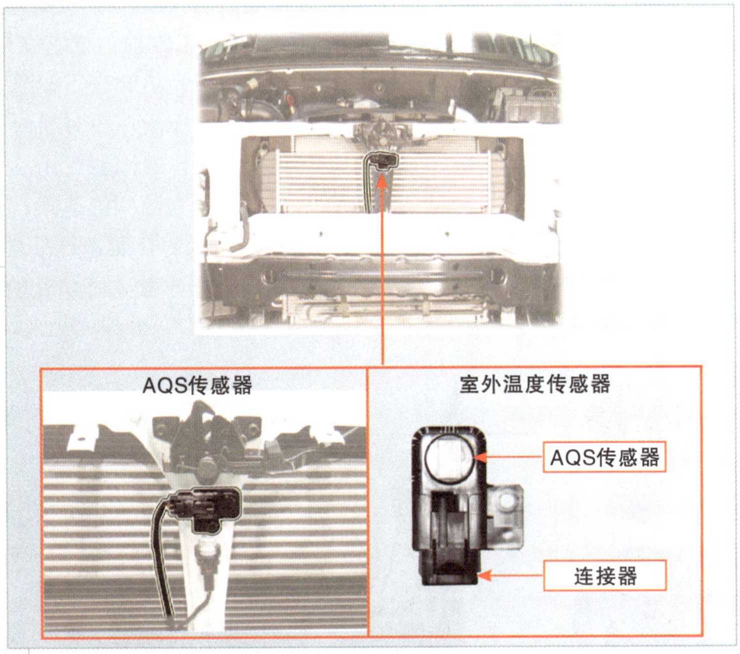

图5-16　空气质量传感器的安装位置

1. AQS工作

当AQS传感器检测到污染的空气时，AQW（空气质量系统）把内外气选择模式变为内气模式。经过一定时间或污染的空气消失后，内外气选择模式返回到外气进入模式。

按下AQS开关时，显示窗上的AQS指示灯亮，内外气选择模式自动变成内气模式（REC）。此时，自诊断和AQS的预热模式执行35s，如图5-17所示。

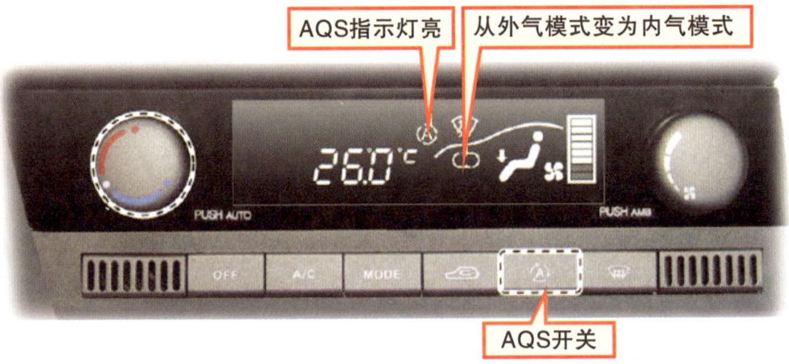

图5-17　AQS工作

自诊断和AQS的预热模式结束后，AQS系统根据空气污染程度工作。如果空气污染不严重，AQS系统会将内外气选择变成外气模式。

当AQS工作时，尽管关闭空调，AQS仍保持ON（指示灯亮）。但是把点火开关从OFF转到ON，如果空调工作，AQS停止其工作，指示灯熄灭，显示窗显示初始屏幕，如图5-18所示。

图5-18　AQS停止工作

AQS关闭：

①按下上风口开关：在AQS工作的情况下按下DEF开关时，AQS的操作被取消。当再次按下它时，系统按以前的模式（AQS　ON）工作。

②下内外气选择通风模式开关：在AQS工作的情况下按下内外气选择开关并再次按下它时，系统按以前的模式（AQS　ON）工作。

2. 拆卸和安装

分离蓄电池负极导线，拆卸大灯。

分离AQS传感器连接器，拧松固定螺栓，如图5-19所示。拆卸AQS传感器总成（按拆卸的相反顺序安装）。

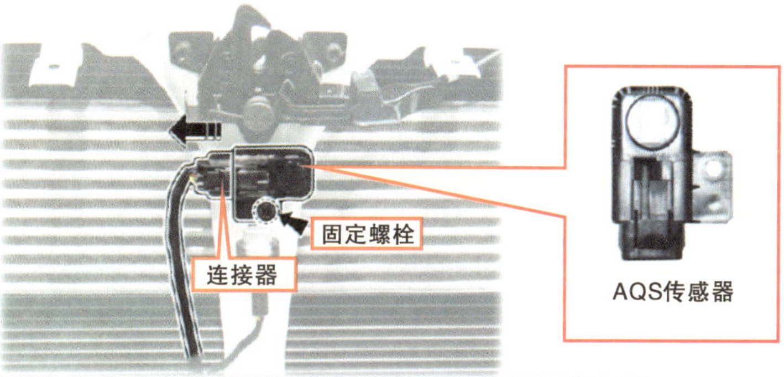

图5-19　拆卸AQS传感器总成

二、自动空调控制单元

自动空调控制单元也叫自动空调控制器，是整个自动空调系统的控制中心。它根据输入的传感器信号及驾驶员对空调控制面板的操作输入而控制制冷系统和暖风系统的运行。它还同时向BCM输出信号，以控制后风窗加热器。

自动空调控制单元安装在收音机下的仪表板中央。自动空调控制单元上的一体式控制面板包含系统控制输入开关和提供系统状态信息的液晶显示屏（LCD）。帕萨特领驭自动空调控制器和大众迈腾双区自动空调控制器分别如图5-20、5-21所示。

图5-20　帕萨特领驭自动空调控制器

图5-21　大众迈腾双区自动空调控制器

1. 自动空调控制器面板

自动空调控制器面板，如图5-22所示。

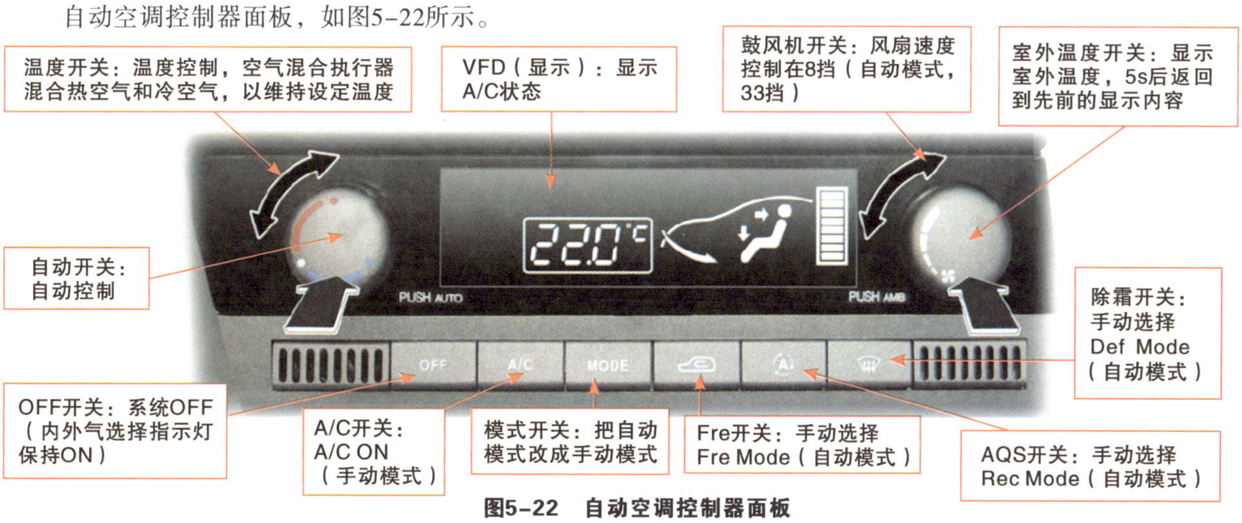

图5-22　自动空调控制器面板

2. 自动空调控制器的功能

（1）温度控制开关和AUTO按钮

温度控制开关和AUTO按钮如图5-23所示。

按下空调自动模式和温度控制刻度开关时，旋转此开关，可设置期望温度（18~32℃）。为达到期望温度，空调自动控制压缩机、风口模式、内外气选择风口、温度门和鼓风机电机等。

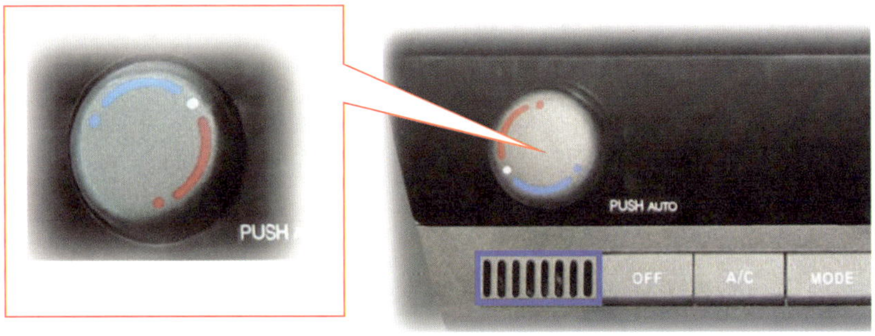

图5-23　温度控制开关和AUTO按钮

（2）主动室内/湿度传感器（AIH传感器）

主动室内/湿度传感器（AIH传感器）如图5-24所示。

AIH传感器安装在空调控制器总成上，它是检测内部温度和湿度的传感器。

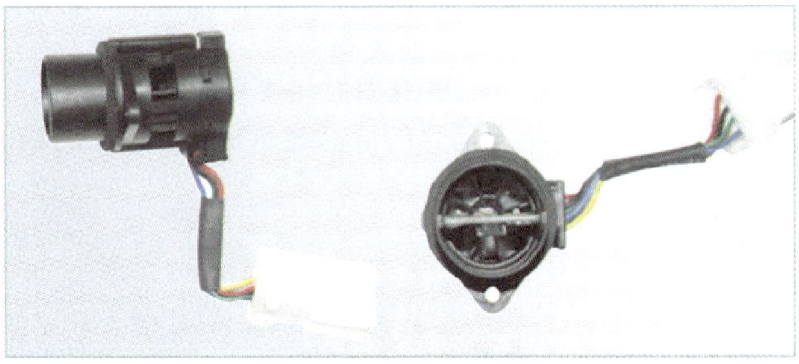
图5-24　AIH传感器

（3）显示窗（VFD）

显示窗（VFD）如图5-25所示。

每个开关模式以一个符号的形式出现在荧光显示屏上，还显示空调控制系统内的每个传感器故障的信息。

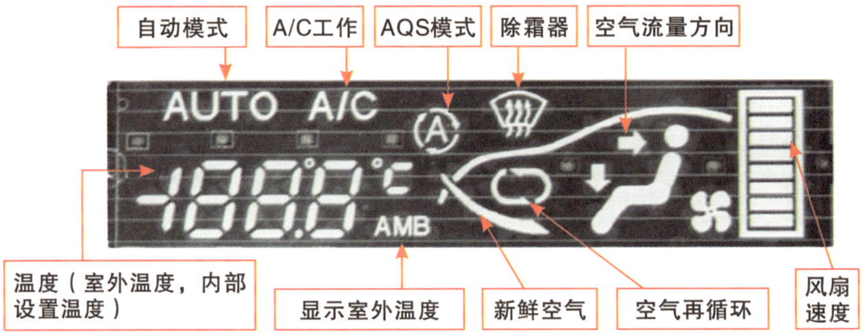

图5-25　显示窗（VFD）

（4）风扇速度控制开关和AMP开关

风扇速度控制开关和AMP开关如图5-26所示。

①当在自动模式下转动开关控制风扇速度时，从自动模式变成手动模式，风扇速度在8个挡位变化。

②按下此开关时，由室外温度传感器测量的室外温度会显示5s，然后回到预设温度。

图5-26　风扇速度控制开关和AMP开关

（5）A/C开关

按下此开关时，空调在手动模式下工作，A/C ON指示灯亮。

（6）通风模式开关

通风模式开关如图5-27所示。

按下此开关，空气流动模式改变。

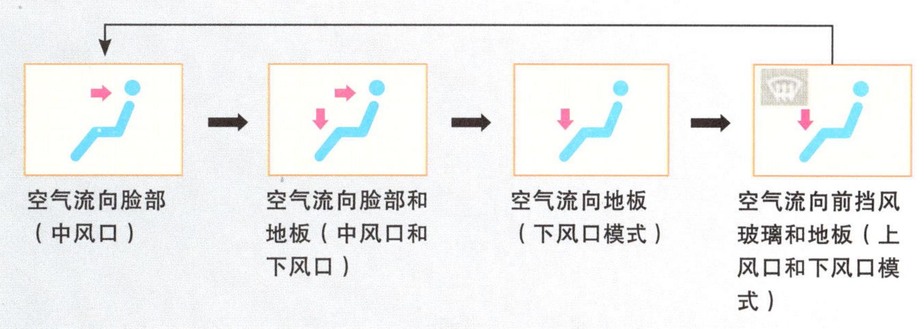

图5-27 通风模式开关

（7）内外气选择开关

按下此开关时，车辆内的空气循环，指示灯亮；再次按下它时，指示灯熄灭，新鲜空气进入（但是在上风口模式或上风口和下风口模式下，它保持在外气模式下）。

（8）上风口开关

按下此开关时，空气流动方向将变成流向挡风玻璃和车门玻璃，空调自动工作，外部空气进入。此时除霜器指示灯，空调指示灯和外气模式指示灯亮。当再次按下此开关时，空调回到以前的操作状态。

（9）AQS开关

当AQS传感器检测到空气再污染时，空气质量系统（AQS）把内外气选择模式变成内气模式。经过一段规定时间或污染的空气消失后，内外气选择回到外气进入模式，如图5-28所示。

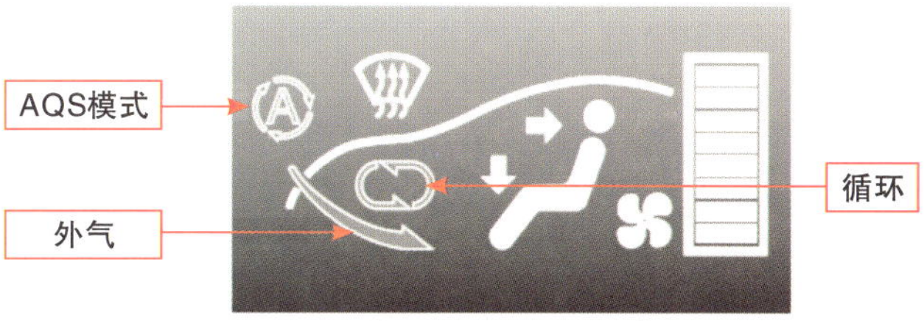

图5-28 AQS开关

3. 自动空调控制器的拆卸

①断开蓄电池负极线，拆下中央仪表板总成。

②在拆卸仪表板的情况下，从A/C控制器总成拧松2个固定螺丝，如图5-29所示。

③从A/C控制器开关总成上分离连接器，如图5-30所示。

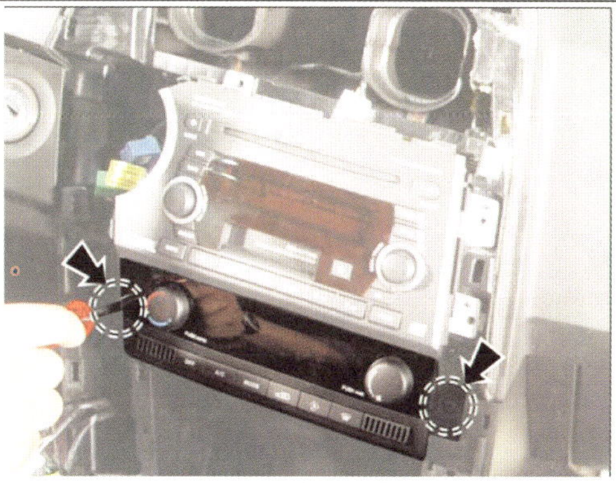

图5-29 拧松固定螺丝

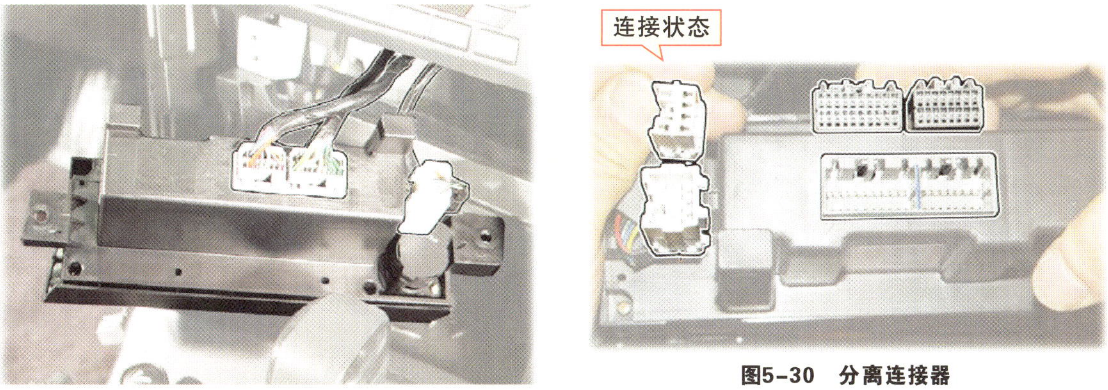

图5-30 分离连接器

④拆卸A/C控制器开关总成，如图5-31所示。

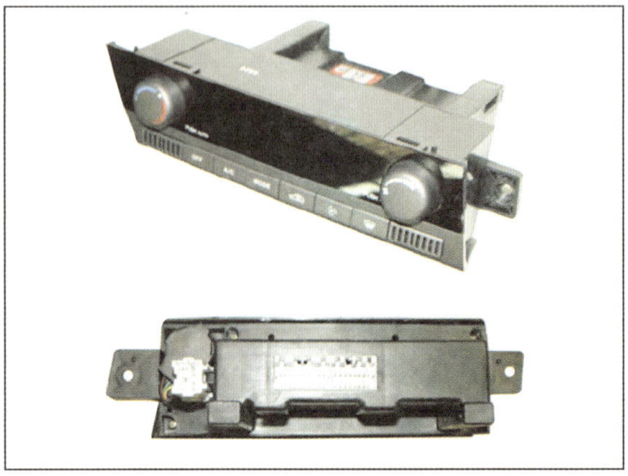

图5-31 拆卸A/C控制开关总成

三、自动空调执行元件

伺服电动机控制着通风管路壳体里的若干个风门。根据风门的位置和功能，可以将风门分成三类：混合模式风门、循环模式风门和气流方向模式风门。这些风门的位置结构示意图如图5-32所示，在空调总成上的位

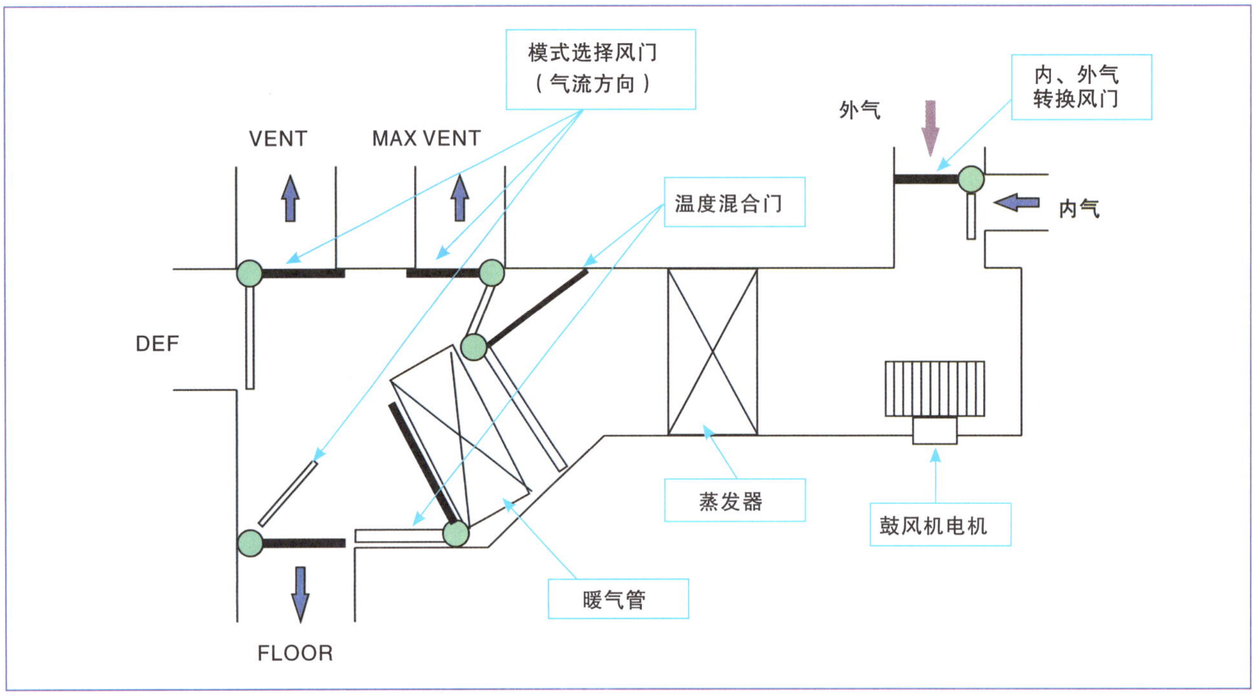

图5-32 模式风门的位置结构

置，如图5-33所示。风门的开启、关闭和位置（角度）调节，能起到控制空气流通路径和方向的作用。各个风门不同的相互对应位置与空调系统工作状态的组合关系称为“风门模式”，如吹脚模式（热风或冷风吹向乘员的脚部）、除霜模式、水平模式和内循环模式等。

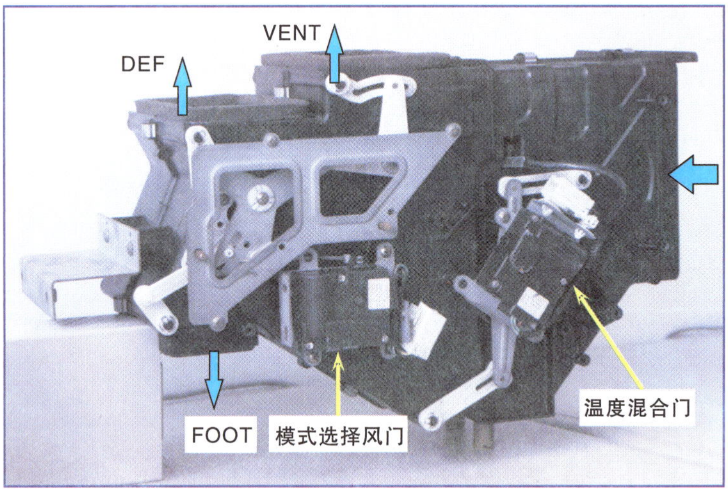

图5-33 空调总成上的模式风门位置

（一）空气混合风门伺服电机

根据控制方式的不同，可以将空气混合伺服电动机分为以下5种：

1. 直流电动机与位置传感器

这种控制形式主要用在福特、丰田、本田、三菱以及早期的日产等车型上。如图5-34所示为日产蓝鸟混合门电动机与空调控制器的电路连接形式。

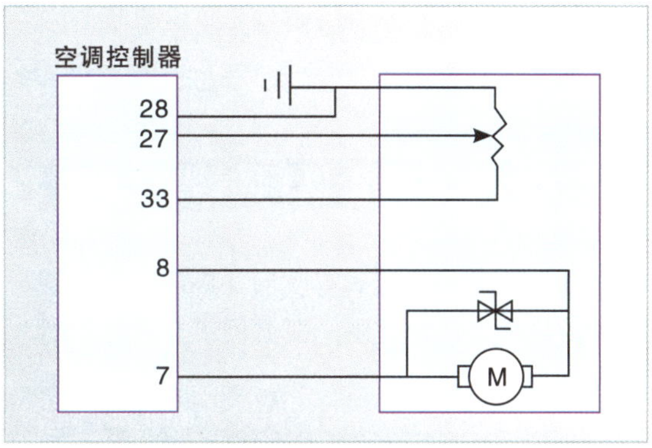

图5-34 日产蓝鸟混合门电动机与空调控制器的电路连接

2. 步进电动机

宝马、凌志等车型多采用步进电动机来控制混合门。步进电动机具有自定位的功能，这种形式的空气混合伺服电动机没有位置传感器。它的电路接线如图5-35所示。

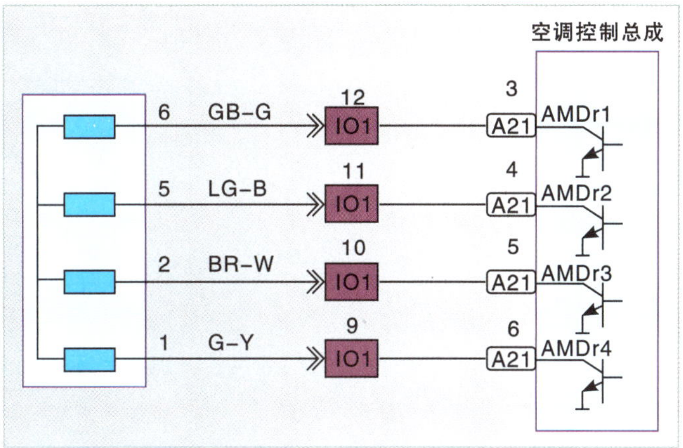

图5-35 步进电动机与空调控制器的电路连接

3. 总线连接的伺服电机

混合门伺服电动机内含微芯片，通过数据总线与空调控制器通信。现在新款车型上普遍采用这种形式，如风度、奔驰等，其与空调控制器的连接如图5-36所示。

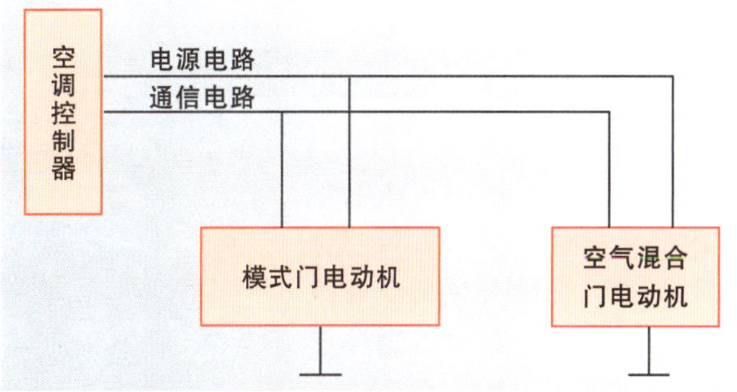

图5-36 混合门伺服电动机与空调控制器的连接

4. 无总线连接的伺服电机

混合门伺服电动机内含微芯片，但不通过数据总线与空调控制器通信。这种形式的伺服电动机主要用在通用车系上。其与空调控制器的连接如图5-37所示。

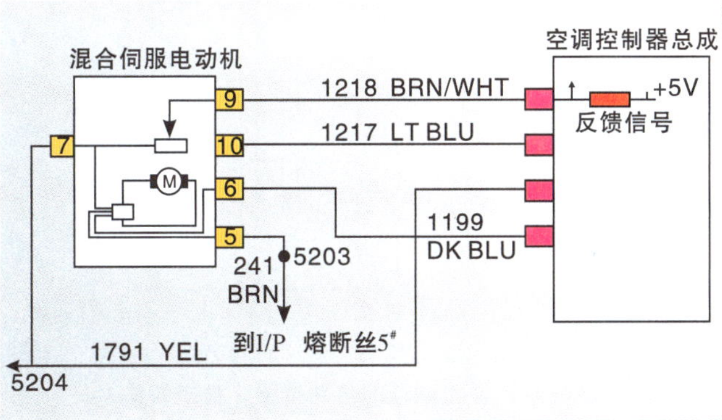

图5-37 混合门伺服电动机与空调控制器的连接

5. 真空伺服电动机

真空伺服电动机主要应用在奔驰车上。

（二）出风模式风门伺服电机

自动空调的出风模式有吹脸（Face）、双层（B/L）、吹脚（Foot）、除雾（Defrost）等不同模式。模式门的位置由伺服电动机控制。根据控制方式的不同，也可以将出风模式伺服电动机分为以下5种：

1. 直流电动机与位置传感器

这种形式主要用于JEEP、三菱等车型。图5-38为一汽丰田花冠自动空调出风模式伺服电动机与空调控制器的电路连接形式。

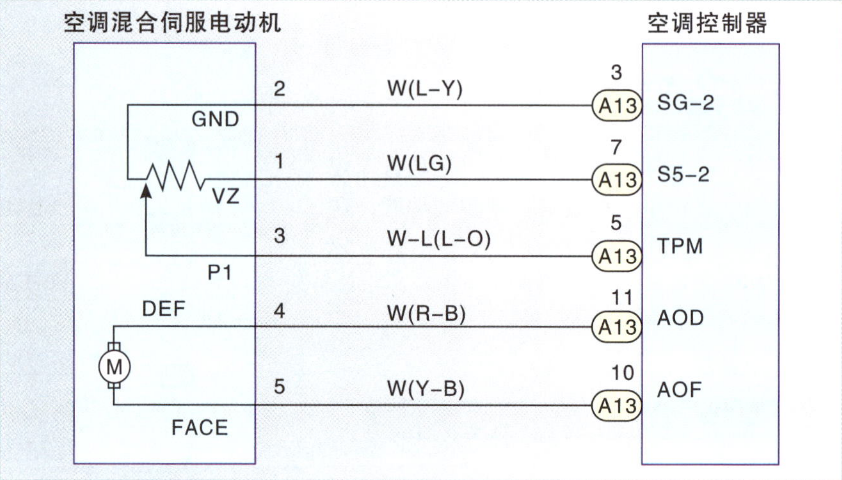

图5-38 出风模式伺服电动机与空调控制器的电路连接形式（一汽丰田花冠）

2. 直流电动机与位置开关

这种类型的风门伺服电动机内部装有位置开关，风门位置不同时，位置开关向空调控制器输出低电位信号。这种形式主要应用于本田、马自达、日产等车型。图5-39为日产蓝鸟出风模式伺服电动机与空调控制器的电路连接图。

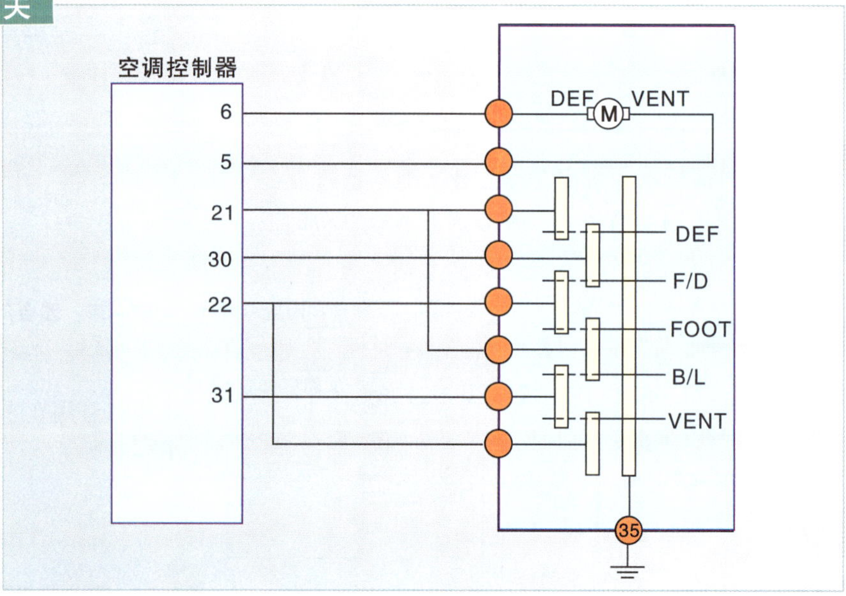

图5-39 出风模式伺服电动机与空调控制器的电路连接（日产蓝鸟）

3. 总线连接的模式门电动机

电动机内含微芯片，通过数据总线与空调控制器通信。现在新款车型上普遍采用这种形式，如日产风度、奔驰等。其与空调控制器的连接，如图5-40所示。

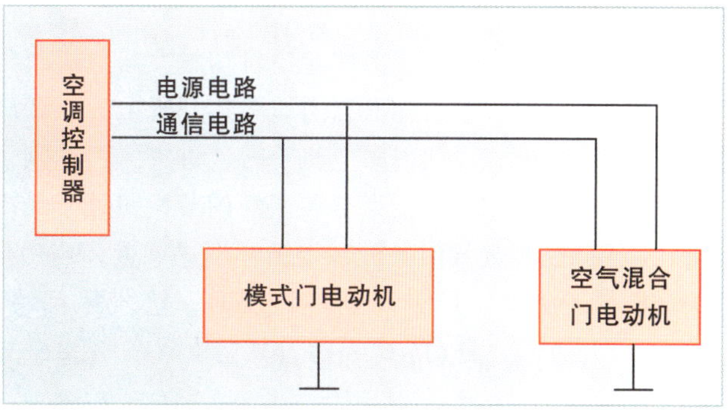

图5-40 模式门伺服电动机与空调控制器的连接

4. 真空伺服电动机

图5-41为别克自动空调真空伺服电动机的控制结构图。

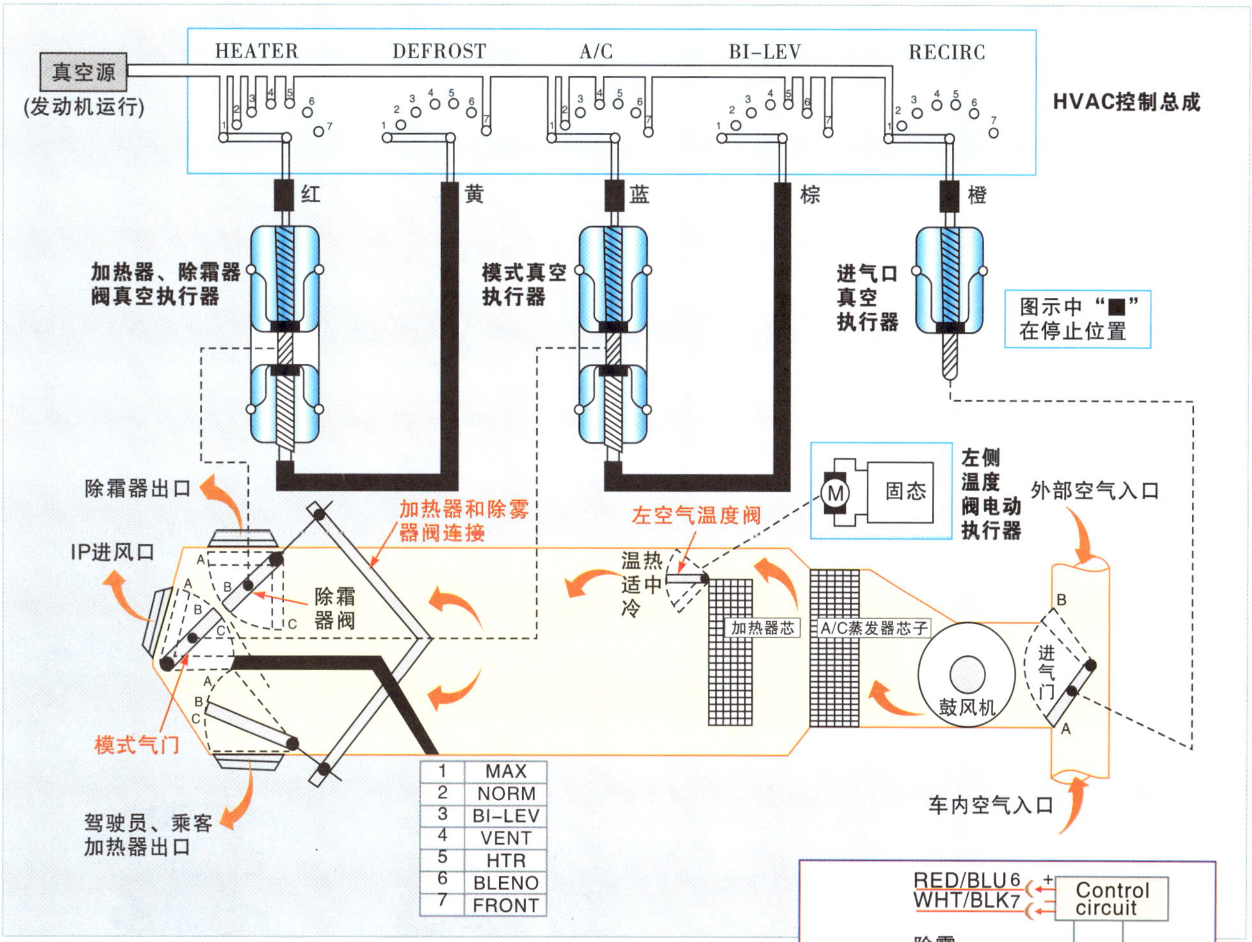

图5-41 别克自动空调真空伺服电动机的控制结构

5. 丰田汽车专用的模式门伺服电动机

丰田汽车专用的模式门伺服电动机控制结构图，如图5-42所示。

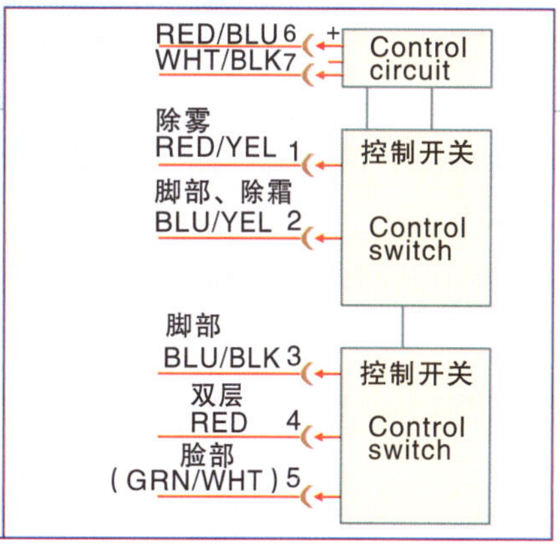

图5-42 丰田车专用的模式门伺服电动机控制结构

（三）进气模式风门伺服电机

进气风门控制系统零部件包括自动放大器、进气门电机、车内传感器、环境温度传感器、日照传感器、进气传感器、ECM。该系统示意图如图5-43所示。空调放大器根据环境温度、进气温度和车内温度确定进气门位置，驱动进气模式风门伺服电机旋转，进气风门达到目标位置后停止。进气风门电机上配置有位置传感器，用来检测进气风门的位置。当空调温度调节旋钮处于最冷位置，且自动空调放大器计算出的出风温度较低时，空调放大器将控制进气门电机转至循环模式位置，当出风温度升高到一定值时，进气风门打开20%，使少量新鲜空气进入；温度继续升高到一程度时，进气风门将全开，即转到新鲜空气风门位置。当按下“DEF”或“OFF”开关时，自动放大器将进气门设置在“FRESH”位置。

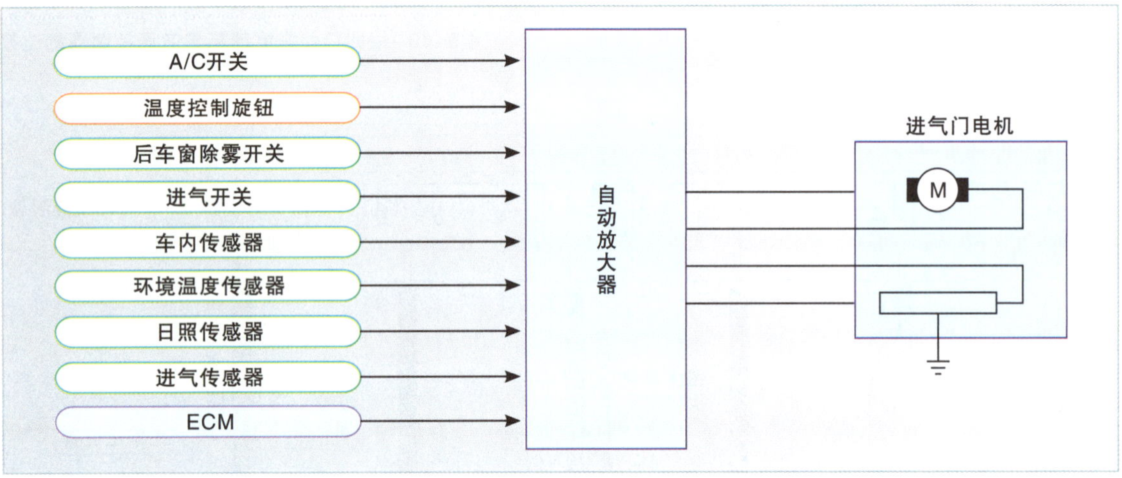

图5-43 进气门电机控制

1. 进气门控制规则

进气风门伺服电机由空调放大器控制。它的控制规则（方式）如图5-44所示。进气风门执行器如图5-45所示。

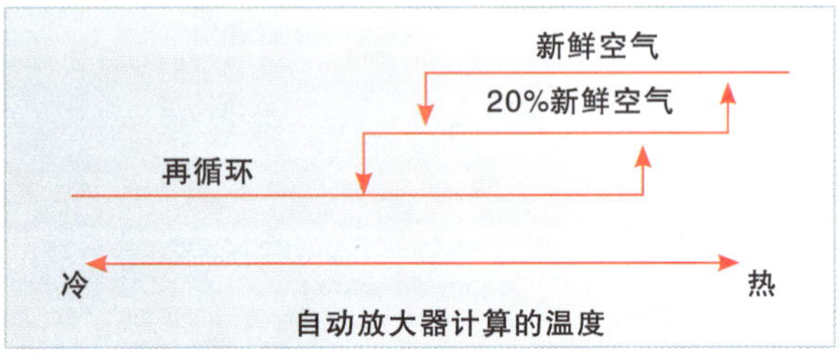

图5-44 控制规则

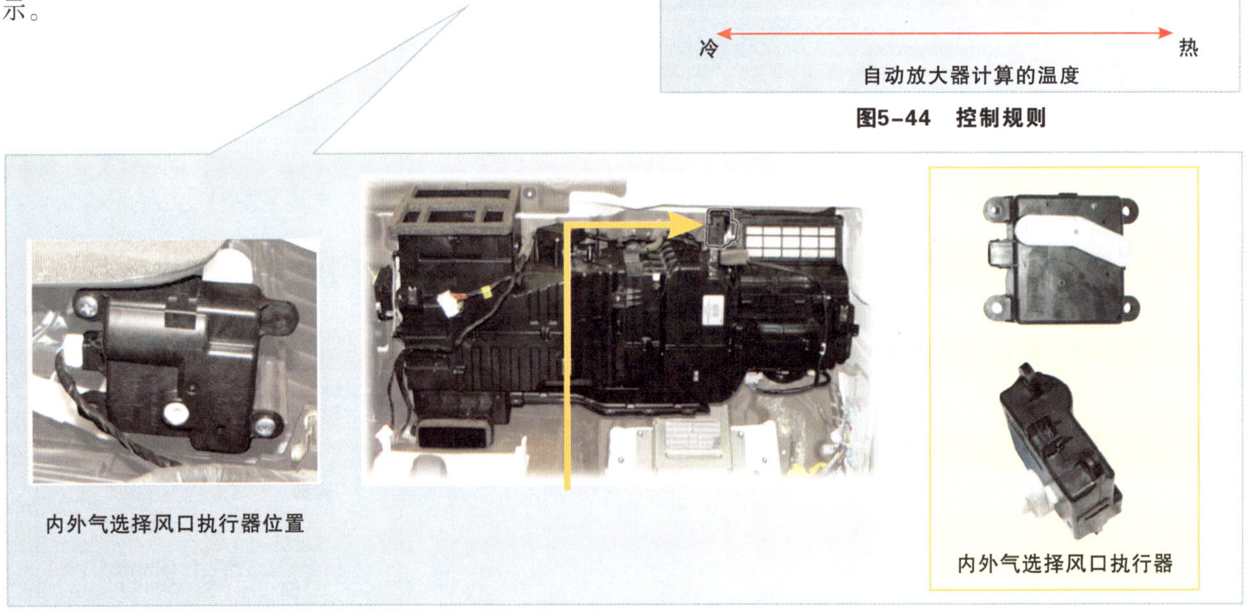

图5-45 进气风门执行器

2. 拆卸和安装

准备工作：分离蓄电池负极线，拆卸仪表板总成。拆卸驾驶席仪表板下部，然后分离内外气选择风口执行器的连接器。

拧松2个固定螺丝，拆卸内、外风门执行器，如图5-46所示。

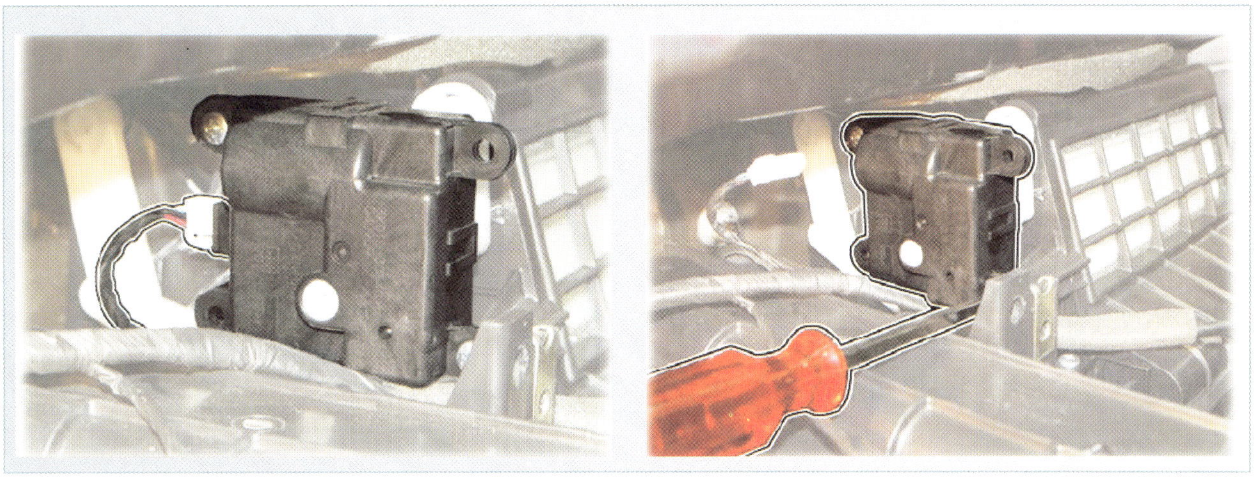

图5-46　拆卸和安装内外风门执行器

（四）鼓风机与大功率三极管

自动空调的鼓风机转速是由大功率三极管控制的，大功率三极管从自动空调放大器接收风扇控制信号时，通过改变大功率三极管基极的电流值控制鼓风机电机的工作速度，如图5-47所示。

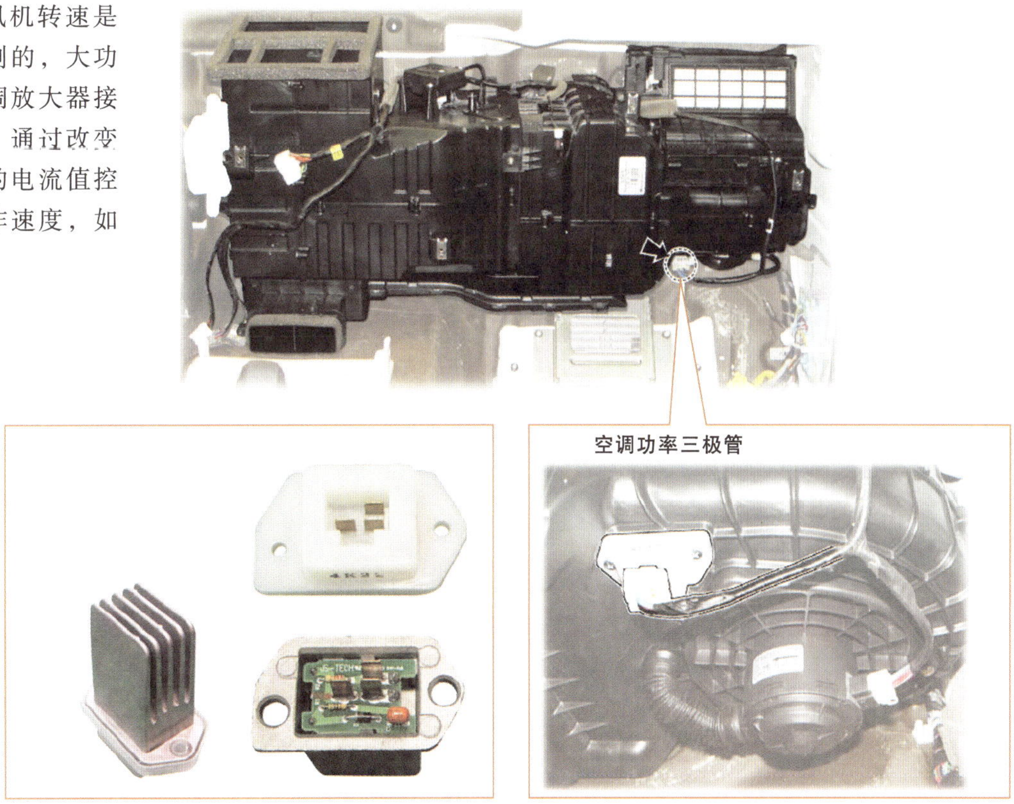

图5-47　鼓风机功率三极管

1. 鼓风机的控制

（1）自动模式

在自动模式下，鼓风机电机的转速由自动放大器根据车内传感器、日照传感器、进气传感器及环境温度传感器的输入信息进行计算。

鼓风机电机适用的电压为3（最低速）~12V（最高速）。

控制鼓风机速度（3~12V范围内），自动放大器为功率晶体管提供了一个门电压。根据这个门电压，自动放大器控制提供给鼓风机电机的电压。

鼓风机控制电路如图5-48所示。

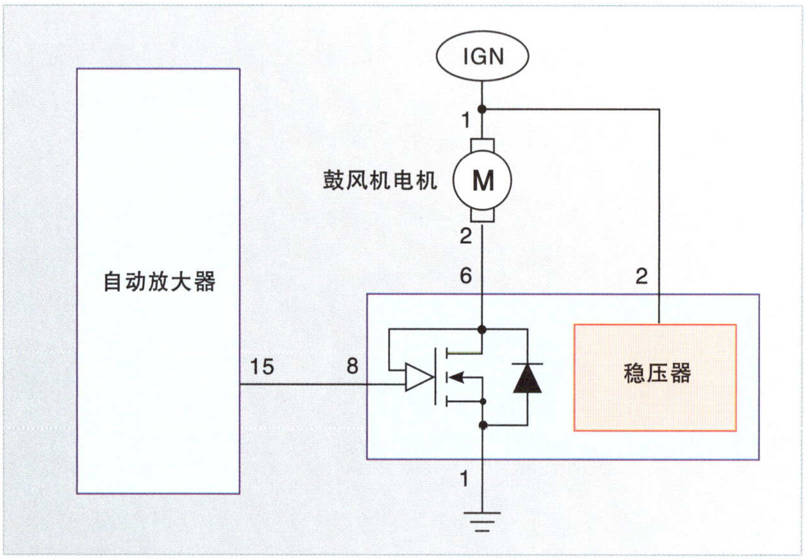

图5-48 鼓风机控制电路

（2）启动风扇转速控制

空调系统在发动机还未达到正常温度就启动时，如果发动机冷却液的温度低于56℃，鼓风机短期内将不会工作（最长可达150 s）。确切的启动延迟时间会因环境及发动机冷却液温度的不同而有所不同。

在极端的情况下（环境温度很低），鼓风机启动延迟的时间就像上面所描述的那样会达到150s。在这个延迟期后，鼓风机将低速运转，直至发动机冷却液升温至56℃以上。这时，鼓风机的转速将升至目标转速。

（3）鼓风机转速补偿

当车内温度和设定的温度非常接近时，鼓风机将低速运转。低速度会因日照量的不同而有所差异。日照量较低或没有时，鼓风机的低速是正常低速（约4.0V）；光照量较高时，自动放大器使鼓风机转速升高（约6.5V），如图5-49所示。

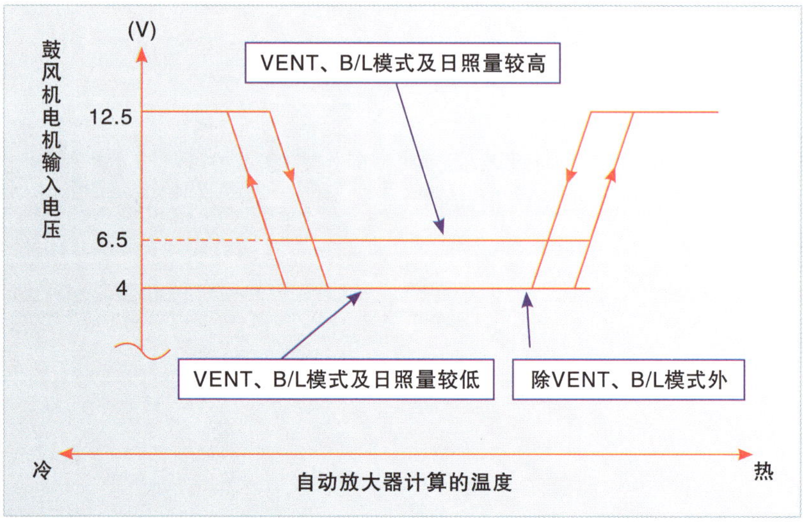

图5-49 鼓风机转速补偿

2. 大功率三极管的拆卸

①断开蓄电池负极电线。

②拆下助手席椅前的下部仪表板，分离大功率三极管连接器，如图5-50所示。

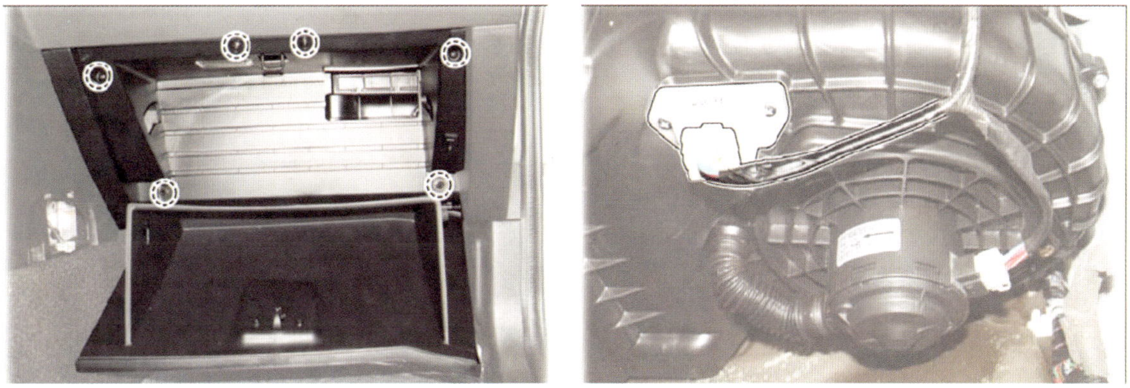

图5-50 拆仪表板分离连接器

③拧松2个固定螺丝，拆卸功率三极管，如图5-51所示。

图5-51 拆卸功率三极管

思考与练习

一、填空题

1. 自动空调的鼓风机转速是由____________末极驱动的。

2. 别克汽车的自动空调系统通常采用____________驱动各种模式风门。

3. 当自动空调以最大制冷状态工作时，进气模式风门处于____________模式。

4. 下图中的点A代表____________传感器的安装位置。

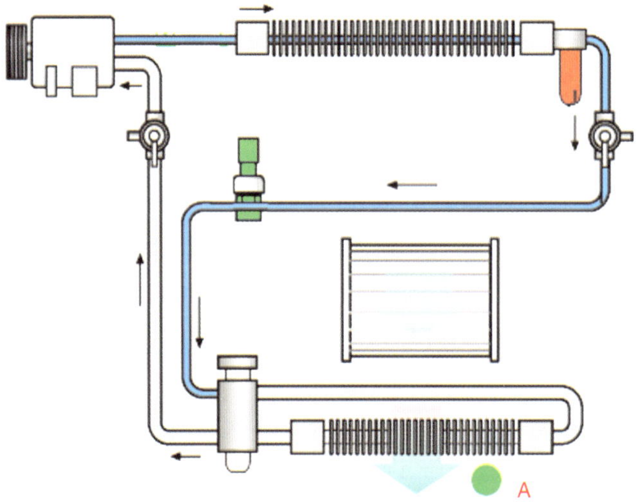

二、选择题

1. 空调系统的哪种模式可将车外环境空气不经空调带入车内　　(　　)

A. MAX　　B. NORM　　C. VENT　　D. DEFROST

2. 空调系统BI-LEVEL挡可将车内空气输送至　　(　　)

A. 面板和下节气风门　　B. 面板和除霜节气风门

C. 除霜和下节气风门　　D. 面板、下风口和除霜节气风门

3. 甲说：车厢内的湿度是由调节冷却的空气与从加热器芯来的热空气来控制；乙说：车厢内只需维持适当的温度，湿度无需调节。谁正确？　　(　　)

A. 甲正确　　B. 乙正确　　C. 两人均正确　　D. 两人均不正确

你想知道汽车自动空调是根据什么对空调系统进行控制的吗？是如何控制空调系统的吗？看完了自动空调的控制原理，你就会恍然大悟。

情境三：自动空调控制原理

一、出气温度（TAO）

TAO是使车内温度保持在设定温度所必要的鼓风机空气温度。这是空调控制单元（ECU）根据温度控制开关或控制杆的状态，以及来自传感器（即车内温度传感器、车外气温传感器、太阳能传感器）的信号计算出来的。

空调器ECU根据出气温度使自动空调器放大器输出驱动信号至伺服电机和鼓风机电机，实现自动控制系统（除压缩机控制外）运行，如图5-52所示。

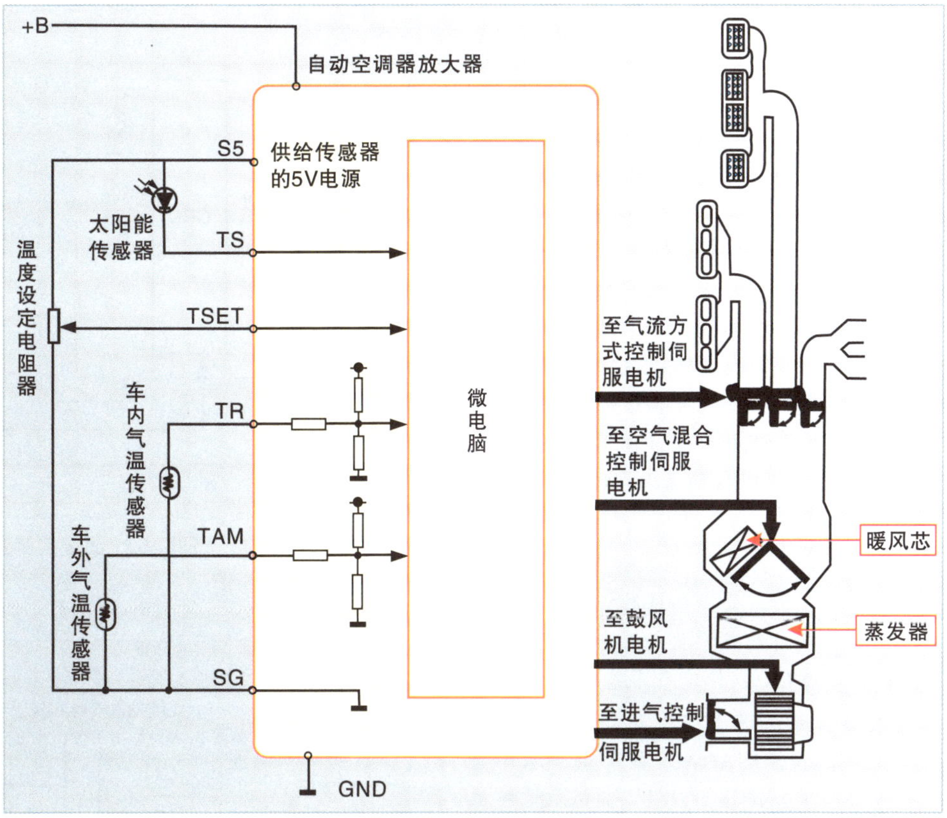

图5-52　出气温度控制

出气温度（TAO）可由下式计算：

$$TAO=A\times TSET-B\times TR-C\times TAM-D\times TS+E$$

式中TSET——设定温度；TR——车内气温；TAM——车外气温；TS——太阳辐射强度；A、B、C、D、E——常数。

如果温度控制开关或控制杆置于MAX COOL（最大冷风）或MAX WARM（最大暖风）位置，则微电脑就采用一固定值，而不进行上述计算。这样是为了提高灵敏度。

二、温度控制

1. 温度控制系统的组成

温度控制系统包括车内气温传感器、车外气温传感器、太阳能传感器、蒸发器传感器、温度设定电阻器、空气混合控制伺服电机、空气混合控制伺服电机放大器等部件。在微电脑控制的自动空调中，取消了诸如鼓风机转速控制开关之类的可编程开关。

2. 运行

图5-53为安装在自动空调器放大器内的微电脑，根据计算所得的TAO和来自蒸发器传感器的信号（TE），按下式计算空气混合控制风挡的开度（SW）：

$$SW=\frac{TAO+A-(TE+B)}{C-(TE-B)}\times 100\%$$

式中　A、B、C——常数

SW允许空气混合控制伺服电机确定电源方向，以图5-53的方式驱动空气混合控制伺服电机，从而控制鼓风机空气温度。

①当SW接近0时：当计算所得的TAO和来自蒸发器传感器的温度信号TE几乎相等时，SW就接近0。这时，安装在自动空调放大器内的微电脑就关断TR_1和TR_2，防止空气混合控制伺服电机放大器将电流送至空气混合控制伺服电机，从而使空气混合控制风挡保持在当时的位置不变。

②当SW小于0时：当TAO小于TE时，SW小于0，表明需要降低鼓风机空气温度。这时，安装在自动空调放大器内的微电脑接通TR_1，关断TR_2。这就允许空气混合控制伺服电机放大器将电流送至空气混合控制电机，使电机转至COOL（冷）侧，从而移动空气混合控制风挡，以降低鼓风机温度。同时，安装在空气混合控制伺服电机内的电位计会检测到空气混合控制风挡实际已移动的角度。如果这样所得的值与SW值相等同，微电脑就关断TR_1，以使伺服电机停转。

③当SW大于0时：当TAO大于TE时，SW大于0，表明需要提高鼓风机空气温度。这时，安装在自动空调放大器内的微电脑关断TR_1，接通TR_2，使空气混合控制伺服电机放大器将电流送至空气混合控制伺服电机，使电机转至WARM（热）侧，从而移动空气混合控制风挡，以提高鼓风机空气温度。同时，安装在空气混合控制伺服电机内的电位计会检测到空气混合控制风挡实际已移动的角度，如果所得的值与SW值相等同，微电脑就关断TR_2，以使伺服电机停转。

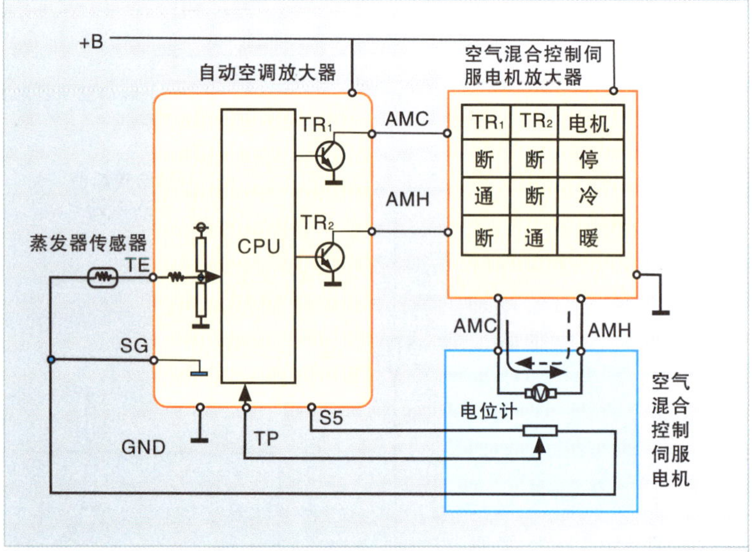

图5-53　温度控制运行

三、鼓风机转速控制

鼓风机转速控制由鼓风机转速控制开关电路和水温控制开关电路构成。如图5-54所示。鼓风机转速控制开关包括自动空调放大器、鼓风机电阻器和功率晶体管等。功率晶

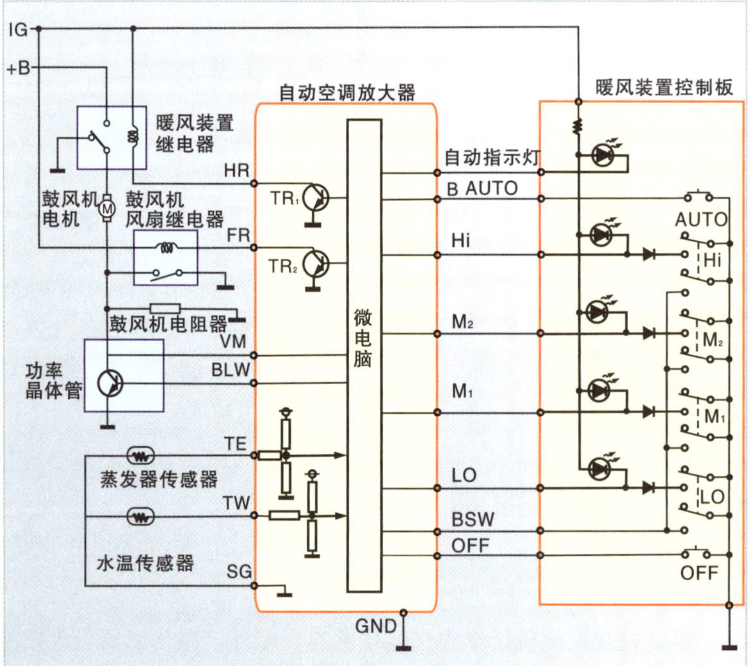

图5-54　鼓风机控制电路

体管根据来自空调放大器BLW端子的鼓风机驱动信号，改变至鼓风机电机的电流，进而改变鼓风机转速。功率晶体管有一个熔点为114℃的温控保险丝，以保护晶体管不致因过热而损坏。水温控制开关电路由水温传感器感知发动机冷却液温度，进行发动机预热控制。鼓风机转速控制运行过程如下：

1. 鼓风机转速的自动控制

鼓风机转速的自动控制过程与温度控制相似，是根据出气温度值自动控制鼓风机转速。

AUTO（自动）开关位于暖风装置控制板上。当这个开关接通时，自动空调器放大器根据出气温度的电流强度控制鼓风机转速，如图5-55所示。

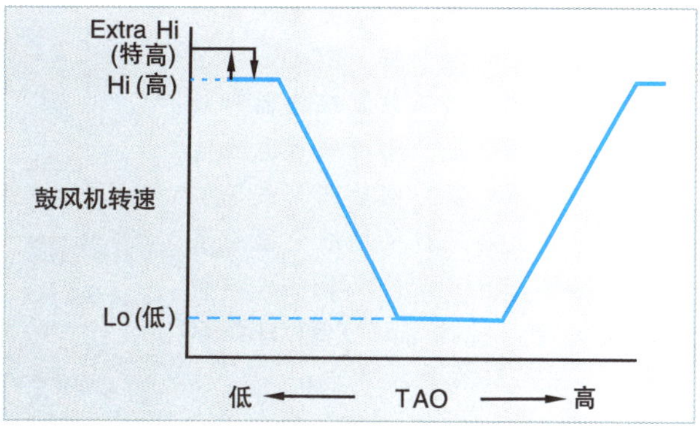

图5-55　鼓风机转速与TAO值的关系

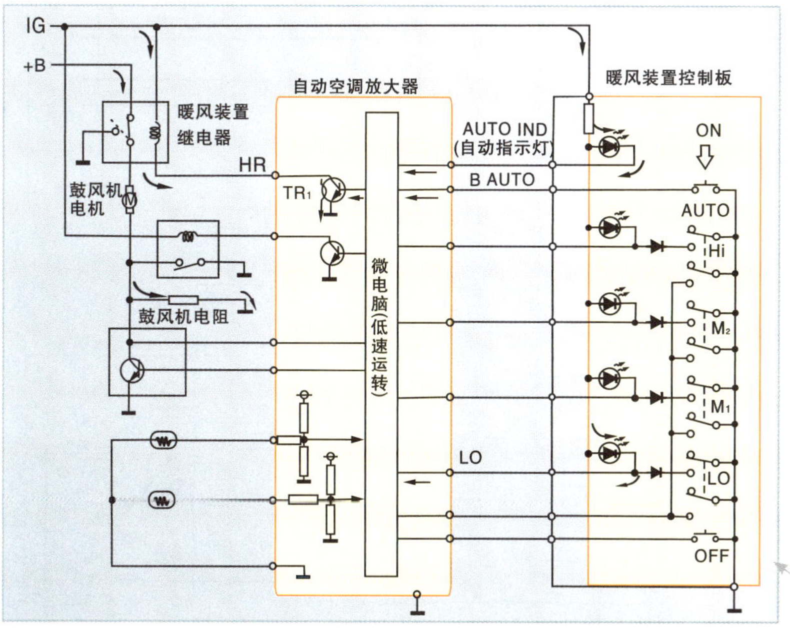

图5-56　鼓风机低速运转电路

①鼓风机低速运转：AUTO开关位于暖风装置控制板上。当这个开关接通时，安装在自动空调放大器内的微电脑接通TR_1，启动暖风装置继电器。这使得电流从蓄电池流至暖风装置继电器，然后流至鼓风机电机，再流至鼓风机电阻器后接地。这样，就可使鼓风机电机低速运转，同时AUTO（自动）和LO（低速）指示灯亮，如图5-56所示。

②鼓风机中速运转：当AUTO开关接通时，与低速控制时一样，启动暖风装置继电器。安装在自动空调放大器内的微电脑（ECU）将从TAO值计算所得的鼓风机驱动信号，经BLW端子输出至功率晶体管。于是，电流从蓄电池流至暖风装置继电器，然后流至鼓风机电机，再流至功率晶体管和鼓风机电阻后接地。这样，就可使鼓风机电机以相应于鼓风机驱动信号的转速运转。同时，AUTO（自动）指示灯点亮，LO（低）、M_1（中1）、M_1（中2）、M_2（高）指示灯也根据情况可能发亮，如图5-57所示。

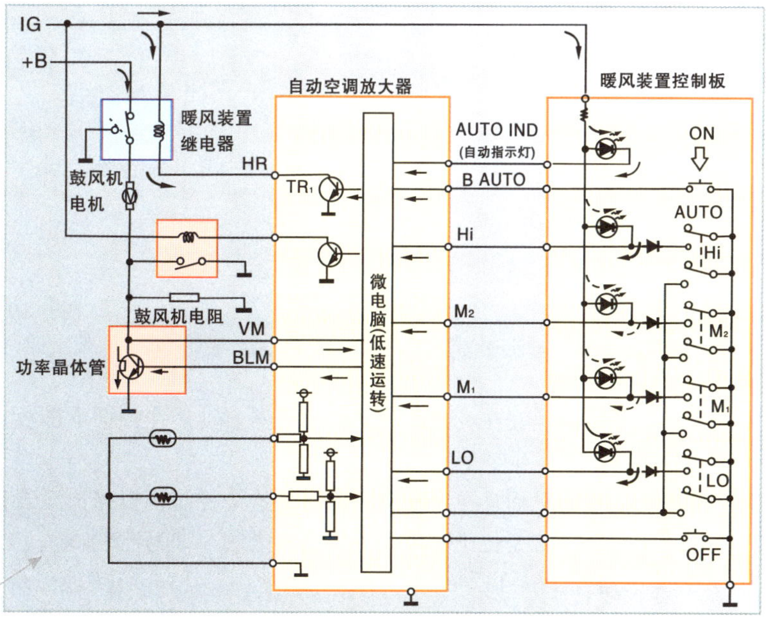

图5-57　鼓风机中速运转电路

从功率晶体管进入自动空调器放大器VM端子的信号，是反映鼓风机实际转速的信号。微电脑（ECU）参考这个信号校正鼓风机驱动信号。

③鼓风机特高速度运转：当AUTO开关接通时，允许安装在自动空调放大器内的微电脑（ECU）接通TR_1和TR_2，驱动暖风装置继电器和鼓风机继电器。于是，电流从蓄电池流至暖风装置继电器，然后流至鼓风机电机，再流至鼓风机风扇继电器后至接地。这样，就可使鼓风机电机以特高速度运转。同时，AUTO和Hi指示灯亮，如图5-58所示。

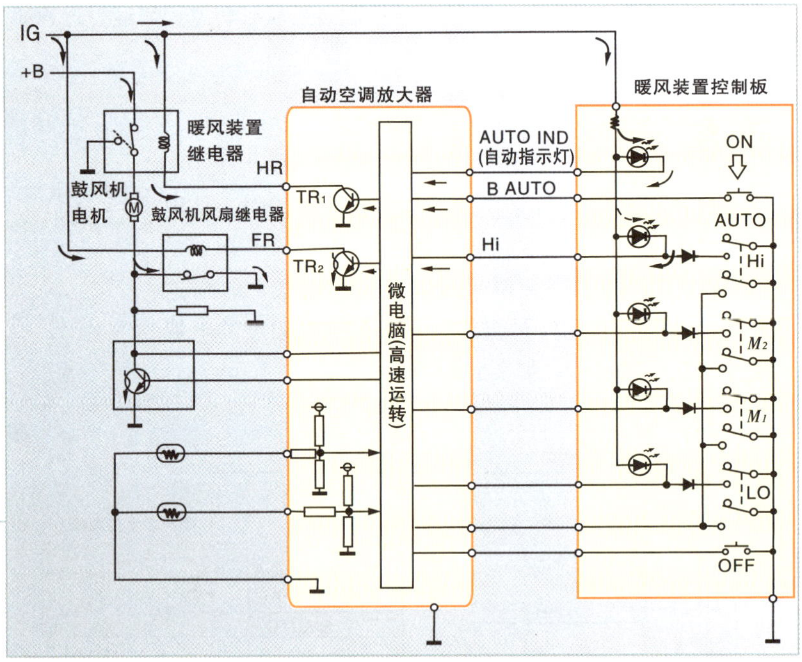

图5-58 鼓风机特高速度运转电路

2. 预热控制

用水温传感器检测发动机冷却液的温度，实现微电脑控制自动空调器内的预热控制功能。当冷却液的温度不低于30℃或40℃（因车型不同而不同）时，鼓风机电机首先转动。只有在位于暖风装置控制板上的AUTO开关接通，且气流方式设置在FOOT或BI-LEVEL时，这个控制才起作用，如图5-59所示。

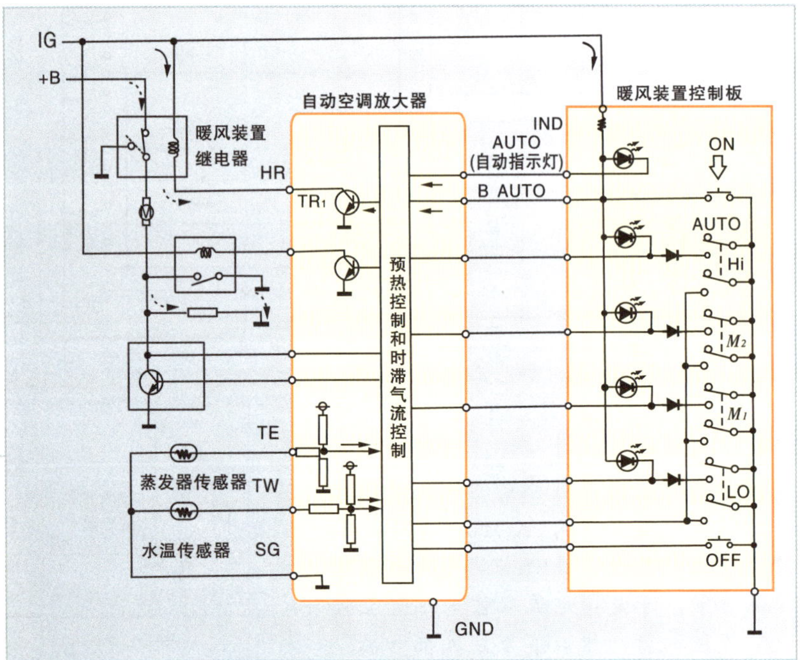

图5-59 预热控制和时滞气流控制

3. 时滞气流控制（仅用于降温）

车辆如长时间停驻在炎热阳光下，空调器启动后往往会立即放出热空气。装有时滞气流控制功能的空调器能防止这类问题的发生。

当以下条件满足而且在发动机启动时，这个控制可根据蒸发器传感器检测到的冷气装置内的温度而运行：一是压缩机启动；二是位于暖风装置控制板上的AUTO开关接通；三是当BI-LEVEL开关按下时，气流方式设置在FACE或已设置在BI-LEVEL。

①当冷风装置内的温度高于30℃时：压缩机接通后，时滞控制使鼓风机风扇关断并保持约4s，使冷却装置内的空气冷却。在这以后约5s，时滞控制使鼓风机以低速运转，将已冷却的空气送至车内，如图5-60所示。

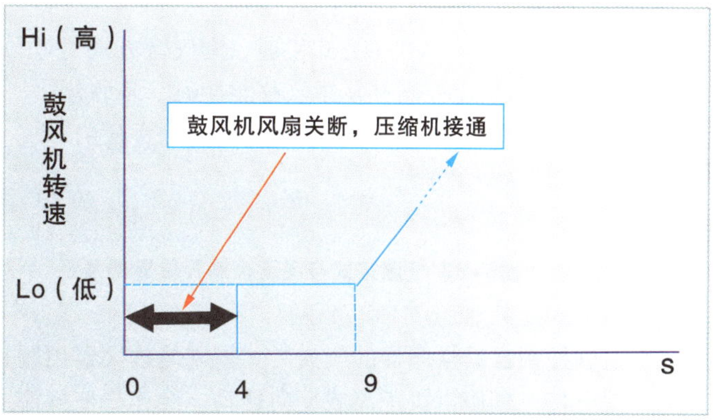

图5-60 温度高于30℃时的时滞控制过程

②当冷却装置内的温度低于30℃以下时：压缩机接通后，时滞控制使鼓风机先以低速运转约5s，如图5-61所示。

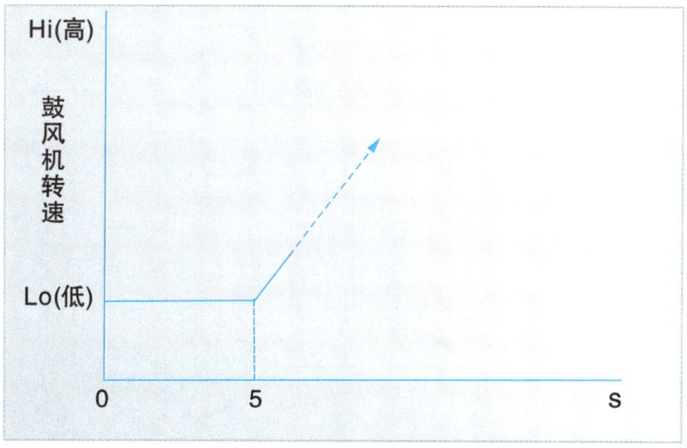

图5-61 温度低于30℃时的时滞控制过程

4. 鼓风机启动控制

鼓风机启动控制是使鼓风机驱动信号在鼓风机开关先接通约2s后，才传送至功率晶体管，以防止功率晶体管被启动电流冲击而损坏。在这2s内，鼓风机启动控制，使鼓风机低速运转，如图5-62所示。

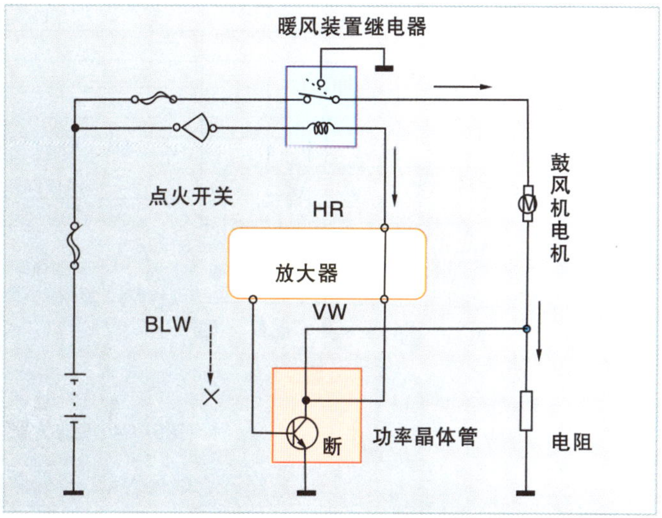

图5-62 鼓风机启动控制

5. 手动控制

手动控制根据手动开关的操纵，将鼓风机驱动信号传送至功率晶体管。不过，若操纵Hi（高速）开关，这个开关就接通鼓风机风扇继电器，并使鼓风机以特高转速运转。

四、气流方式控制（出气控制）

在放大器控制自动空调器中，当按下暖风装置控制板上的自动方式开关“AUTO”时，气流方式改变至FACE、BI-LEVEL或FOOT方式（视温度控制杆的位置而定），如图5-63所示。当温度控制杆从冷移至暖时，不管压缩机是否运转，若暖风装置控制板上的AUTO（自动）方式接通，则气流方式从FACE方式移至FOOT方式。当温度控制杆从暖移至冷时，若压缩机运转，AUTO方式接通，气流方式从FOOT方式移至BI-LEVEL方式；若压缩机不运转，AUTO方式接通，则气流方式仍为FOOT方式。当温度控制杆从中点移至冷时，不管压缩机是否运转，若AUTO方式接通，则气流方式从BI-LEVEL方式移至FACE方式。

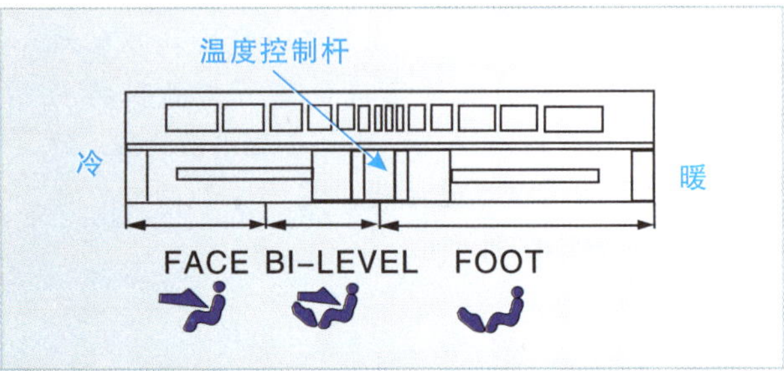

图5-63 气流方式与温度控制杆位置的关系

微电脑控制自动空调器的气流方式控制与放大器控制自动空调器的基本一样，是由自动空调放大器传送信号至伺服电机，伺服电机正向或反向转动，经连杆使气流方式控制风挡位置改变，如图5-64所示。其运行方式如下：

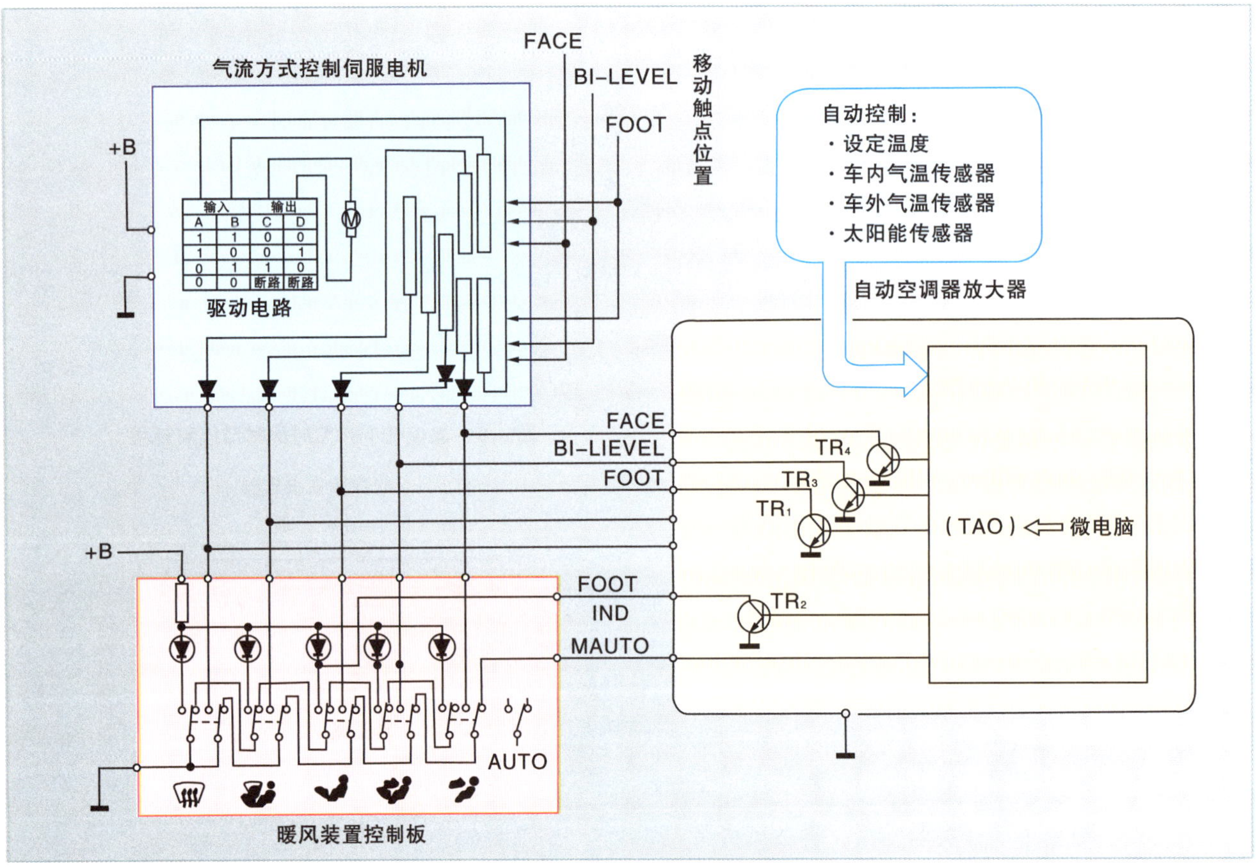

图5-64 气流方式控制原理图

1. 自动控制

气流方式自动控制，与前面所讲解的温度控制和鼓风机转速控制相似，是根据TAO值自动控制出气方式。

当位于暖风装置控制板上的AUTO（自动）开关接通时，安装在自动空调放大器内的微电脑（ECU）便收到这个信息，然后根据TAO值，按图5-65的方式控制出气方式。

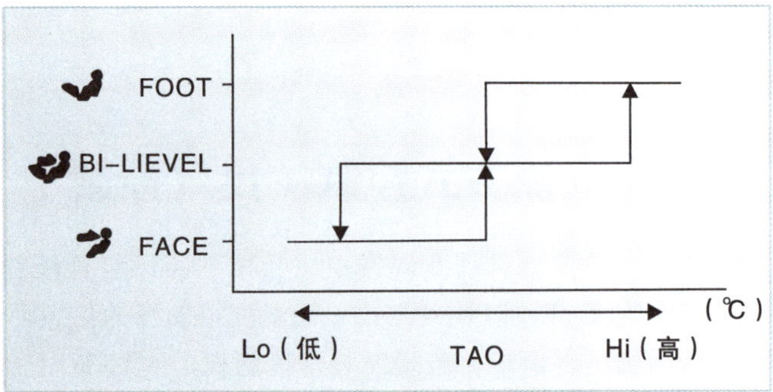

图5-65 气流方式与TAO值的关系

①当TAO值已从低变至高时：位于气流方式控制伺服电机内的移动触点在FACE位置。安装在自动空调放大器内的微电脑（ECU）接通TR_1。于是，内置在气流方式控制伺服电机中驱动电路的输入B，因为接地电路的形成而变为“0”；而输入A，则因为电路断路而变为“1”。这就允许在驱动电路中，“1”传送至输出D，“0”传送至输出C。这使得电流输出D到驱动电路，然后到达电机，再到达输出C，从而启动电机，电机使移动触点离开FOOT触点，最后停转，于是进入FOOT方式。同时，微电脑接通TR_2，使位于暖风装置控制板上的FOOT指示灯发亮，如图5-66所示。

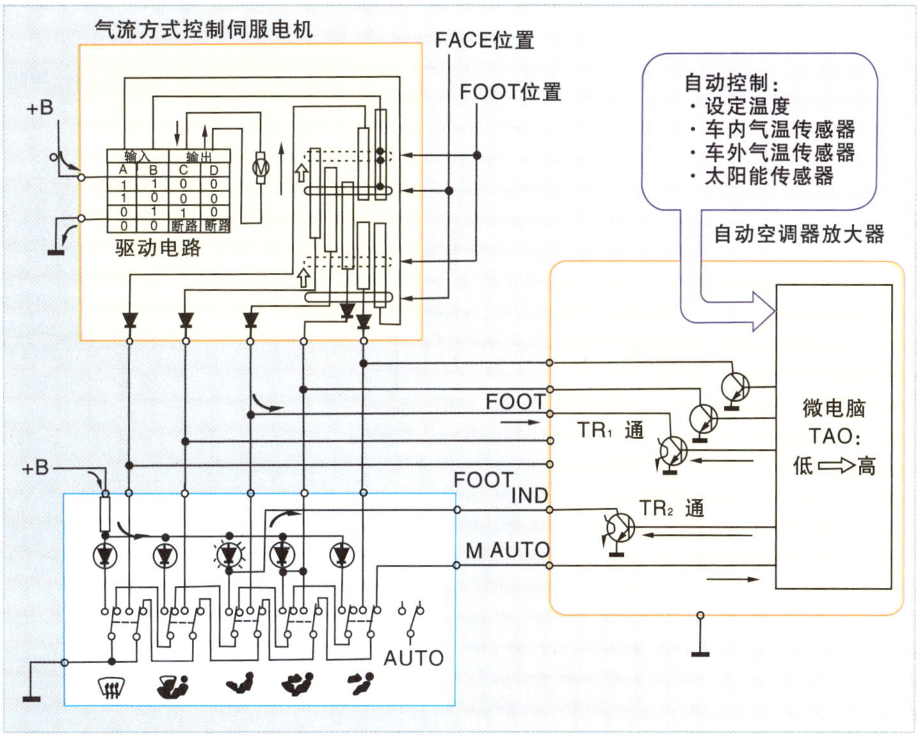

图5-66 TAO值从低变至高的气流方式控制过程

②当TAO值已从高变至中时：位于气流方式控制伺服电机内的移动触点在FOOT位置。安装在自动空调放大器内的微电脑接通TR_3。于是，内置在气流方式控制伺服电机中驱动电路的输入A，会因为接地电路的形成而变为“0”；而输入B，则因为电路断路而变为“1”。这就允许在驱动电路中，“1”传送至输出C，“0”传送至输出D。这使得电流输出C到驱动电路，然后到达电机，再到达输出D，从而启动电机，电机使移动触点离开BI-LEVEL触点，最后停转，于是进入BI-LEVEL方式。同时，微电脑使位于暖风装置控制板上的BI-LEVEL指示灯发亮，如图5-67所示。

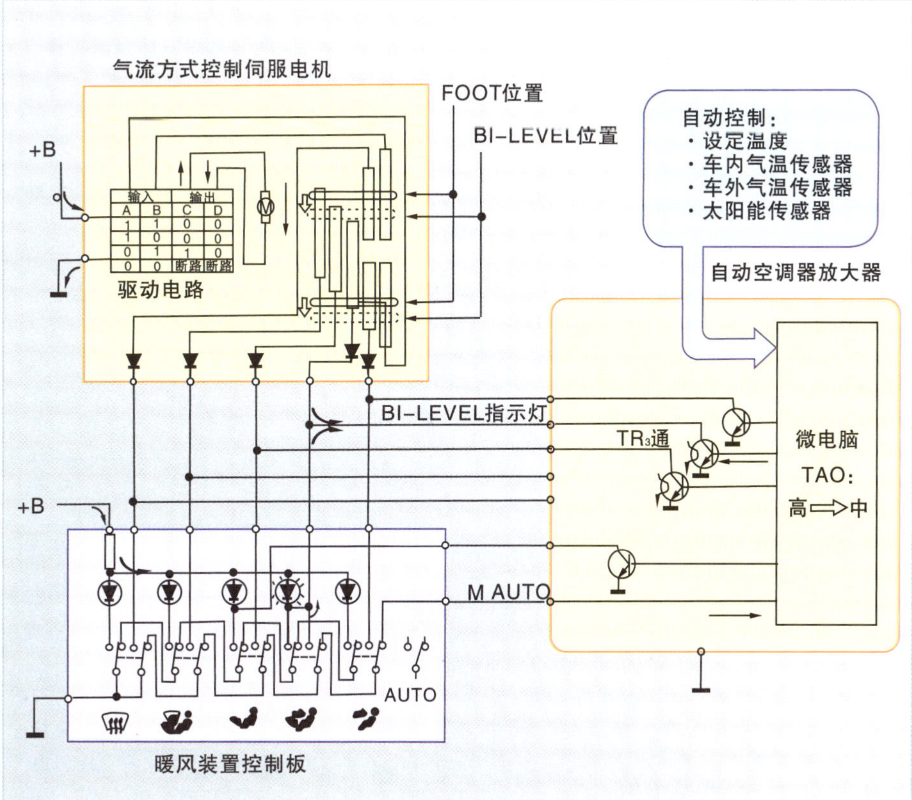

图5-67 TAO值从高变至中的气流方式控制过程

③当TAO值已从中变至低时：位于气流方式控制伺服电机内的移动触点在BI-LEVEL位置。安装在自动空调放大器内的微电脑接通TR_4。于是，内置在气流方式控制伺服电机中驱动电路输入A，使因为接地电路的形成而变为“0”；而输入B，则因为电路断路而变为“1”。这就允许在驱动电路中，“1”传送至输出C，“0”传送至输出D。这使得电流流经输出C到达电机，然后到达输出D，从而启动电机，电机使移动触点离开FACE触点，最后停止，于是进入FACE方式。同时，微电脑使位于暖风装置控制板上的FACE指示灯发亮，如图5-68所示。

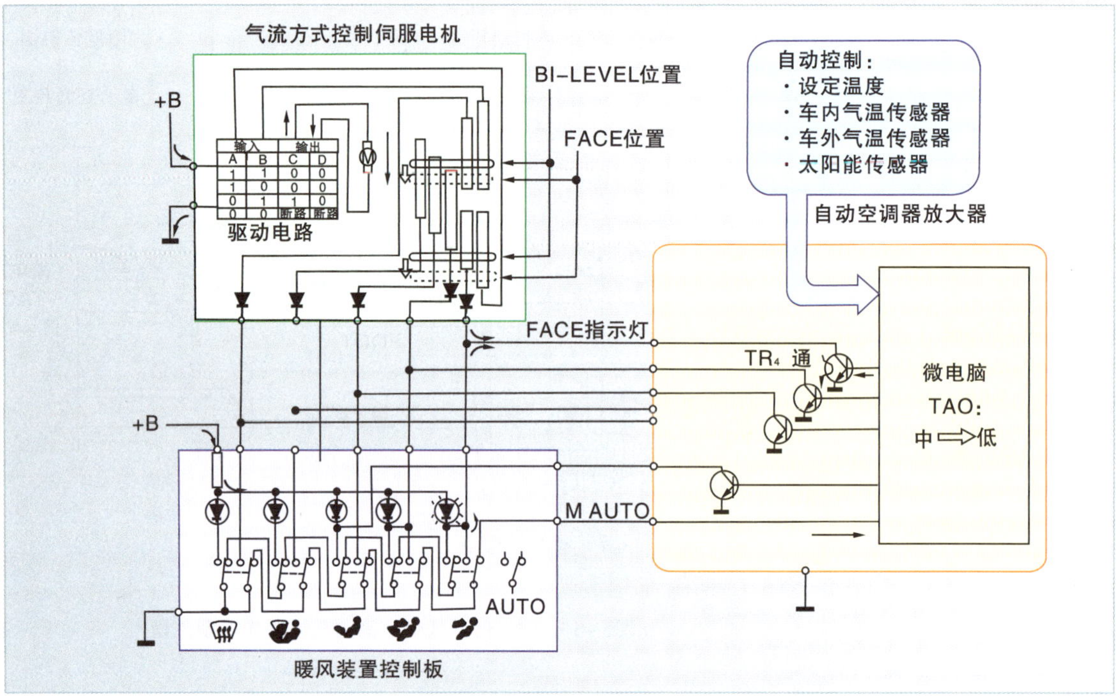

图5-68 TAO值从中变至低的气流方式控制过程

2. DEF-FOOT方式控制

DEF-FOOT方式控制是防止迎面吹来的空气（由车辆向前运动所产生的）以如下方式吹在乘客脚部：当内置在鼓风机转速控制内的预热控制功能运作时，这个控制使气流方式从FOOT或BI-LEVEL变为DEF。当冷却液温度已升至使预热控制停止时，DEF-FOOT方式控制使气流方式从DEF变为FOOT或BI-LEVEL。

下面讲解如何将FOOT方式变为DEF方式，反过来的变化也一样。

当预热控制工作时，安装在自动空调器内的微电脑，根据来自水温传感器的数据接通

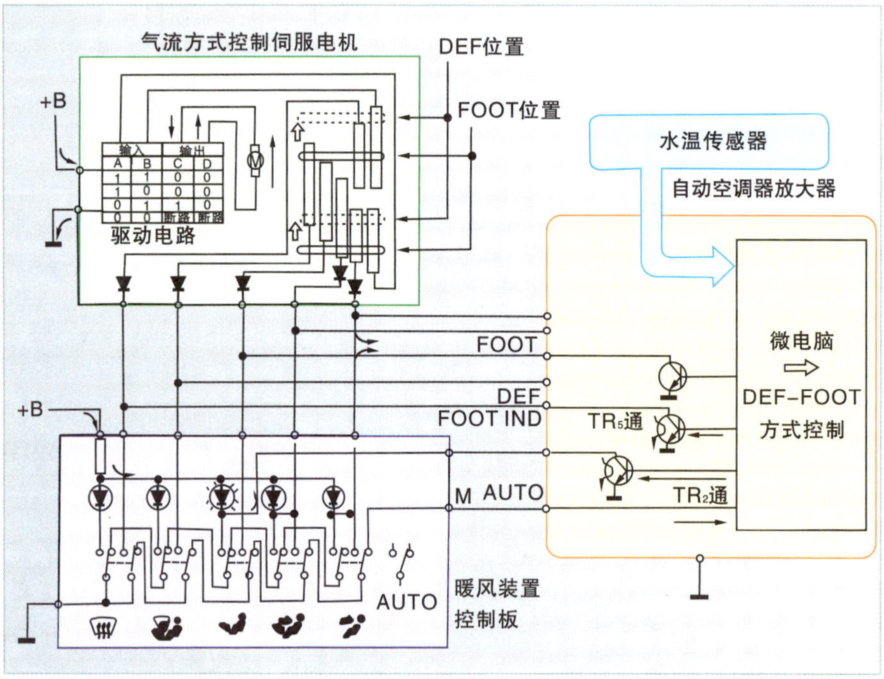

图5-69 预热控制工作时DEF-FOOT方式的控制

C_5。于是，内置在气流方式控制伺服电机中驱动电路的输入B，因为接地电路的形成而变为“0”；而输入A，则因为电路断路而变为“1”。这就允许“0”和“1”分别输出至输出C和D。因此，电流从输出D流到电机，然后到输出C，从而启动电机，电动机使移动触点离开DEF触点，然后停止，于是进入DEF方式。与此同时，微电脑接通TR_2，使位于暖风装置控制板上的FOOT指示灯发亮。如图5-69所示。

当预热控制不工作时，安装在自动空调放大器内的微电脑，根据来自水温传感器的数据接通TR_1。于是，内置在气流方式控制伺服电机中驱动电路的输入A，因为接地电路的形成而变为“0”；而输入B，则因为电路断路而变为“1”。这就允许“1”和“0”分别输出至输出C和D。因而电流从输出C流至电机，然后到达输出D，从而起动电机，使移动触点离开FOOT触点，最后停转，于是进入FOOT方式。因为TR_2已经接通，而且继续接通，位于暖风装置控制板上的FOOT指示灯也就继续发亮，如图5-70所示。

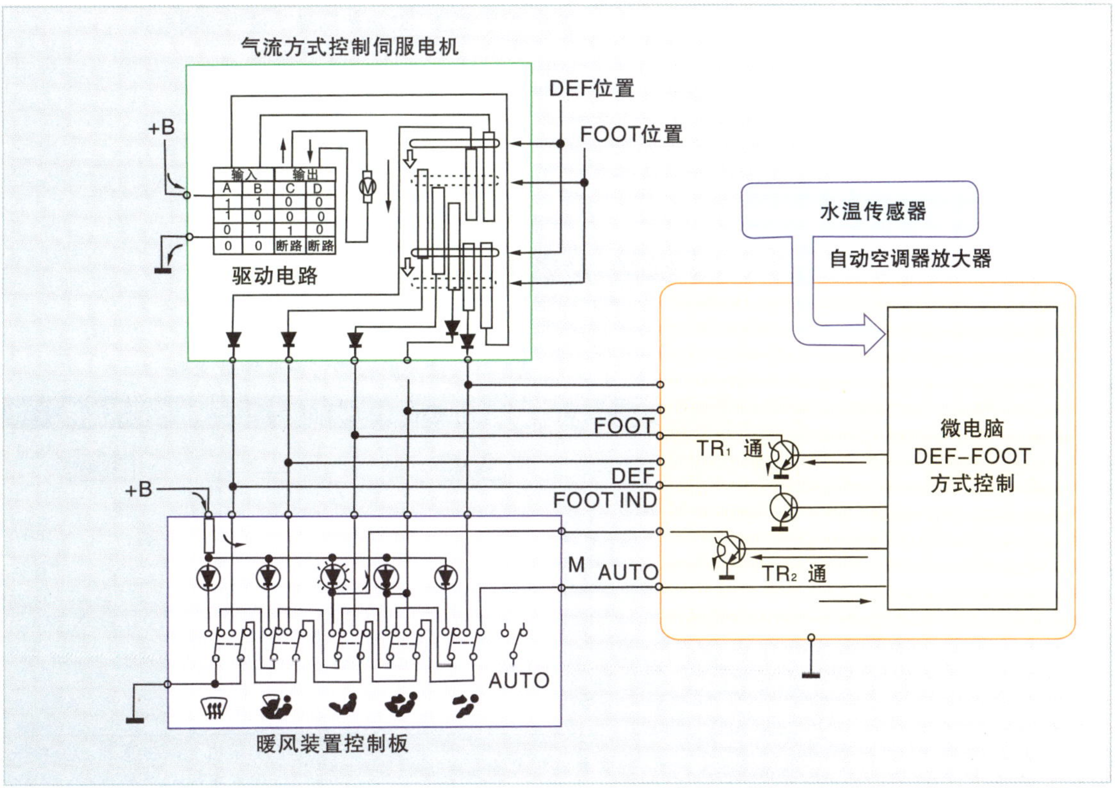

图5-70 预热控制不工作时DEF-FOOT方式的控制

五、压缩机控制

若按下暖风装置控制板上的AUTO（自动）开关，电磁离合器就会自动接通，使压缩机启动。离合器根据车外温度或蒸发器温度（因车型而异）自动反复接通和关断。

六、进气控制

进气控制仅用于某些特定国家的车型。这个控制是根据TAO值来确定RECIRC（循环空气）或FRESH（新鲜空气）是否作为当时的工作方式，并将这个决定输出至进气控制伺服电机，从而执行控制，如图5-71所示。当电压施加在端子①与②或①与③上时，电动机启动。内置于自动空调器放大器中的微电脑参考TAO值，确定以何种方式作为当前的工作方式，并根据这一决定（FRESH方式），接通FRS（新鲜空气）晶体管。这使得触点B接地，在端子①与③之间产生一电压差，这一电压差使电流从端子①流至电机，经移动触点至端子③，然后

FRS TR，最后至接地，从而启动电机，使移动触点离开RECIRC位置至FRESH位置。这就将移动触点从触点B拉开，进入FRESH方式。

若微电脑参考TAO值，确定这个系统当前要在RECIRC方式工作，其运作程序与进入FRESH方式相似。

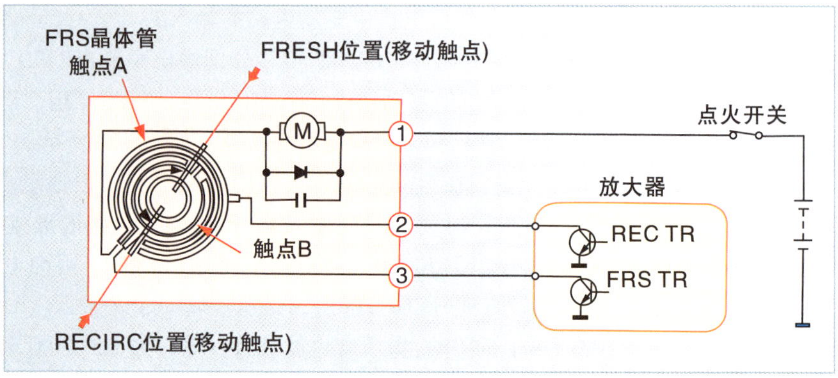

图5-71 丰田“陆地巡洋舰”进气控制电路

进气控制还有一个新鲜空气强制进气控制。当按下DEF开关时，就强制将进气方式转至FRESH，清除风挡玻璃内侧上的雾气，并防止雾气继续形成。

进气控制还有一个功能是改变新鲜空气与循环空气之比，其工作原理与温度控制相同。

七、微电脑控制自动空调器放大器检查

微电脑控制自动空调器放大器的检查可以人为地输入一个虚假信号至系统放大器，观看系统主要部件的工作是否与所输入的虚假信号相对应。若对应，说明系统放大器完好；若不对应，则换一个完好的系统放大器试一试。如有必要，更换系统放大器。

表5-1是人为地设置虚假信号A或B。表5-2是设置温度为25℃时系统主要部件与虚假信号A和B相对应的工作情况。

表5-1 输入虚假信号至系统放大器

虚假信号	A（车内温度低）	B（车内温度高）
条件	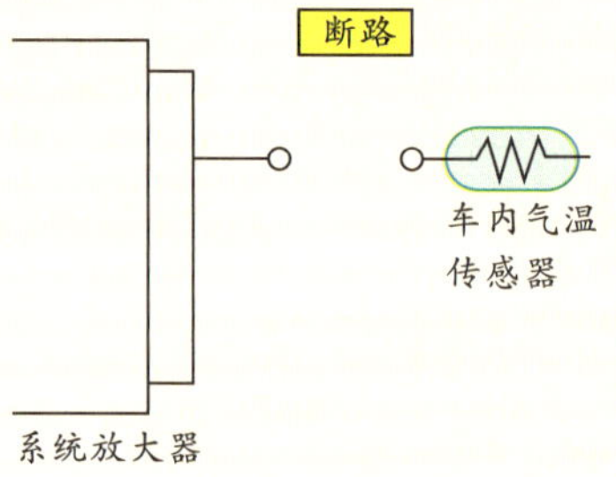	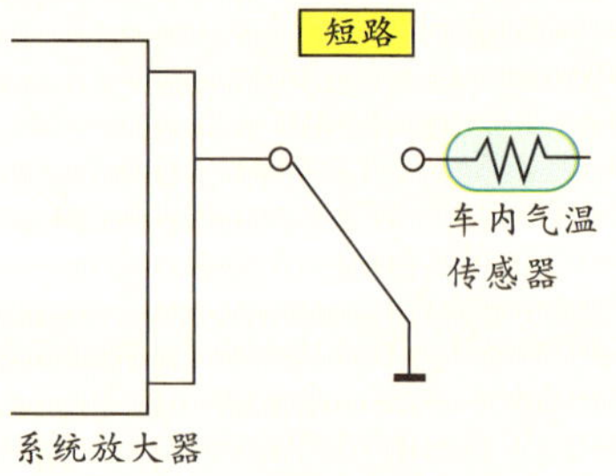
解决方法	拆下车内气温传感器连接器	拆下车内气温传感器，并将车内气温传感器连接器的1号插头接地

表5-2 有虚假信号输入时系统的工作（设置温度为25℃）

系统主要部件	虚假信号	运作			
空气混合控制伺服电机	A	空气混合控制伺服电机轴移向MAX-HOT（最大暖气）			
	B	空气混合控制伺服电机轴移向MAX-COOL（最大冷气）			
气流方式控制伺服电机		气流方式风挡			
		FACE	BI-LEVEL	FOOT	DEF
	A	关闭	关闭	打开	关闭
	B	打开	关闭	关闭	关闭
鼓风机电机	A	鼓风机电机高速转动			
	B				
水阀	A	打开			
	B	关闭			
进气控制伺服电机	FRESH开关接通	新鲜空气从通风口吹出			
	RECIRC开关接通	循环空气从通风口吹出			

思考与练习

一、填空题

1. TAO是使车内温度保持在设定温度所必要的____________。

2. 自动空调ECU是通过____________信号计算感知车内外环境状况的。

3. 为了达到理想的车内温度，空调放大器通过驱动____________和____________来实现。

二、判断题（正确的打“√”，错误的打“×”）

1. 空气混合伺服电机只驱动空气混合风门在最冷及最热位置的转换。（　　）

2. 在微机控制的自动空调系统中，空调一开启，鼓风机便以最高转速运转。（　　）

3. BI-LEVEL模式是指空调暖风装置同时吹向乘坐人员的脸部及足部的送风模式。（　　）

三、选择题

1. 空调系统的哪种模式可将车外环境空气不经空调带入车内?（　　）

A. MAX　　B. NORM　　C. VENT　　D. DEFROST

2. 空调系统BI-LEVEL挡可将车内空气输送至（　　）

A. 面板和下节气风门　　B. 面板和除霜节气风门

C. 除霜和下节气风门　　D. 面板、下风口和除霜节气风门

3. 甲说：车厢内的湿度是由调节冷却的空气与从加热器芯来的热空气来控制的；乙说：车厢内只需维持适当的温度，湿度无需调节。谁正确?（　　）

A. 甲正确　　B. 乙正确　　C. 两人均正确　　D. 两人均不正确

现代汽车的自动空调控制系统具有自我诊断功能，实施自诊断有助于快速而系统地查找空调控制系统的传感器、控制单元、执行元件（各伺服电机、鼓风机马达、压缩机）以及电气线路连接故障等。下面以丰田锐志、现代伊兰特、索纳塔为例介绍一下自动空调系统的自诊断方法。

情境四：自动空调系统自诊断

一、丰田锐志汽车自动空调系统自诊断

1. 指示灯检查

①将点火开关置于OFF位置。

②同时按下“AUTO”和“R/F（再循环/新鲜空气）”开关，并将点火开关置于ON（IG）位置，如图5-72所示。

③当面板诊断激活时，指示灯检查将自动执行。检查并确定指示灯每隔1s依次亮起和熄灭，并且持续4次。

图5-72　“AUTO”和“R/F（再循环/新鲜空气）”开关

提示：

①当指示灯检查完成时，传感器检查自动开始。

②按下“OFF”开关，取消检查模式。

③如果安装导航系统，指示灯将闪烁且蜂鸣器鸣响。

④指示灯闪烁方式，如图5-73所示。

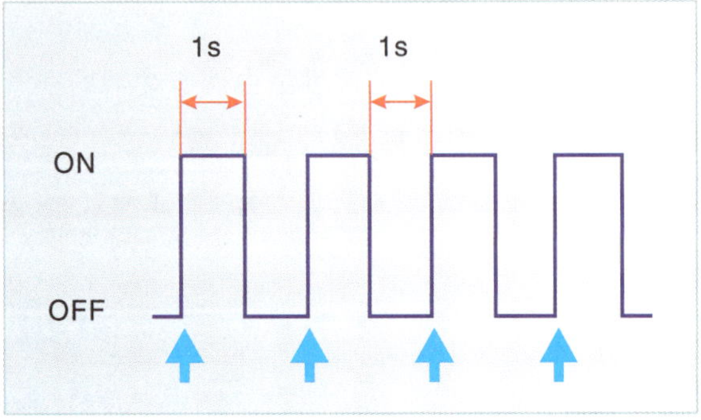

图5-73　指示灯闪烁方式

2. DTC检查（传感器检查）

①启动发动机并暖机，检查指示灯。

提示：

在指示器检查完成后，系统自动进入DTC检查模式。

②按下“R/F（再循环/新空气）”开关（图5-74），进行执行器检查。

③传感器检测模式可部分进行故障排

图5-74　按下“R/F（再循环/新空气）”开关

除，可从指示灯检测模式中自动变为传感器检测模式。一定要执行执行器检测，然后是传感器检测。

④如果在比较暗的地方进行检测，可能显示DTC 21。

提示： 没有故障时，输出DTC 00。如果因为步骤自动变化而难以读取，则按"UpDr"开关，使步骤每次显示一个项目，以便阅读。每按动"UpDr"开关一次，就显示一个项目，如图5-75所示。

图5-75 按"UpDr"开关

⑤读取在面板上显示的代码（在温度显示屏上输出故障代码）。

提示：

关于代码的详细信息，参考DTC表（诊断故障码表）。

例如，图5-76中表示显示输出代码21。

按"OFF"开关结束面板诊断。

按下"R/F"开关进入执行器检查模式。

图5-76 DTC显示窗口

3. 执行器检查

①同时按下"AUTO"开关和"RF（再循环/新空气）"开关，如图5-77所示。将点火开关置于"ON"（IG）位置。

②启动发动机并暖机。

③进行指示灯检查。

图5-77 按下"AUTO"开关和"RF（再循环/新空气）"开关

④按下“RF（再循环/新空气）”开关，进行执行器检查，如图5-78所示。

提示：

在发动机启动以后，一定要进行执行器检查。

⑤由于执行器检查以1s间隔重复执行步骤1到10，通过目视和手动检查温度和空气流量。

提示：

①在单步操作中，显示屏每隔1s闪烁一次。

②例如，图中表示显示输出代码21。

③按“OFF”开关结束面板诊断

④按下“AUTO”开关进入传感器检查模式。

⑤如果因为步骤自动变化而难以读取，则按“UpDr”开关，如图5-79所示。使步骤每次显示一个项目，以便阅读。每按动“UpDr”开关一次，就显示一个项目。执行器诊断步骤见表5-3。

图5-78 按下“RF（再循环/新空气）”开关

图5-79 执行断诊

提示：

①按“OFF”开关结束面板诊断。

②按下“R/F”开关进入传感器检查模式。

表5-3 执行器诊断步骤

步骤号	显示代码	条件					
		鼓风机挡位	出气风门	进气风门	空气混合风门（Dr1Pa）	冷气旁通风门	空调压缩机
1	0	0	FACE	FRESH	“COOL”侧（0%）	-14%	OFF
2	1	1	FACE	FRESH	“COOL”侧（0%）	-14%	OFF
3	2	17	FACE	R/F	“COOL”侧（0%）	-14%	A/C ON
4	3	17	FACE	RECIRCULATION	“COOL”侧（0%）	113.50%	A/C ON
5	4	17	B/L	RECIRCULATION	“COOL”/“HOT”侧（打开50%）	113.50%	A/C ON
6	5	17	B/L	RECIRCULATION	“COOL”/“HOT”侧（打开50%）	113.50%	A/C ON
7	6	17	FOOT	FRESH	“COOL”/“HOT”侧（打开50%）	113.50%	A/C ON
8	7	17	FOOT-0	FRESH	“HOT”侧（100%）	113.50%	A/C ON
9	8	17	F/D	FRESH	“HOT”侧（100%）	113.50%	A/C ON
10	9	31	DEF	FRESH	“HOT”侧（100%）	113.50%	A/C ON

二、现代伊兰特与索纳塔自动空调系统自诊断

现代伊兰特及索纳塔轿车的自动空调系统具有故障自诊断功能，其诊断方法和故障内容如下：

1. 自我诊断方法

①打开点火开关 OFF→ON。

②在按下 AUTO 按钮状态，2s内连续按下 AMB 按钮4次以上，如图5-80所示。

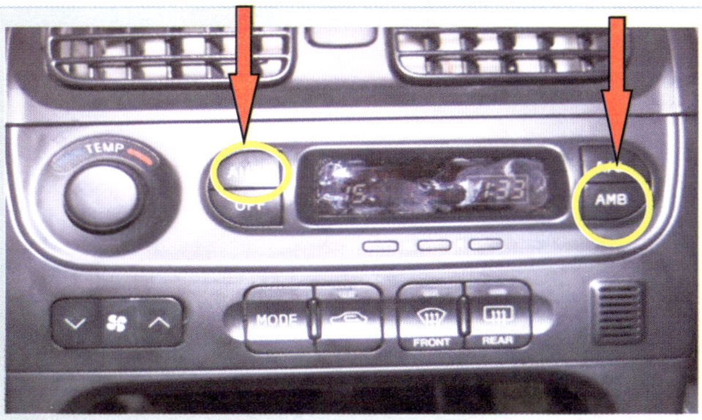

图5-80 启动自诊断

③液晶显示屏内的全部显示灯以0.5s周期闪亮3次，如图5-81所示。

图5-81 液晶屏亮

④实施自我诊断。

⑤显示故障代码，如图5-82所示。

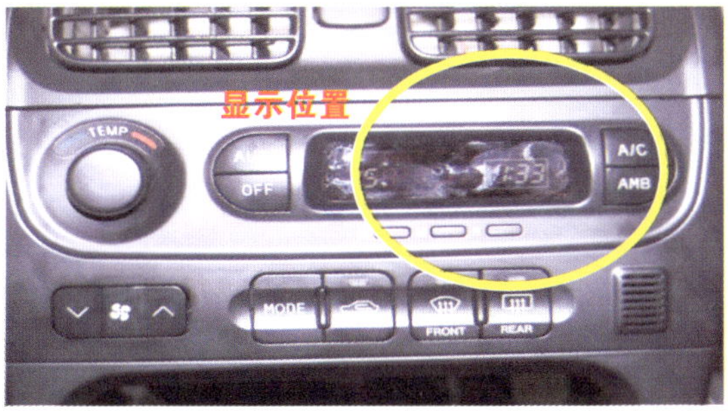

图5-82 故障代码的显示位置

按下OFF按扭

复位至自我诊断之前工作模式

2. 故障代码显示表示方法

故障代码在液晶屏上的显示方法，如图5-83所示。

图5-83　故障代码在液晶屏上的显示方法

例如：故障代码为11、12时（连续显示），如图5-84所示。

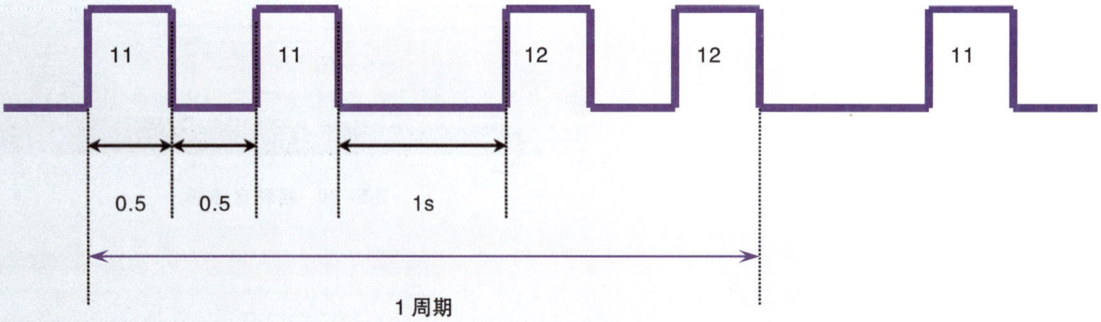

故障代码	故障项目	故障代码	故障项目
00	正常	16	水温传感器短路
11	室内温度传感器断路	17	蒸发器表面温度传感器断路
12	室内温度传感器短路	18	蒸发器表面温度传感器短路
13	外界温度传感器断路	19	温度门位置传感器不良
14	外界温度传感器短路	20	温度门电机驱动不良
15	水温传感器断路		

图5-84　故障代码

第六部分

汽车空调维护、检修与故障排除

情境一：汽车空调维护

一、正确使用汽车空调

1. 非独立空调的正确使用

为了保证汽车空调系统有良好的技术状态，发挥空调的最大效率，延长使用寿命，节约燃油消耗，使用中应注意以下事项：

①首先应了解空调操作面板上各推杆和按钮的作用，准确地进行操作。

②启动发动机时，确认空调开关是否关闭，待发动机稳定地转动几分钟后，打开鼓风机至某一挡位，然后再按下空调开关A/C，以启动空调压缩机，调整送风温度和选择送风口，空调机即可正常工作。需要注意的是，当温度调节推杆处于最大冷却位置时，应尽量使用风机的高速挡，以免蒸发器因过冷而结冰。

③空调制冷时，必须关闭通风口、车窗和车门，以便尽快达到满意的温度，且节省能量。

④调整好冷风口的风向，使冷风均匀地吹入车厢。

⑤在只需换气而无需冷气时，如春、秋两季，只需打开鼓风机开关，不要启动压缩机。

⑥在爬长坡或超车时，应暂时断开压缩机的运行，以免发动机动力不足或发动机超负荷运行而过热。

⑦汽车行驶时最好不要长时间使用空调，以免耗尽蓄电池的电能，防止废气被吸入车内，造成再次发动车时产生困难或乘客吸入二氧化碳。

⑧在发动机怠速时，如使用空调，应适当提高发动机怠速至800～1 000 r/min以上（有自动提升怠速功能的空调除外），以防发动机因驱动空调压缩机而熄火。

⑨夏日汽车应尽量避免在阳光下暴晒，以免加重空调装置的负担。

⑩有些汽车空调空气入口有新鲜和再循环两个控制位置。若汽车在尘土飞扬的道路上行驶，应将空气入口位置设在再循环位置，以防车外灰尘进入。

⑪在空调运行时，若听到空调装置有异常响声，如压缩机响、风机响、管子爆裂、传动带坏等，或发生其他异常情况，应立即关闭空调，并请有关维修人员及时检修。

应经常检查下列情况（可按照汽车空调常规检查方法进行）：

各管接头连接处、固定夹、各连接螺栓是否紧固。

各电线接柱是否连接可靠、是否松动。

各电线、软管有无磨破、松弛，有无接触高温、旋转物体，软管有无鼓泡。

制冷剂量是否合适（从视液镜处判断），有无泄漏，管接头、冷凝器表面等处有无不应出现的油迹（如有，则可能有泄漏）。

2. 独立式空调的正确使用

对于配备独立式空调器的汽车，使用时的注意事项与非独立式大体相同，但由于辅助发动机有时有单独的燃油箱，因而还需经常注意空调燃油箱的储油情况，并检查辅助发动机的水温、油压等情况。

为延长辅助发动机的寿命，尽量做到低速启动、低速关机。有可能时，加设卸载启动装置。同时，应保证发动机吸气的清洁度。

二、汽车空调日常维护

冷凝器风扇、出风口的风门和开关要定期除垢去尘，冷凝器翅片应经常用清水冲洗除尘，以保持进气畅通。

经常或定期通过观察窗察看制冷剂的流动情况。空调系统及制冷剂量正常时，观察窗应有液体流过。若观察窗中气泡量过多，说明制冷剂不足；若此时发现制冷量有所降低，就应用压力表组测量空调制冷系统高、低压侧压力，以进一步确诊，必要时补充制冷剂。

经常检查各管路接头是否松动和损坏，压缩机密封处有无泄漏痕迹等，如发现问题，应及时修理。

空调制冷效果差或出现故障时，应及时关闭空调，以防止故障的扩大和恶化。空调故障一般应请专业维修人士检修。

在不使用空调的季节，每隔1~2周使空调工作10min左右，使各部分的防漏垫圈保持湿润，以防开裂，这对防止制冷剂泄漏有着重要的作用，同时可以防止压缩机内部精密部件配合表面因缺润滑油发生“冷焊”现象。

三、汽车空调部件性能测试

空调系统由许多部件组成，包括空调压缩机及电磁离合器、蒸发器总成、冷凝器、储液灌、高低压软管、膨胀阀、电器控制元件、风机、加热器等。这些部件必须经过严格的定型试验，符合设计要求后才能投产、出厂，而且还要根据汽车上的特殊要求进行测定，如振动、腐蚀、高温、交变负荷等的试验。

1. 空调压缩机

通过对空调压缩机的性能测试，可以确定压缩机的制冷量、输入功率和单位功率制冷量。

压缩机性能试验分为主要试验和校核试验，两种试验结果之间的偏差应在±4%以内，并以主要试验的测量结果为计算依据。压缩机性能测试试验设定参数：吸气压力、排气压力、吸气温度、轴转速、电压等。

主要试验有三种方法：一是电量热器法（或称第二制冷剂的电量热器法），它适用于制冷量小于11.5kW的轿车空调压缩机；二是液体制冷剂循环法，它适用于制冷量为11.5~58kW的大、中型客车空调压缩机；三是制冷剂蒸气循环法，适用于制冷量大于58kW的大型客车空调压缩机。校核试验有两种方法，即冷凝器热平衡法和制冷剂蒸气循环法。

电量热器法是间接测定压缩机制冷量的方法，汽车空调小型压缩机均用该方法测量制冷量。通过改变蒸发温度和冷凝温度，可进行不同工况的性能试验。下面介绍电量热器法试验装置及试验方法。

（1）试验装置

图6-1为电量热器法试验装置示意图。它是一个绝热封闭容器，其上部装有一组或几组盘管式蒸发器，下部装有一定数量的第二制冷剂。在第二制冷剂中装有外界供给电能的电热管。试验时，先启动制冷压缩机，然后接通电热管电源，第二制冷剂被加热蒸发，其形成的蒸气在上部蒸发器盘管表面冷凝后下落至底部。蒸发器中的制冷剂被第二制冷剂加热蒸发后，其气体由压缩机吸入。显然，压缩机的制冷量利用电热管产生的热量，并通过第二制冷剂的循环得到平衡。因此，当压缩机在一定工况下稳定运行时，它的制冷量就等于电热量。

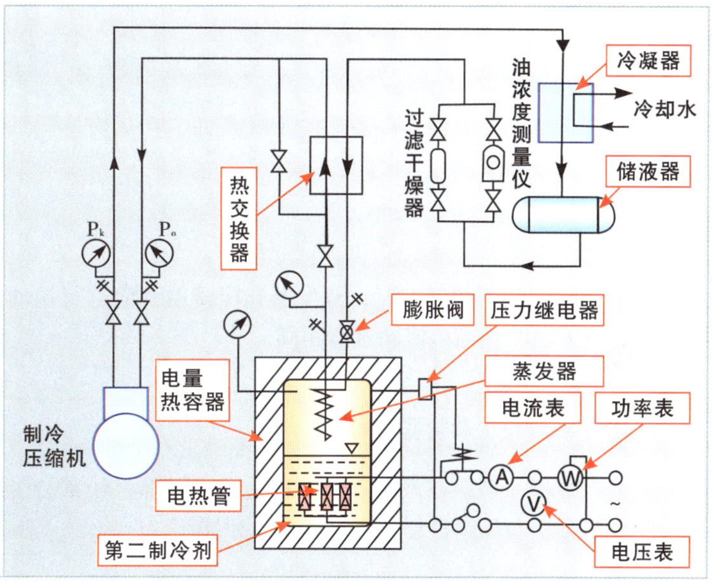

图6-1 电量热器法试验装置示意图

（2）试验方法

试验前，先对整个试验装置进行检查，确保制冷系统和供电加热系统的安全可靠。

压缩机的排气压力可通过改变冷却水量、水温和冷凝器传热面积（有几台冷凝器并联）进行调节。吸气压力可通过改变调节阀的开度进行调节。

压缩机的吸气温度可通过改变第二制冷剂的电热量进行调节。

按设计工况进行压缩机性能测试。对于变排量压缩机，应采取适当措施使压缩机处于最大排量状态。压缩机试验时，系统应建立热平衡状态。

测量数据的记录应在试验工况稳定0.5h以后，每隔15～20min测量一次，直至连续四次的测量数据满足表6-1的规定为止。自动控制的试验装置也可以只测一次，应在稳定状态下运转，制冷量的示值至少在15min内变化不超过±1%。

表6-1 压缩机性能测试参数允许偏差

试验设定参数	每一测量值与规定值间的最大允许偏差	测量值的任一读数相对于平均值的最大允许偏差
吸气压力	±1.0%	±0.5%
排气压力	±1.0%	±0.5%
吸气温度	±3℃	±1℃
轴转速	±3.0%	±1.0%
电压	±3.0%	±1.0%

除按一般压缩机常规要求外，根据使用特点，汽车空调压缩机性能测试时还要考虑下列内容：

汽车在城市道路行驶时，经常遇到红绿灯或交通堵塞，汽车发动机转速变化较大，应考虑这种情况下的空调性能及压缩机承受这种频繁变化转速的能力。

根据汽车的使用寿命，压缩机应具有与之相适应的合理的可靠性。应经受900h以上的耐久性试验、高压试验、超速试验、液击试验、汽车运行状态的模拟试验等，各种压缩机有不同的试验规范。

振动试验除考虑压缩机本身产生的振动外，还要考虑由发动机造成的振动，这种振动要连续进行100h试验，压缩机或压缩机托架会因振动而疲劳损坏。

根据汽车的实际使用条件，压缩机还需进行粉尘试验和盐雾试验。

2. 蒸发器和冷凝器性能测试

汽车空调蒸发器和冷凝器测试项目如下：

（1）换热量测试

根据汽车空调蒸发器、冷凝器的工况条件，在热交换器试验台上进行换热量测试。其测试方法参考有关热交换器测试标准。

（2）振动试验

由于汽车行驶的颠簸工况，蒸发器和冷凝器都应进行振动试验，以检查其管接头是否松动、管壁是否破损。检测方法与压缩机振动试验相同。

（3）冷凝器粉尘和盐雾试验

由于冷凝器一般装在汽车的前端或大客车裙部，经常会受到泥浆飞溅，所以，必须进行盐雾试验和粉尘试验。其方法与压缩机粉尘和盐雾试验相同。

（4）冷凝器耐高压试验

由于汽车暴露在阳光下，经常处在低速或怠速下运转，冷凝器的冷却条件不良，冷凝压力异常升高，因此，冷凝器必须进行耐高压试验。

3. 膨胀阀性能测试

（1）容量试验

容量试验是为了确定膨胀阀在给定条件下的制冷量。有时用试验方法确定的实际上是制冷剂的流量，由制冷剂的流量可以换算得到制冷量。通过容量试验可以确定在给定条件下膨胀阀制冷量与过热度之间的关系。

进行容量试验所用的装置随膨胀阀容量的大小而有所不同。对于容量较小的膨胀阀（如制冷量在12kW以下），通常是用电量热器的试验装置。其优点是无需流量计，测量精度高；缺点是需要消耗较多的电能。图6-2为这种试验装置的系统图。它的主体部分是一个单级制冷系统，蒸发器装在电量热器的上部，用电量热器中的第二制冷剂来提供热量（使蒸发器中的制冷剂蒸发），因而可用供给第二制冷剂的电量来计算制冷量。在此装置中，节流前的压力可通过改变冷却水的温度和流量来调节，蒸发压力可通过供给电量热器的电量来调节，膨胀阀感应系统中的温度（即膨胀阀的过热度）用超级恒温浴来保持，其精度应达±0.1℃。在进行容量试验时，调节阀需全开，手动节流需全关。在调定好上述几个参数之后，即可根据加给电量热器的电量来计

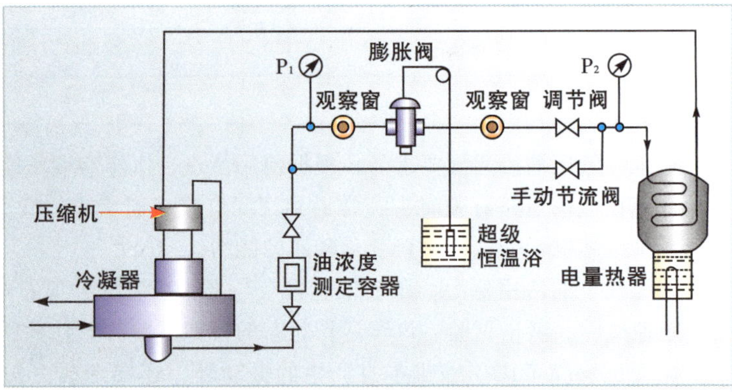

图6-2 小容量膨胀阀试验装置

算调定工况下热力膨胀阀的制冷量。

对于容量较大（如制冷量在12kW以上）的膨胀阀，宜采用气液分别循环的试验装置，其试验系统如图6-3所示。在该系统中，膨胀阀流出的气液混合物先经气液分离器分离，然后气体经压缩机压缩、冷凝器冷凝后进入储液器，而液体通过泵直接送入储液器中。气液分离器中的液面通过液面控制器和电磁阀来保持。在此装置中，膨胀阀的压力通过改变冷凝温度的方法来调节，膨胀后的压力通过调节阀来调节，制冷剂的流量用流量计来测量。此装置的优点是采用小容量的压缩机试验大容量的膨胀阀。

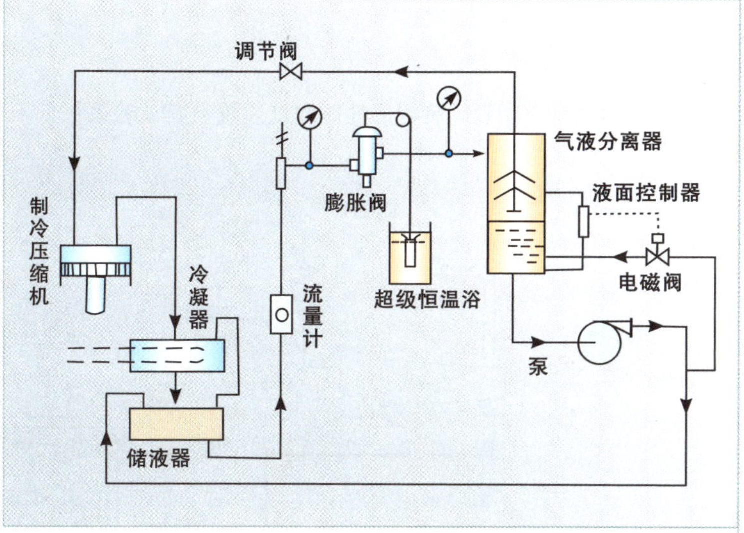

图6-3 大容量膨胀阀气液分别循环试验装置

（2）关闭过热度试验

关闭过热度是膨胀阀的性能指标之一。其试验方法通常只校验最大关闭过热度和最小关闭过热度。校验最大关闭过热度时，应将调整弹簧拧紧；校验最小关闭过热度时，应将调整弹簧放松。

图6-4为膨胀阀的开度试验装置示意图。热力膨胀阀安装在试验管路上，其感温包浸在恒温浴中。恒温浴中盛有冰水，其温度保持为0℃，温度偏差不大于±0.1℃。调节减压阀可以保持膨胀阀前的压力为需要的数值（相当于冷凝压力），可由压力表P_1读得。试验时先打开调节阀，使得P_2与P_1相等；再微开调节阀，并慢慢关小调节阀，因而压力P_2慢慢减小。随着调节阀开度的减小和P_2的降低，当P_2达到某一数值时，膨胀阀关闭（流量计停止动作），同此压力对应的制冷剂的饱和温度与恒温浴温度之差，即为膨胀阀的关闭过热度。

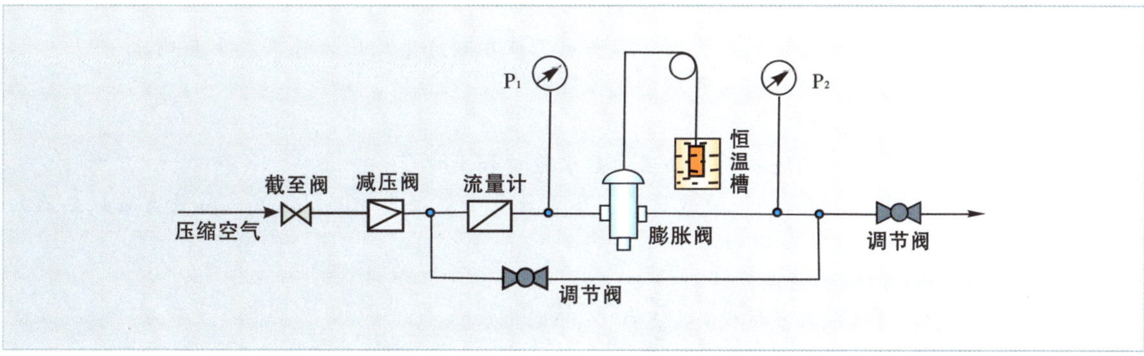

图6-4 膨胀阀的开度试验装置示意图

采用图6-2（小容量膨胀阀试验装置）的试验装置也可确定膨胀阀的关闭过热度。试验时，先使装置在调节阀和手动节流阀打开的情况下正常工作，慢慢关闭调节阀，并由观察玻璃窗察看制冷剂的流动情况。当调节阀关小到制冷剂停止流动时，说明膨胀阀关闭，此时与压力P_2对应的制冷剂的饱和温度与恒温浴温度之差，即为膨胀阀的关闭过热度。

4. 暖风装置性能测试

中、小型汽车空调系统的采暖均使用水暖式暖风装置。

（1）试验装置

图6-5为汽车空调暖风装置的性能测试装置，其试验条件如下：

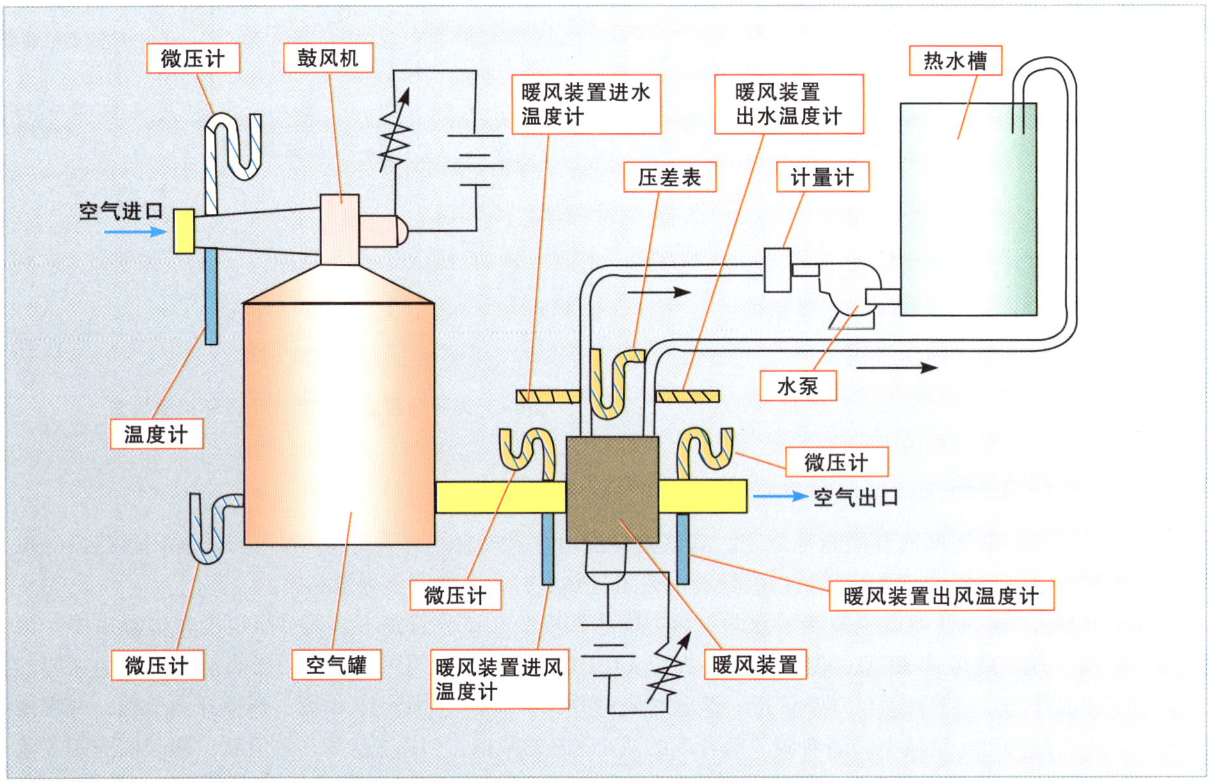

图6-5 汽车空调暖风装置的性能测试装置

①空气罐与暖风装置进气口相连，空气罐的容积应保证在测定进风压力时不发生紊乱。

②经过标定的进口喷嘴或节流孔板用来测定气体流量。

③鼓风机应使空气罐保持一个大气压。

④测量风温时，温度计尽可能地接近散热器的热水进口和出口。

⑤空气压力测量采用最小刻度为1Pa的微压计，压差计最小刻度为10Pa，位置应尽量靠近散热器的进水口和出水口。

⑥气流量测定采用精度为2%的流量计。

⑦热水槽至少每分钟向暖风装置提供6~15L的80~85℃热水。

⑧暖风装置、鼓风机电动机的电压表和电流表用来测定其功率。

（2）试验方法

将暖风装置安装在测试台上，对装有流量调节阀的暖风装置，将阀开到最大流量位置，加上额定电压，用清水进行测试。测试时，开动加热装置、水泵、鼓风机，调节鼓风机转速，使空气罐内保持一个大气压，待水温达到规定的80～85℃及出风口空气温度稳定时进行测量。

（3）试验结果计算

①热水流量G_w：

$$G_W=V_W\rho_W\times10^{-3}\times60$$

式中V_w——热水体积流量（测量），L/min；

ρ_w——热水密度，kg/m³。

②热水的放热量Q_W：

$$Q_W=G_WC_W\ (t_{W1}t_{W2})$$

式中G_W——热水比热容，kJ/（kg·℃）；

t_{W1}——进水口温试验，℃；

t_{W2}——出水口温度，℃。

③标准放热量Q:

$$Q=Q_W\frac{65}{t_{W1}-t_{a1}}$$

式中 t_{a1}——空气进口温度，℃。

④空气流量G_a:

$$G_a=V_a\rho_a$$

式中V_a——鼓风机进口处测得的空气体积流量，m³/h；

ρ_a——鼓风机进口处空气密度，kg/m³。

P_a——一般按下式计算：

$$P_a=\frac{1.293}{1+0.003\,67t_{a1}}\times\frac{H}{760}$$

式中H　　大气压水银柱高度，mmHg。

⑤空气的吸热量Q_a:

$$Q_a=G_aC_a\ (t_{a2}-t_{a1})$$

式中C_a——空气比热容，kJ/（kg·℃）；

t_{a2}——暖风出口处空气湿度，℃。

（4）试验数据比较

测试的试验数据经过计算后，应符合下式的条件：

$$-0.05\leqslant\frac{Q_W-Q_a}{Q_W}\leqslant0.05$$

符合上式条件，其性能合格。

四、汽车空调整车性能测试

整车空调性能测试，是指空调装置安装在汽车上以后，测定车厢内的降温、采暖、保温性能，测定车内气流分布，了解空调机组的运行情况及对汽车性能的影响。试验方法分为道路试验和室内模拟试验两种。

1. 汽车空调系统道路试验

（1）舒适性道路试验

汽车空调系统舒适性是评价空调系统质量和档次的一项主要指标。在进行舒适性试验时，对气候条件要求很高，要求环境干球温度为35℃，湿球温度为24℃，太阳辐射强度不低于4.6J／（cm²·min），风速小于3m / s。做最大运行工况试验时，要求环境干球温度为35℃，湿球温度为25.5℃。在上述条件下，分别做稳定车速20km / h、40km / h、60km / h和怠速时的整车降温和保温性能试验。上述工况条件靠自然气候很难保证，只能选择近似的气候条件。

（2）可靠性道路试验

汽车空调系统的可靠性是其使用的先决条件。该项试验的目的在于获得振动和加速度两项指标对空调装置的影响，以及空调装置对整车的影响。汽车在不平道路上行驶时，振动冲击对空调系统的影响与空调装置本身的结构、在汽车上的固定方式、路面条件及车速等有关。

（3）整车动力性影响的道路试验

汽车空调系统对整车动力性影响的道路试验，主要通过使用空调和不使用空调系统的对比，分析空调装置对整车动力性的影响。通过试验保证空调系统在最大风量下正常工作。该项试验主要考核空调系统的运行对最大车速及加速性能的影响。

（4）整车燃油经济性影响的道路试验

汽车空调系统对整车燃油经济性影响主要表现在发动机油耗的增加，作为使用与不使用空调的对比试验，一般只进行公路油耗试验和等速油耗试验。

（5）发动机冷却系影响的道路试验

使用汽车空调装置必将增加发动机的负荷，直接影响发动机冷却水进出口温度。该项试验一般选择爬长坡加拖挂车的方法进行。试验时空调装置全开，车辆选用较高挡位连续爬坡，以考核空调运行对发动机冷却水出水温度升高的影响程度。

（6）车内噪声影响的道路试验

该项试验测取使用和不使用空调时车内噪声的声压级，以考核空调运行对车内噪声的影响程度。

2. 汽车空调环境模拟试验

这种试验是在可以模拟汽车道路行驶工况和气候条件的环境模拟实验室内，进行整车空调性能测量及车体隔热密封性的测试。实验室的基本结构如图6-6所示。

(1)环境模拟实验室的优点

①为了解不同行驶条件、季节、时间、气候对汽车空调及其他相应设备性能的影响,可以再现任意环境条件,不受时间、地点的限制。

②可以得到正确的试验条件(环境、道路、车速),提高试验的可比性。

③能够随时观察,并对试验进行中出现的情况进行分析。

④能提高试验的安全性和经济性,能高效、系统地进行试验。

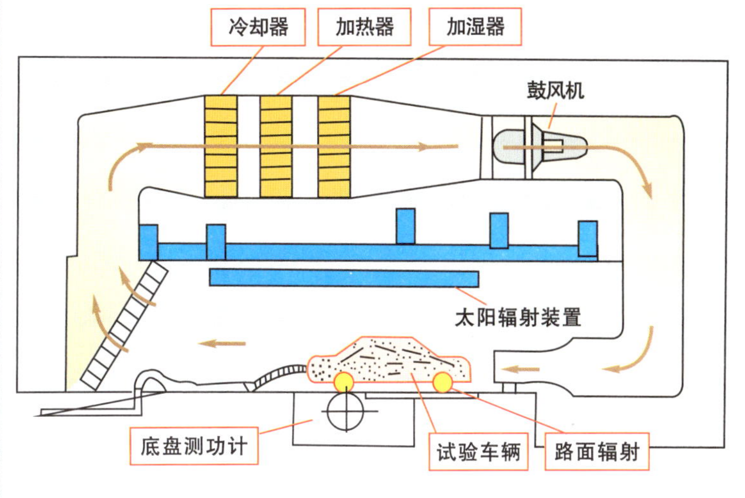

图6-6 环境模拟实验室布置

(2)环境模拟实验室基本分类

汽车环境模拟实验室根据温度高低可分为高温实验室、低温实验室、全天候实验室三种:

①高温实验室:以从赤道到温带地区的高温气候为模拟对象,气候条件从20℃、30%相对湿度到60℃、80%相对湿度的高温高湿气候。

②低温实验室:以从温带到高寒带的低温气候为模拟对象,气候条件为-50~10℃。这种实验室除可进行汽车采暖、除霜等空调性能试验外,还可进行发动机冷启动、汽车低温行驶性能(如润滑系、燃料系等)试验。近来还发展了可模拟高原地带的低温条件,增加了减压室。

③全天候实验室:包括前面高、低温两种实验室的气候工况,并加有降雨、降雪、紫外线、臭氧等各种气候条件,一般在风洞内进行。

五、汽车空调噪声问题

1. 汽车空调噪声源

汽车空调产生的噪声,有车内外机器发生的噪声,如压缩机、冷凝器和风扇等产生的噪声,还有膨胀阀的动作声、制冷剂的流动声、电动机的电刷声、调速机构的传动声,以及从鼓风机、管路、格栅等通风系统产生的噪声。其中,最大的噪声源是通风系统。

(1)鼓风机噪声

在通风系统中,鼓风机是最大的噪声源。风机转速的变化造成气体压力的变化,气流从风机叶轮的压出、风机壳内产生的涡流、进风口杂乱气流等都是噪声源。特别是在进行气体循环时,风机把从空调内吹出来的气流又通过进风口直接送回空调器,由于声音被辐射,致使进气噪声增大。

(2)气流声

当空气流过空调器的通风管路时,经过内部的隔板、调节风门、格栅等障碍物所产生的声音,以及由于通风管路的扩大或缩小所造成的杂乱气流而产生的声音,都是气流声。由于调节气流的风门结构种类繁多,通风管路复杂,所以极易产生气流声。

2. 降低汽车空调噪声措施

噪声的控制方法主要是控制噪声源和噪声的传输与扩散。

(1) 选择低噪声的风机

风机的空气动力噪声大小，与其转速、叶轮直径大小和外壳的结构、叶片倾角、叶片数量、风机的工作状态有关。为了降低风机噪声，一般离心风机叶轮圆周线速度不应高于18m／s，轴流风机圆周线速度不应高于20m／s；否则，空气动力噪声将明显提高。所以，在汽车空调系统中，应选用转速较低的离心风机。对风机还应考虑其结构的合理性和装配的精密性，以及风机良好的平衡性能，以减少机械振动噪声。为了避免碰击和振动，还应控制运动部件接合处的间隙，并尽可能采用噪声低的滑动轴承。在风机传动中，直联转动比联轴器传动的噪声小，V带传动噪声大。此外，在风机安装时应采用有效的隔振垫，用以减振。

(2) 降低风管内的空气阻力和改进风管结构

对一定的送风系统，风机转速越小、风压越低，则风机噪声也越低。在保证车厢换气量的条件下，总送风量不必选择过大，以利于降低风管内空气流速和减小风管空气流动阻力。风管内空气流动产生噪声，主要是由于边界层产生涡流及其涡流区的压力和流速发生变化。另外，气流遇到障碍物和风管内表面粗糙也会引起气流噪声。因此，风管内的空气流速不宜选择过大，对风管弯头、三通管接头、变截面过渡段、调节风门等，应做成流线型、渐缩型或设置导流叶片，以减少气流阻力和避免引起气流的涡流。

(3) 改进风管之间的连接结构

在通风系统的吸、排风口及空气分配器与风管之间应设置适当长度的喇叭管，而在空气分配部分的出口应尽可能增加出风格栅面积或装置导风叶片等，以减少空气动力噪声。

由于风机的振动，当风速和风压变化时，会引起风管振动而产生噪声。为此，除了在风机进、出口设置减振软管外，在风管穿过车壁的部位也应以软管连接，并避免风管与车壁直接刚性接触，以减少风管振动传给车壁。

(4) 利用吸声降噪技术

在鼓风机的进风口、空气分配部分及风管内粘贴吸声材料，可利用材料的吸声效果来降低噪声。吸声材料具有多孔性，它能把进入的声能部分地吸收掉，以减少噪声。当声波进入吸声材料的孔隙时，即激发多孔材料中无数小孔内的空气分子和材料细小纤维的振动，由于摩擦和黏滞阻力，使相当一部分风能转化为热能而散失掉。所以，吸声材料大多是疏松多孔的，如玻璃棉、泡沫塑料、矿渣棉、毛毡、石棉绒等。

情境二：汽车空调系统检修

一、常用检修工具

1. 专用工具简介

检修汽车空调故障时，需配备歧管压力表、制冷剂检漏仪、真空泵、制冷剂注入阀等专用工具。

歧管压力表：主要用于检查和判断制冷系统内的工作状态和故障情况，由高、低压表组成，其上有三个接头分别与三根橡胶软管相接，分别完成制冷系统抽真空、灌注制冷剂等操作。

制冷剂检漏仪：用于检查制冷系统内的制冷剂是否泄漏，目前常用的是电子检漏仪。

制冷剂注入阀：当向制冷系统充注制冷剂时，可将注入阀装在制冷剂罐上，旋动开关，阀针将制冷剂罐刺穿，就可充注制冷剂。

真空泵：在安装或维修之后，充注制冷剂之前，必须对制冷系统进行抽真空。否则，制冷系统中的空气和水分会引起系统内压力升高和膨胀阀处冰堵，影响制冷系统正常工作。

其他维修工具：除了上述工具和设备外，还需要各种扳手、割管器、弯管器、涨管器等。另外，维修空调压缩机还需要离合器扳手、离合器毂拉出器、锁紧螺母套筒、六角套筒、气缸盖拆卸器等专用工具。

2. 检漏仪

（1）电子检漏仪工作原理

电子检漏仪是根据卤素原子在一定的电场中极易发生电离而产生电流的原理制成的。

电子检漏仪的工作原理，如图6-7所示。有一对电极，加热由铂金做的阳极，并在它附近放一个阴极，这对电极放在空气中时，由于空气的电离度很低，检测电路不通，电流表没有电流指示。当有制冷剂气体流经阳极与阴极之间时，在催化下迅速电离，电路中有电流通过，制冷剂浓度越大，电离越大，电路的电流也越大。这些可以通过串联在回路中的电流表反映出来，也可以由蜂鸣器的声音大小反映出来。由此检测出制冷剂气体的浓度，达到检漏的目的。

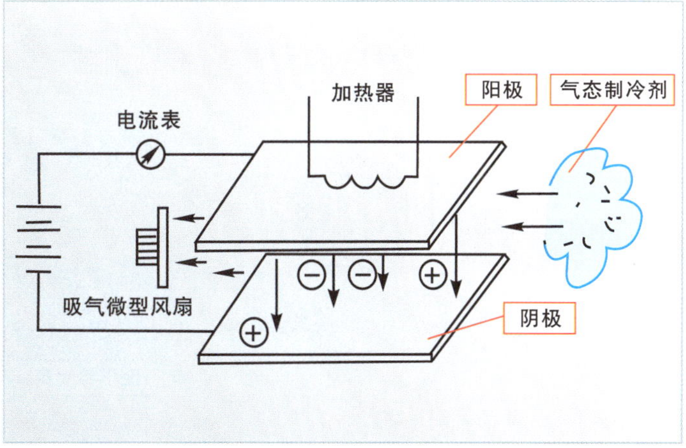

图6-7 电子检漏仪的工作原理

（2）电子检漏仪结构

实际使用中的电子检漏仪外形与结构，如图6-8所示。在圆筒状铂金阳极里放一个加热器，使阳极温度达800℃左右，在阳极外侧放一只圆筒状的阴极，在阴、阳极之间加直流电压。为使气体在电极间流过，设有一只微型吸气风扇，通过吸气管将泄漏部位的气体吸入电极，若有制冷剂气体通过电极时，就会产生几个微安的电流，通过放大器放大后，通过电流表指示或蜂鸣器发出警告声音，且蜂鸣器发出的声音频率高低随制冷剂泄漏量而变化。

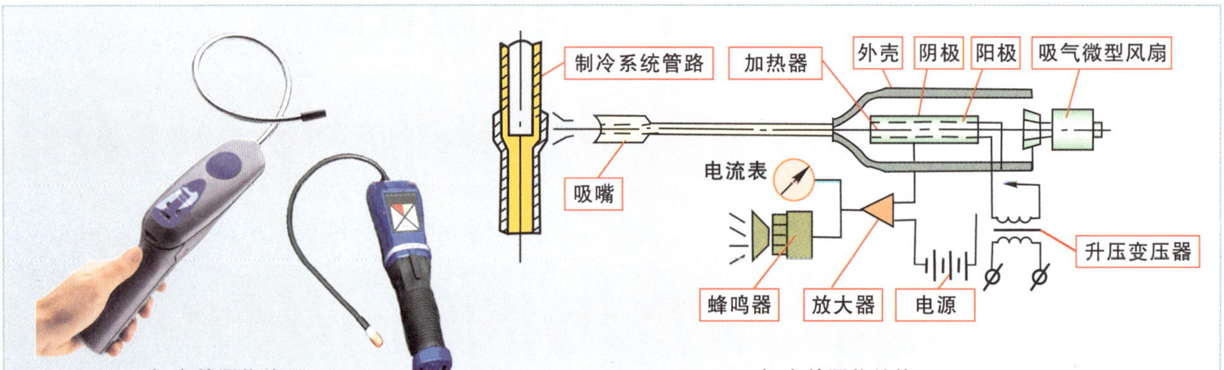

（a）检漏仪外形　（b）检漏仪结构

图6-8　电子检漏仪

电子检漏仪的使用十分简单，使用时，只需将电源开关打开，经短时预热后，将探头伸入需要检测的部位即可，通过声音或仪表指针便可方便地判断出泄漏量多少。电子检测仪检测灵敏度高，并且使用方便、安全。

3. 歧管压力表

（1）歧管压力表结构

歧管压力表由一个表座、二个压力表（低压表和高压表）、二个手动阀（低压手动阀和高压手动阀）、三个软管接头（外接三根橡胶软管：一根接低压维修阀、一根接高压维修阀、一根接制冷剂罐或真空泵吸入口或制冷剂回收装置）组成，如图6-9所示。工作时，高、低压接头分别通过软管与压缩机高、低压维修阀相接，中间接头与真空泵或制冷剂钢瓶相接，分别完成检测压力、抽真空、充注制冷剂及排空回收操作。低压表用于检测制冷系统低压侧的压力，既可以显示压力，也可用来显示真空度，真空度读数范围为0~0.10kPa，压力刻度从“0”开始，量程不少于0.420MPa；高压表用于检测制冷系统高压侧的压力，测量的压力范围从“0”开始，量程不小于2.110MPa。

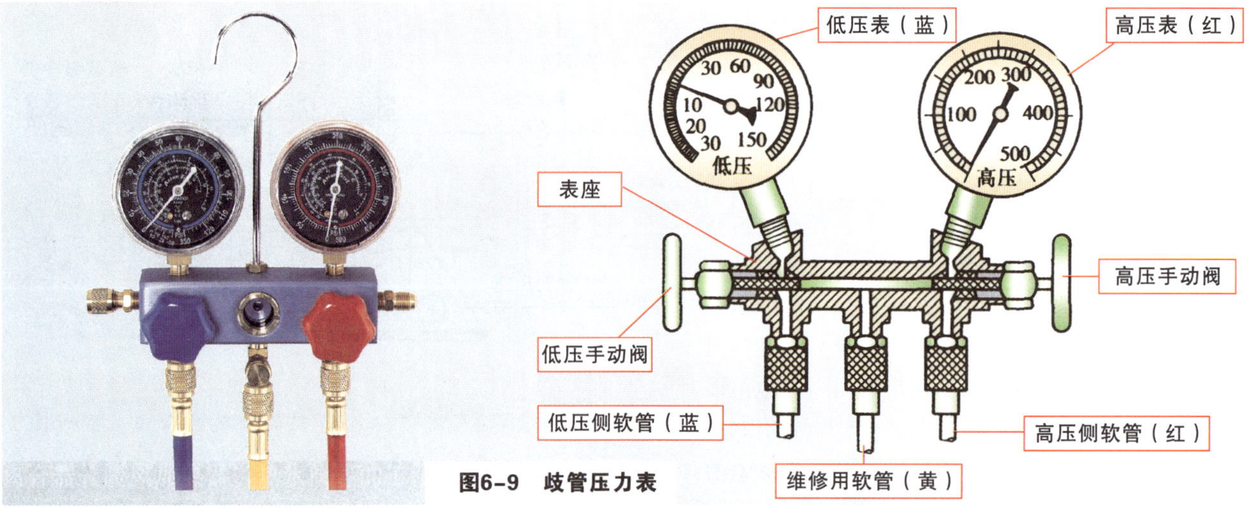

图6-9　歧管压力表

(2)歧管压力表的功能

歧管压力表的功能如下：

①双阀关闭测压力：检测制冷系统高低压侧压力。当高压手动阀和低压手动阀同时关闭，则可对高压侧和低压侧进行压力检查，检测制冷系统的高低压侧的压力，如图6-10(a)所示。

②双阀打开抽真空：对制冷系统抽真空。当高压手动阀和低压手动阀同时全开时，全部管路接通，在中间接头接上真空泵，便可以对制冷系统进行抽真空，如图6-10(b)所示。

③单阀打开做充注：充注制冷剂和加注冷冻机油。当高压手动阀关闭，低压手动阀打开，中间接头接到制冷剂罐上或冷冻机油瓶上，则可以从低压侧向系统充注制冷剂或冷冻机油。当高压手动阀打开，低压手动阀关闭，可以从高压侧充注制冷剂，如图6-10(c)所示。

④先高后低放排空：制冷系统放空或排出制冷剂。先打开高压手动阀，当压力下降到350kPa时，再打开低压手动阀，则可使系统向外放空或排出制冷剂，如图6-10(d)所示。

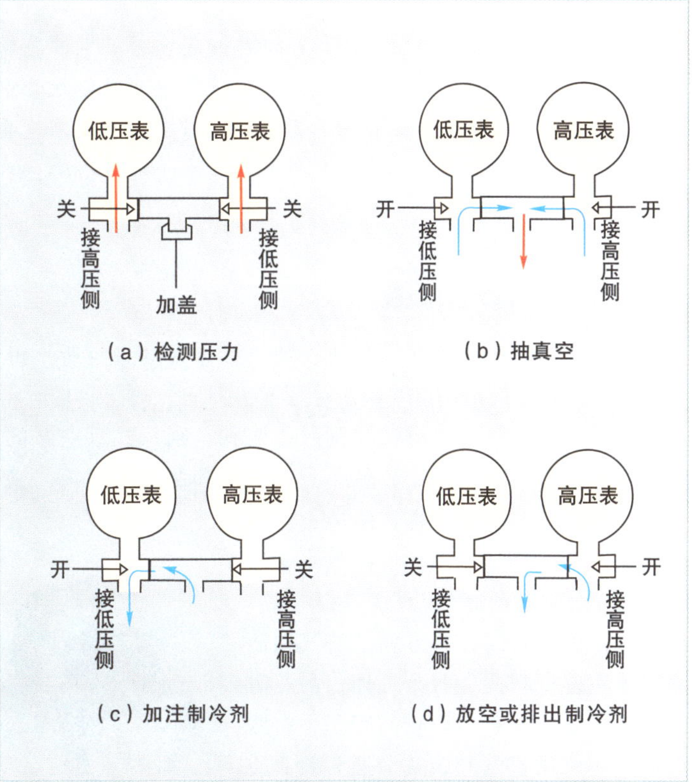

图6-10　歧管压力表的功能

(3)歧管压力表的连接

通常，歧管压力表上的三个接头已分别与注入软管接好。当制冷系统管路内有制冷剂时，可按如下步骤将歧管压力表与空调制冷系统检修阀连接起来。

①用工具卸下装在压缩机上的检修阀压力表接口及调节杆上的螺母。注意动作要缓慢，以防制冷剂漏出伤人。

②关闭歧管压力表上的两个手动阀。

③把歧管压力表上的低压软管连接到低压侧检修阀上，高压软管连接到高压检修阀上，中间软管的另一端用布包好后放在一块干净的布片上。各软管接头只能用手拧紧。

④使用阀门扳手把检修阀调到“中位”（气门阀无需进行此步骤）。

⑤把歧管压力表上的低压手动阀稍微打开几秒钟，其目的是利用系统内的制冷剂将低压软管内的空气排出，然后将其关闭，再用同样的方法排出高压软管内的空气。这样，歧管压力表与空调制冷系统就连接起来了，如图6-11所示。当要卸下歧管压力表时，应先

图6-11　歧管压力表的连接

将检修阀调到“后位”，然后卸下注入软管，并将其与备用接头连接起来，以免软管内部受到污染。

（4）使用时注意事项

①歧管压力表是一个精密仪表，必须细心维护，不得损坏，且要保持清洁。
②不使用时，要防止水或脏物进入软管；使用时要把管中的空气排出。
③压力表接头与软管连接时，只能用手拧紧，不能用工具拧紧。
④高、低压软管不能混用，低压软管一定不能接入高压系统中。

4. 真空泵

真空泵是汽车空调制冷系统安装、维修后抽真空所不可缺少的设备，可以去除系统内的空气和水分等有害物质。如图6-12所示。

常用的真空泵有滑阀式和刮片式两种。刮片式真空泵的结构如图6-13所示。它主要由定子、转子、排气阀和刮片等组成。工作时，弹簧弹力将两只刮片紧贴在汽缸壁上，以保证其密封性。定子上的进排气口被转子和刮片分隔成两部分。

当转子旋转时，一方面把进气口附近的容积逐渐扩大而吸入气体；另一方面又逐渐缩小排气口附近的容积，将吸入的气体压出排气阀，从而达到抽真空的目的。

图6-12　真空泵

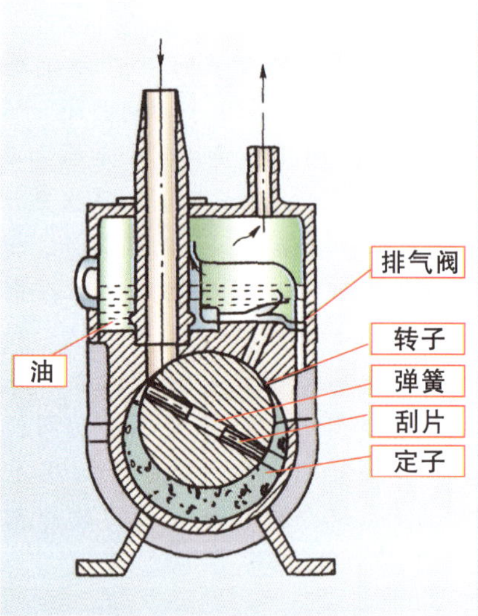

图6-13　刮片式真空泵结构

5. 制冷剂注入阀

为便于维修汽车空调和随车携带方便，制冷剂生产企业制造了一种小罐制冷剂（一般为250g左右），但要将它注入到汽车空调制冷系统中，需要有注入阀才能配套开罐。

当向制冷系统灌注制冷剂时，可将注入阀装在制冷剂罐上，旋动制冷剂注入阀手柄，阀针刺穿制冷剂罐，即可充注制冷剂。图6-14为制冷剂注入阀实物图，其结构如图6-15所示。制冷剂罐内装有制冷剂，注入阀接头用软管与歧管压力表的中间接头相连。

图6-14　制冷剂注入阀实物图

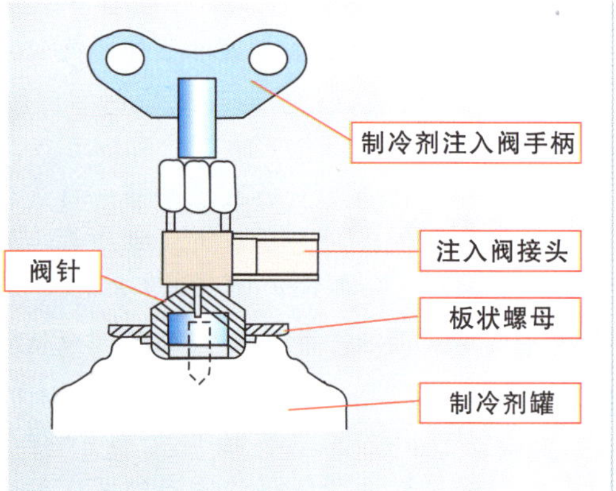

图6-15　制冷剂注入阀结构

6. 维修阀

汽车空调制冷系统是一个封闭的系统，为检修方便，通常在制冷系统管路上设置维修阀，它可以与歧管压力表等检修设备连接，以便进行故障诊断与维修操作，而不用打开制冷系统管路。大多数汽车空调制冷系统中都有两个检修阀，分别设置在高压侧和低压侧，某些汽车空调上还装有三个检修阀。常用的检修阀有气门阀（自动阀）和手动阀两种。

（1）气门阀

气门阀又称阀芯型检修阀，也称自动阀，其结构如图6-16所示。此阀芯类似于汽车轮胎上的气门芯结构。它有开启和闭合两个位置，通常是处于闭合状态。当要检修制冷系统时，把带有顶销的注入软管接头连接在气门阀上，顶销就把气门阀阀芯顶开，系统管路便与注入软管相连通，制冷剂就能进入检测用软管，这时就可以进行检测和维修作业了。卸去检测用软管时，气门阀则会自动关闭系统接口，可以起到良好的密封作用。

将检测软管与该阀连接时，应注意的是：只有注入软管一端连接在歧管压力表上之后，另一端才能连接在气门阀上。当连接好之后，软管的另一端不能从歧管压力表上拆除，否则将会引起制冷剂流失。

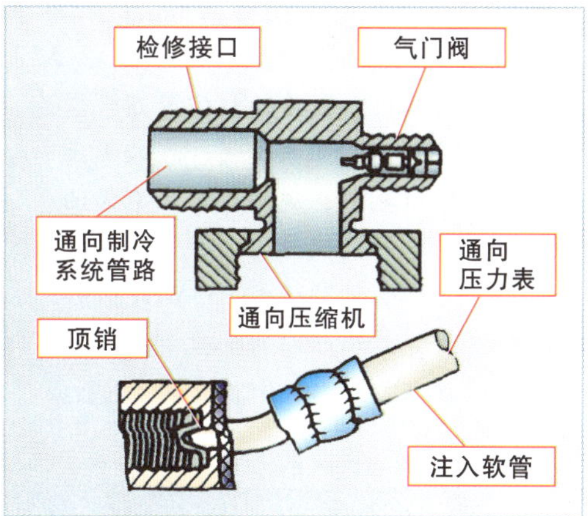

图6-16 气门阀结构

（2）手动阀

手动阀是一种以手动方式控制制冷剂流向的三通阀，通常布置在压缩机上。卸下检修阀的保护帽后，可以看到一个方形调节杆，用合适的扳手拧动调节杆时，可使阀处于三种不同的位置，即前位、中位和后位，如图6-17所示。

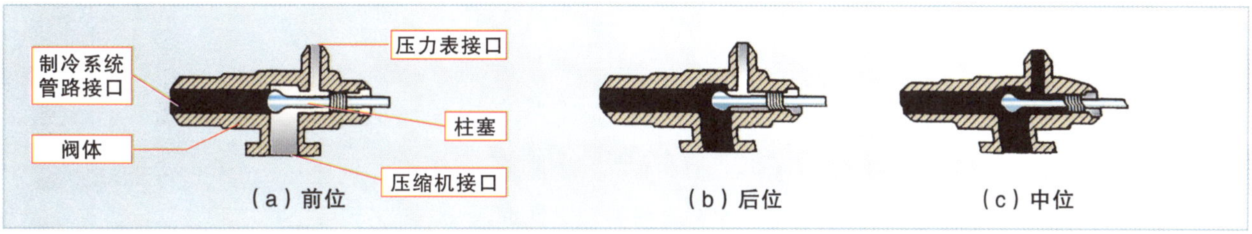

图6-17 手动检修阀

①前位：将调节杆顺时针旋到底时，检修阀即处于前位，这时制冷剂不能流到压缩机。压缩机从制冷系统中隔离出来，以便对它进行检修或更换。在这一位置时，压缩机仅与压力表接口相通，如果压力表接口保护帽未去掉而运转压缩机，高压制冷剂将无法排出，会导致压缩机损坏，如图6-17（a）所示。

②后位：将调节杆逆时针旋转到底时，检修阀即处于后位。后位是检修阀的正常工作位置，制冷剂能通过压缩机正常循环，压力表接口被关闭，制冷剂到达不了压力表，歧管压力表不能测出制冷剂压力值，如图6-17（b）所示。

③中位：从后位顺时针（或从前位逆时针）旋转调节杆1～2圈，检修阀即处于中位（三通位置）。制冷剂可在整个系统内流通，制冷剂可到达压力表口，以便测量压力。中位主要用于对制冷系统进行检修作业。如充注、放出制冷剂和抽真空，又可用歧管压力表来判断故障等，如图6-17（c）所示。

注意：在打开手动检修阀上的压力表接口之前，或从检修阀上拆除注入软管时，一定要将检修阀处于后位，否则会造成制冷剂流失。

二、制冷剂排放与加注

1. 制冷剂的排放

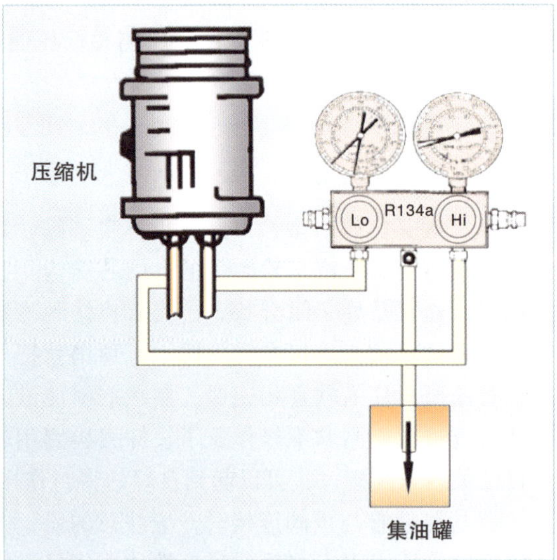

图6-18　制冷剂的排放

排放制冷剂时，周围环境一定要通风良好，不要接近明火，否则会产生有毒气体。

①先关闭表阀高低手动阀，按图6-18所示方法接好管路，然后把空调调到最大的制冷工作状态，发动机转速调到1 000～2 000r/min，并运行5min。循环制冷剂，尽可能收集各部件中的残油到压缩机。

②松开油门，使发动机恢复正常怠速，关闭发动机。

③缓慢打开高压手动阀，在软管出口盖上一块白毛巾，观察毛巾上有无油污，调节制冷剂的流量。

④在高压表读数降到0.35MPa以下时，缓慢打开低压手动阀。直到压力表高低压的读数为零时，关闭手动阀。

制冷剂的排放

2. 制冷系统抽真空

汽车空调制冷系统维修过程中，一旦制冷系统暴露于空气中或更换某一个制冷系统部件时，必须进行抽真空。抽真空的目的是排除制冷系统内的空气和水汽，实际上抽真空并不能直接把水分抽出制冷系统，而是产生真空后降低水的沸点，水汽化成水蒸气抽出系统外。

抽真空管路连接如图6-19所示。具体操作过程如下：

①将歧管压力表的两根高、低压软管分别接在高、低压侧气门阀上，将其中间软管与真空泵相连接。

②打开歧管压力表上的高、低压手动阀，启动真空泵，观察低压表（过程表）的指针，应该有真空显示。

③连续抽5min后，低压表应达到0.03MPa（真空度），高压表略低于零。如果高压表不能低于零刻度，表明系统内有堵塞，应停止，修复后再抽真空，如图6-20所示。

④真空泵工作15min后，低压表指针应在0.01~0.02MPa之间。如果达不到此数值，这时应关闭高、低压手动阀，观察低压表的指针，如果指针上升，说明真空有损失，系统有漏点，应停止，修复后才能继续抽真空。

⑤系统压力接近于真空时，关闭高、低压手动阀，保持压力5~10 min。如低压表指针不动，则打开高、低压手动阀，开启真空泵，继续抽真空，抽真空的时间不得少于30min，如时间允许，可再长些。

⑥抽真空结束时，先关闭高、低压手动阀，再关闭真空阀。其目的防止空气进入制冷系统。这样就可以向系统中加注冷冻机油或充注制冷剂。

制冷系统抽真空

图6-19　管路连接

图6-20　低压表读数

3. 制冷剂的加注

当制冷系统抽真空达到要求，且经检测确定制冷系统不存在泄漏部位后，即可向制冷系统充注制冷剂，充注前先确定注入制冷剂的剂量，因为充注量过多或过少都会影响空调制冷效果。充注时注意不要混淆R12与R134a，一般使用R134a制冷剂的空调系统在其管路部件上标有“R134a”或环保空调的字样，如图6-21所示。

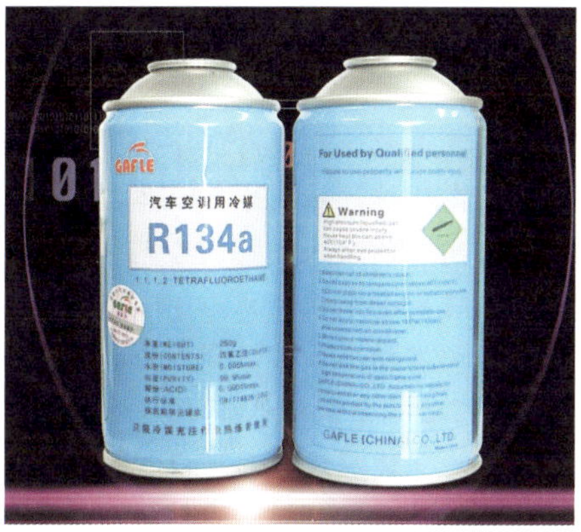

图6-21 R134a制冷剂

充注制冷剂的方法有三种：一种是制冷系统高压端的气门阀充注，称为高压端充注、充入的是制冷剂液体，其特点是安全、快速，但使用该方法应注意：充注时不可开启压缩机（发动机停转），且制冷剂罐要倒立，这种方法最好是使用专用的设备充注；另一种是从制冷系统低压端的气门阀充注，充入的是制冷剂气体，其特点是充注速度慢，可在系统补充制冷剂的情况下使用；第三种是先从高压端气门阀充注一定量制冷剂后，启动发动机，空调制冷系统工作，再从低压端气门阀吸入制冷剂，这种方法充注制冷剂的速度较快，无需其他专用仪器，一般汽车修理厂都采用这种方法。

（1）从高压端充注制冷剂

高压端充注制冷剂，其具体方法如下：

①当系统抽真空后，关闭歧管压力计上的高、低手动阀。将中间软管的一端与制冷剂罐注入阀的接头连接起来，如图6-22所示。

②打开制冷剂罐开启阀，再拧开歧管压力计软管一端的螺母，让气体溢出几分钟，把管内的空气排走，然后再拧紧螺母。

③拧开高压侧手动阀至全开位置，将制冷剂倒放于磅秤上，以便从高压侧充注液态制冷剂时控制制冷剂加入量。

④从高压侧注入规定量的液态制冷剂后，关闭制冷剂罐上的开启阀和歧管压力计上的高压手动阀，然后将仪表卸下。这里应注意，从高压端向系统充注制冷剂时，发动机处于不动状态，不可以打开歧管压力表的低压手动阀，以防液击。

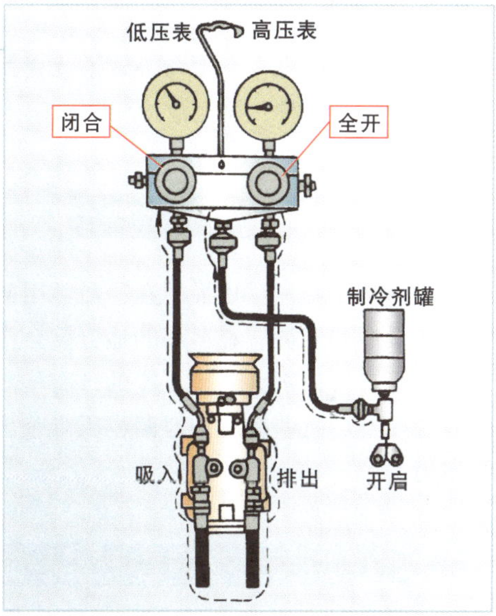

图6-22 从高压端充注制冷剂

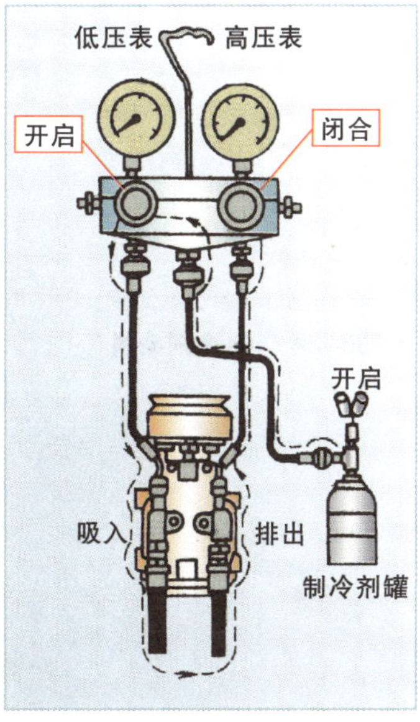

图6-23 从低压端充注制冷剂

（2）从低压端充注制冷剂

通过歧管压力计上的低压手动阀，可向制冷系统的低压侧充注气态制冷剂。其步骤如下：

①将中间的软管一端与制冷剂罐的注入阀接头相连，如图6-23所示。

②打开制冷剂罐的注入阀，拧松中间软管靠歧管压力表一端的螺母，直到听见制冷剂蒸汽流动的声音，然后拧紧螺母。其目的是排出中间管内的空气。

③打开低压手动阀，让制冷剂进入系统3~5min，以防止压缩机第一次开动时润滑油被抽走，使压缩机发生卡住或其他故障。

④启动发动机，打开空调A/C开关，把风扇置于“Hi”挡，发动机转速保持在1 250~1 500r/min。

⑤如果加入的速度较慢，可以把小制冷剂罐放在热水中加热，以提高其加注速度。注入制冷剂足量时，关闭低压手动阀，观察制冷剂流过观察孔时的情况，如果无气泡流过，应检查高、低压力表值。气温在25℃时，若制冷剂是R12，高压表值应为1.3~1.4MPa，低压为0.1~0.12MPa；若制冷剂为R134a，高压表值应为1.4~1.5MPa，低压为0.12~0.14MPa。气温高于或低于25℃时，其值上下浮动。若制冷系统内的制冷剂基本达到需求，则关闭制冷剂罐，停止空调器工作，停止发动机工作。

（3）从高压端注入液态制冷剂，再从低压端补足制冷剂量

①从高压端注入液态制冷剂，再从低压端补足制冷剂量。其步骤如下：

②从高压端注入制冷剂液体与从高压端充注制冷剂的（1）（2）步骤相同。

③从高压侧注入液态制冷剂一段时间后，制冷剂罐的重量不再下降，而系统中制冷剂还不足，则关闭高压手动阀，将制冷剂罐竖立。

④启动发动机，转速保持在1 250~1 500r/min，打开空调A/C开关，风扇开到最大挡，并打开低压手动阀，让气态R12进入系统的低压端。

⑤若进气速度慢，则可以把制冷剂罐放在热水加热，加快进气速度。

⑥从磅称、视液镜、高低压力表中检查制冷剂量，其方法同上述检查方法一致。加足量后，关闭制冷剂罐，然后关闭低压手动阀，停止空调器工作，停止发动机运转。

制冷剂的加注

三、制冷循环系统检漏

折装或检修汽车制冷系统管道或更换零部件之后，需要对制冷循环系统进行制冷剂的泄漏检查。常用的有效检漏方法有三种：肥皂液检漏法、使用荧光泄漏检测器检查系统泄漏、电子检漏仪检漏法。

1. 肥皂液检漏法

肥皂液是修理厂里最便宜、最常用的检漏剂。将肥皂液涂在可能出现泄漏的地方，泄出的气体就会形成气泡。如果泄漏轻微，在泄漏的地方就会产生一个大气泡；如果泄漏严重，就会产生很多气体，很容易发现和鉴别。但是，肥皂剂并不是万能的，有些不易涂抹或面积太大不能涂抹的地方，如压缩机前端盖、冷凝器等处就不方便检查，有些微小的泄漏也很难查出。因此，肥皂液只能用做粗检，在检漏过程中还要和其他检漏设备一起使用。

2. 使用荧光泄漏检测器检查系统泄漏

染料的注入：

①检查A/C系统静态（不工作）压力，压力必须至少为345 kPa（3.45 bar）。

②将一瓶A/C制冷剂染料倒入喷射工具中，如图6-24所示。

图6-24　制冷剂染料

③将注入工具连接到A/C低压侧维修接头上。

④启动发动机，打开空调。

⑤在空调工作（压缩机运转）时，通过低压检修阀，使用染料喷射工具喷射一瓶荧光染料，如图6-25所示。

⑥发动机依然运转，并从维修接头处断开注入工具。

⑦A/C系统至少工作20 min，使染料与系统油液充分混合。依据泄漏部位的大小、工作情况和泄漏的位置，染料渗入泄漏部位并能看到可能需要几分钟至几天。

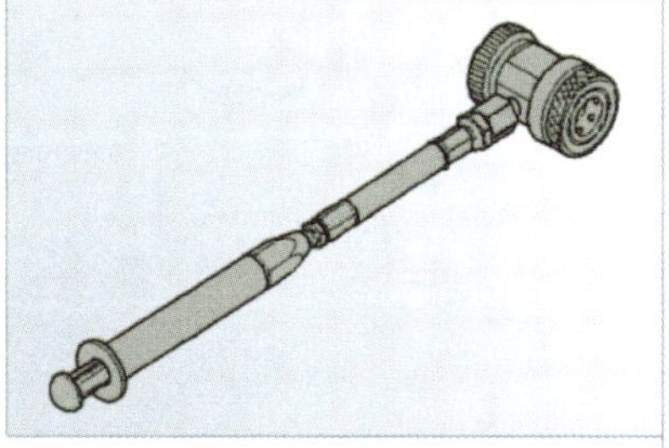

图6-25　染料喷射工具

使用紫外线灯及安全防护眼镜在阳光较弱的地方检查A/C系统是否泄漏。照亮所有元件、接头和管路。在泄漏点位置，染料将呈现明亮的绿色、黄色区。如果在蒸发器排放口发现荧光染料，表示蒸发器芯总成（管路、芯或膨胀阀）泄漏。

如果很难识别泄漏的区域，则使用可调镜子进行观察，或使用干净的抹布或棉布擦拭怀疑区域，并使用紫外灯检查残余染料。

在维修泄漏部位后，使用染料清洁剂去除任何残留的染料，以防止将来出现错误诊断，如图6-26所示。

最后，进行系统性能检查，并使用经过认证的电子制冷剂泄漏检测仪验证泄漏维修后的效果。

图6-26 染料清洁剂

3. 电子检漏仪检漏法

（1）使用电子泄漏检测仪的注意事项

①进行制冷剂泄漏检查时，应使用空调电子泄漏检测仪或有相同功能的仪器，如图6-27所示。确定仪器已经校准并按照操作说明进行了适当的设定。

②将探头置于距检测点约5 mm，如图6-28所示。

③让探头绕接头的整个圆周进行检测，如图6-29所示。

④探头沿部件的移动速度为25~50mm/s，如图6-30所示。

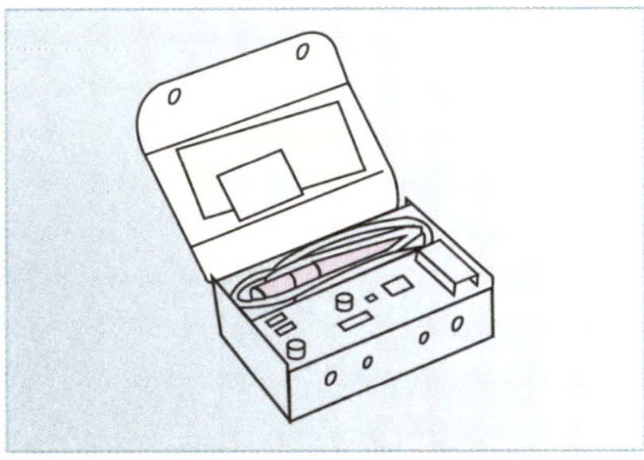
图6-27 空调泄漏检测仪

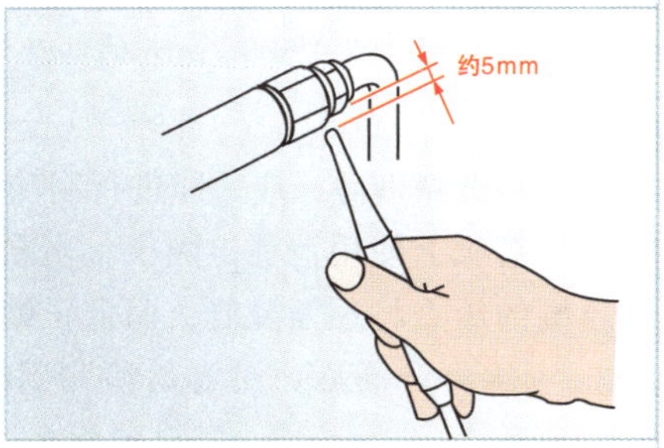

图6-28 探头与检测点间的距离

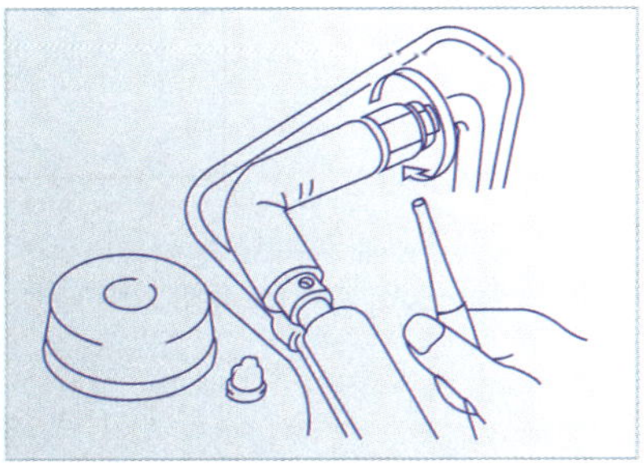
图6-29 环绕检测

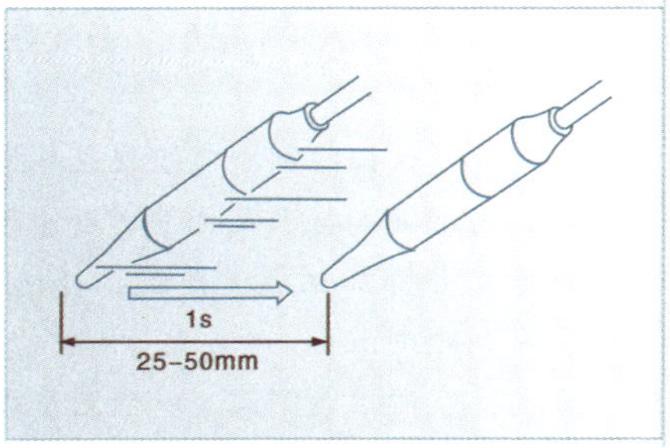

图6-30 移动速度

（2）检查步骤

为防止读数不准确或错误，应确保车辆附近没有制冷剂蒸汽、化学物或香烟烟雾。应在空气稳定的区域（气流、风速不高）进行泄漏检测，这样，泄漏出来的制冷剂就不会在空气中弥散。

①关闭发动机。

②将适当的A/C歧管压力计连接到A/C维修口。

③检查在16℃以上时A/C制冷剂压力是否不低于345 kPa（3.45 bar），如果低于规定值，则回收系统中的制冷剂，并抽空系统，然后重新注入规定数量的制冷剂。

④进行高压侧到低压侧的泄漏检测。

仔细检查以下区域，清洁要被检查的部件，并在检查过程中用泄漏检测仪探头绕接头、元件的整个圆周移动。

压缩机：检查高压和低压挠性软管的管接头、泄压阀和轴封。

冷凝器：检查高压软管、管道和制冷剂压力传感器的接头。

储液罐：检查制冷剂接头。

检修阀：检查所有检修阀，确保检修阀盖已经牢固地安装到检修阀上（防止泄漏）。

制冷单元（蒸发器）：将发动机停机，并使鼓风机以高速运转至少15s，以来清除制冷单元内的微量制冷剂残余物。在将泄漏检测仪探头插入泄流软管前，至少等待 10 min。

将探头保持插入状态至少 10 s。泄流软管内可能有水或脏物，小心不要让其弄脏探头。

⑤如果泄漏检测仪检测到泄漏，请用压缩空气冲刷怀疑泄漏的区域至少 1 次，然后再重复上述检查。

⑥当检查到一处泄漏后，继续在整个系统元件范围内查找其他的泄漏。如果未检测到泄漏，就进行以下步骤。

⑦起动发动机。

⑧按以下的指示设定暖风空调控制。

A/C 开关：ON。

模式控制盘位置：VENT（通风）。

进气门杆位置：再循环。

强冷温度。

风扇转速：高。

⑨让发动机以 1 500r/min 的转速至少运转 2 min。

⑩使发动机停机，并再次进行上面步骤的泄漏检查。

发动机停机后，应立即进行制冷剂泄漏检查。首先在压缩机上使用泄漏检测仪，当制冷循环停止后，高压侧的压力将逐渐降低，而低压侧的压力将逐渐升高。当压力升高后，更容易检测到某些泄漏。如图6-31所示。

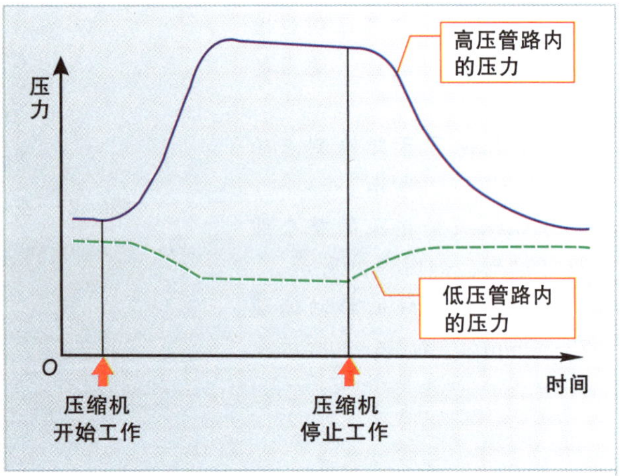

图6-31 空调管路压力

⑪在将ACR4连接到车辆之前，检查ACR4量表。量表上不应显示制冷剂压力。如果显示压力，从设备管路中回收制冷剂。

⑫用经过认证的制冷剂回收设备来排空A/C系统。必要时，对泄漏的接头及元件进行修理。

⑬排空并再加注 A/C系统，并进行泄漏检查，以确定没有制冷剂泄漏。

⑭进行空调性能测试，以确定系统工作正常。

四、冷冻机油加注

在一般情况下，汽车空调制冷系统冷冻机油的消耗量很少，可以每两年更换一次，每次加入规定的数量。添加时一定要保证是同一牌号的冷冻机油，因为不同牌号的冷冻机油混合会生成沉淀物。

1. 压缩机冷冻机油油量的检查

压缩机冷冻机油油量的检查方法一般有两种：

（1）观察视镜

通过压缩机上安装的视镜玻璃可以观察冷冻机油量。如果压缩机冷冻机油面达到观察高度的80%位置，一般认为是合适的。如果油面在这个界限之下，则应添加冷冻机油；如果在这个位置之上，则应放出多余的冷冻机油。

（2）观察油尺

未装视镜玻璃的压缩机，可用量油尺检查其油量。这种压缩机有的只有一个油塞，油塞下面有的装有油尺，有的没有油尺，需要另外用专用油尺插入检查。观察油面的位置是否在规定的上、下限之间。

2. 冷冻机油添加方法

添加冷冻机油一般在系统抽真空之前进行，添加方法有如下两种：

（1）直接加入法

将冷冻机油装入干净的量瓶里，从压缩机的旋塞口直接倒入即可。这种方法适合于更换蒸发器、冷凝器和储液干燥器时采用。

（2）真空吸入法

①首先将系统抽真空到100kPa。

②准备一带刻度的量杯，并装入稍多于所添加量的冷冻机油。

③关闭高压手动阀及辅助阀门，将高压软管一端从歧管压力表组上卸下，并插入量杯中，如图6-32所示。

④打开辅助阀门，油从量杯内被吸入系统。

⑤当油面到达规定刻度时，立即关闭辅助阀门。

⑥将软管与歧管压力表组连接，打开高压手动阀，启动真空泵，先对高压软管抽真空，然后打开辅助阀门对系统抽真空。

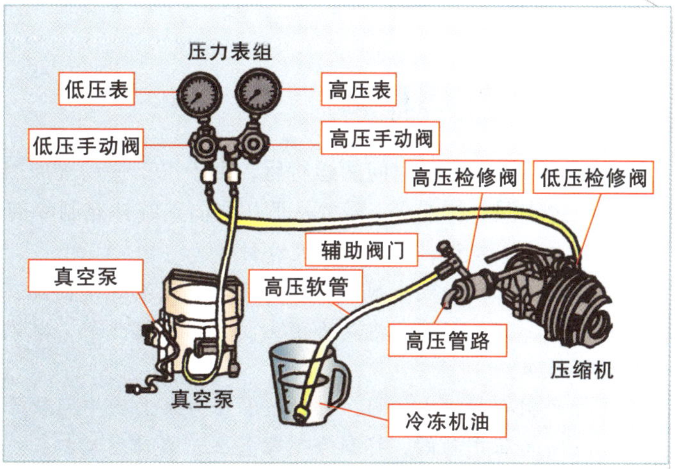

图6-32 真空吸入法

3. 冷冻机油添加量

①系统新加油量：新装汽车空调系统中，只有压缩机内装有冷冻机油。不同型号的压缩机内充油量也不同，具体可查看供应商手册。表6-2列出了几种常见压缩机充油量，仅供参考。

表6-2 几种常见压缩机冷冻机油量

汽车制造厂家	压缩机型号	冷冻机油充注量(mL)
丰田	6D152 6E171	350 280
马自达ES200		60
三菱	6F308HB 22306S	2 000 350
日产	DKP-12D	190
日野	6C-500 6C-300	1 700～1 900 1 500
帕萨特PASSAT B5	Zexel DCW-17D 6缸 Nippondenso 7SB-16C	251.4

②补充油量：维修过程中，如果更换了系统部件或管路，由于这些部件中残存有冷冻机油，因此，更换的同时应当向系统内补充冷冻机油，补充量见表6-3。

表6-3 冷冻机油补充量

被更换零部件	冷冻机油补充量(mL)	被更换零部件	冷冻机油补充量(mL)
冷凝器	40～50	储液干燥器	10～20
蒸发器	40～50	制冷循环管路	10～20

如果更换压缩机，新压缩机内原有油量应减去上述部件残存油量上限之和。

五、制冷剂补充

汽车空调经过一段时间的运行后，由于汽车振动等原因，使某些部位的接头松动，制冷剂泄漏，制冷效果变差。经过查漏、排漏后，需要从低压侧向系统补充制冷剂，其具体操作步骤如下：

①开启汽车空调，使其运转几分钟。

②从视液窗检查制冷剂的流动情况。若气泡连续出现，则表明系统内缺少制冷剂。若气泡间断出现，需要再运转一会，继续观察气泡是否消失。若仍然有气泡，就表明该系统缺少制冷剂。将歧管压力表、制冷剂罐和系统连接起来。

③打开制冷剂罐上的阀，拧松歧管压力表上的中间软管接头，使制冷剂放出几秒钟，然后拧紧接头。

④关闭高压手动阀，将制冷剂罐直立，启动发动机，并使空调压缩机运转。打开低压手动阀，让气态制冷剂从低压侧吸入压缩机，待达到规定量时，关闭低压手动阀和制冷剂罐开关阀。

⑤从系统上卸下歧管压力表和制冷剂罐。

思考与练习

一、填空题

1. 在刚开始抽真空时，应先打开____________，再打开____________。
2. 歧管压力表上____________接口接红色管，____________接口接蓝色管，__________接口接黄色管。

二、判断题（正确的打“√”，错误的打“×”）

1. 制冷剂与火焰接触时会分解为有毒的气体，它能与冷冻油和水互溶。（　　）
2. 在使用中，可以将两种不同的制冷剂交换使用。（　　）
3. 压缩机将低温、低压气态制冷剂压缩成高温、高压气态制冷剂。（　　）
4. 制冷系统静态时，高压端和低压端压力应相等。（　　）
5. 系统排放制冷剂时，只要将高低压表的阀门打开即可。（　　）
6. 制冷系统抽真空时，表针应在1min内不得回升，真空值应不低于0.9MPa。（　　）

三、选择题

1. 制冷剂的特点是（　　）

   A. 比空气轻　　B. 有剧毒

   C. 常压下蒸发和凝固温度都很高　　D. 渗透能力强，极易泄漏

2. 向系统加压检漏时，应采用（　　）

   A. 制冷剂　　B. 压缩空气

   C. 氧气　　D. 氮气

3. （　　）是制冷系统中低压和高压、低温和高温的分界线

   A. 储液干燥器　　B. 蒸发器

   C. 压缩机　　D. 冷凝器

4. 膨胀阀系统中的储液干燥器安装于（　　）

   A. 膨胀阀入口和冷凝器出口　　B. 蒸发器出口和压缩机入口

   C. 压缩机出口和冷凝器入口　　D. 压缩机出口和蒸发器入口

情境三：汽车空调故障诊断与排除

一、独立式空调故障诊断与排除

（一）独立式空调控制板上显示的制冷系统故障诊断程序与排除方法

1. 高压指示灯亮

①系统中制冷剂过量：排除多余的制冷剂。

②系统中混入空气：排放掉全部制冷剂，然后查漏、补焊和抽真空，重新注入制冷剂。

③两车停靠太近，冷凝器散热困难：将车移位即可。

④冷凝器散热风扇的传动带（V形带）打滑，导致制冷风量不足：更换V形带或张紧V形带即可。

⑤冷凝器翅片和管道因不洁净而受堵：此时应排除受堵的地方。

⑥排气阀与储液干燥器之间堵塞：应清理排堵。

⑦高压开关在较低压力下启动：此时应调整高压开关的动作压力至设定高压。

2. 低压指示灯亮

①系统中制冷剂量太少：应查漏补焊后充足制冷剂。

②储液干燥器截止阀关闭：此时应开截止阀。

③储液干燥器与吸气阀间管路堵塞：应查堵并排除。

④膨胀阀堵塞：应修理或更换。

⑤压缩机的冷冻机油太多：应排除多余冷冻机油至规定油量。

⑥蒸发器进气滤网被杂物堵塞：应予清除。

⑦蒸发器结霜或通风量不足：由于是受鼓风机V形带过松打滑或鼓风机烧坏所致，所以应清洗蒸发器翅片，调整带轮张力或更换V形带、风扇电动机。

⑧低压开关在正常的工作压力下启动：此时应调整低压开关的启动压力。

3. 水温指示灯亮

①散热器内冷却液量不足：应查漏后加注冷却液。

②水泵故障：应修理或更换水泵。

③散热器管路堵塞：应清洗散热器管路。

④散热器风扇V形带打滑：应更换V形带。

⑤水温开关在正常工作时就接通：校正水温开关至设定工作温度。
⑥散热片杂物积尘太多：应清洗散热片。

4. 指示灯亮，但副发动机不能自动停止运转

①副发动机熄火，继电器有故障：应予查修，若无法修复则更换。
②副发动机熄火，电磁阀有故障：应予查修，若无法修复则更换。

5. 副发动机自动停止运转，但指示灯不亮

①指示灯失灵：应更换。
②指示灯安装错误：应重新安装。
③线路（如水温电路、压力报警灯电路）故障：应检查线路，拧紧接头。
④副发动机燃油用尽：应添加燃油。

6. 副发动机油压指示灯亮

①副发动机的润滑量不足：应添加润滑油。
②油压开关启停压力过高：应检修和调整油压。
③机油滤清器堵塞：应清堵或更换。
④润滑管路堵塞：应清堵油路。
⑤机油泵故障：应检修或更换。
⑥润滑油黏度太低：应更换黏度高的润滑油。

7. 控制开关旋至AUTO位置时，副发动机无法高速运转

①副发动机速度转换线路故障：将松动或断开的线路接通，无法解决则更换。
②熔断丝熔断（10A）：应更换熔断丝。
③温控器故障：应检修，无法排除则更换。
④副发动机速度转换电磁阀故障：检修故障，无法排除则更换。
⑤电磁阀和节气门之间的连动杆故障：此时应检修连动杆，调整距离，无法解决则更换。
⑥喷油泵的调速器故障：应修理油泵调速器，并进行调整，无法解决则更换。

8. 控制开关转到ON位置，油压灯不亮

①线路或油压灯电路故障：此时应拧紧松开的电路和接通断开处，无法解决则更换。
②熔断丝（10A）熔断：应更换熔断丝。
③指示灯失灵：应更换。
④指示灯安装错误：应重新安装。
⑤油压开关失灵：应检修或更换。
⑥开关钥匙在OFF的位置触点断开：应检修或更换。

9. 钥匙开关在ON位置，副发动机无法启动

①副发动机启动线路故障：应检修松动或更换断开线路，无法解决则更换。
②启动电动机故障：应更换电动机。
③钥匙开关触点开路或电阻太大：应此时应检查触点，减小电阻，无法解决则更换。
④副发动机电路总开关电阻太大：应修理或更换。

（二）独立式空调制冷系统的故障诊断程序与排除方法

1. 空调系统噪声过高的故障诊断

（1）整机原因

①机座紧固螺栓松动或脱落：应拧紧或补上紧固螺栓。
②隔振橡胶故障：应更换隔振橡胶。

（2）压缩机原因

①吸、排气阀破碎：应检查制冷循环压力，若已破碎，即予更换。
②压缩机内部零部件已磨损：应查实并更换已磨损的零部件。
③制冷剂过量或膨胀阀失灵，使制冷剂进入吸气阀：此时应查清制冷剂量，若过多，应排除多余的制冷剂，然后再对膨胀阀进行检修，若无法解决，应更换。

（3）风扇驱动机构原因

①传动件润滑不足：应加注润滑油。
②正常磨损：应更换。
③驱动机构与异物碰撞：应校正或更换驱动机构。

2. 副发动机系统故障诊断

（1）副发动机停转原因

电路或控制元件故障：应检修电路，更换已损坏的元器件。

（2）副发动机有运转倾向，但压缩机不动

①副发动机和压缩机连接处安装运行移位：此时应校正连接部位，若无效，应更换联轴器。
②压缩机内部卡死：应更换压缩机。

（3）副发动机和压缩机无异常，但自动熄火

①制冷剂泄漏，导致低压开关动作，副发动机停转：此时应查漏、补焊，然后注足制冷剂。

②高、低压开关动作问题：此时应调整设定压力，校正动作点。若无法解决，应更换低压安全开关。

③水温开关缺陷：应修理或更换水温开关。

④发动机熄火，继电器与压力开关或水温开关间的自动熄火系统的线束因磨损而短路：此时应包扎或更换破损导线。

3. 制冷系统故障诊断

（1）低压表指示值过低

①若视窗有气泡呈现，则是制冷剂不足：应查漏补焊和抽真空，加注足量制冷剂。

②蒸发器堵塞：应清除滤网灰尘和杂物。

③蒸发器结霜或风扇风量不足：此时应清除滤网堵塞脏物，调整V形带张力，修理或更换风扇。

④膨胀阀感温包中的制冷剂泄漏，膨胀阀失灵闭合：此时应更换膨胀阀。

⑤压缩机冷冻机油充注太多，造成冷冻机油溢出：应检查冷冻机油量，排油至规定油线位置。

⑥储液干燥器上出液口的截止阀关闭：此时应开启截止阀。

⑦储液干燥器上出口至压缩机吸气阀之间连接管路堵塞：应排堵或更换。

（2）低压表指示值过高

①制冷剂过量：应排除过量制冷剂。

②液态制冷剂进入压缩机：如为膨胀阀流量太大，需校正或更换；如为感温包绝热保护不够或松脱，需重新包扎感温包。

③压缩机吸气口滤网堵塞：应更换滤网或清洗。

④压缩机吸气阀破碎：查实，予以更换。

⑤车内空气温度太高：应关闭车窗。

⑥系统混入空气：应排除制冷剂，查漏补焊，重新注入足量制冷剂。

（3）高压表指示值过低

压缩机排气阀损坏，应更换排气阀。

（4）高压表指示值过高

①进入冷凝器的空气温度过高：此时应对冷凝器和水箱周围的密封橡胶予以修理或更换，调整水箱和冷凝器之间的距离。

②冷凝器风量不足：应清除冷凝器翅片上的污垢。若未解决，则应更换和调整V形带；仍无效，则更换风机。

（三）独立式空调取暖系统的故障诊断程序与排除方法

（1）按下电热塞开关时，指示灯不亮

①指示灯坏，电路开路，接头松动：应更换指示灯，接通线路，拧紧接头。
②电热塞开关故障：应修复或更换。
③电热丝烧损或断开：应更换电热丝。

（2）鼓风机不工作，同时不能启动加热器

①鼓风机指示灯失效，电路开路，接头松动：应更换指示灯，接通线路，拧紧接头。
②鼓风机或继电器故障：应修复或更换鼓风机或继电器。

（3）鼓风机工作，但不能启动加热器

①电磁阀故障：应修复或更换。
②油泵电动机继电器故障电磁阀：应修复或更换油泵电动机继电器。

（4）加热器启动后松开电热塞开关，没有热风

①油泵电动机电磁线圈故障：电动机转速未能提高，此时应修复或更换电动机。
②鼓风机电路中的电磁开关故障：因电磁绕组串联电阻没有被短路，导致无法调速，应更换或修复电磁开关。

（5）供给热风不能达到设定温度

①恒温器偏移设定温度：应重新校正或更换恒温器。
②恒温器损坏：应更换恒温器。

独立式空调无论采用气暖式取暖系统，还是采用水暖式取暖系统，检修程序基本相同，原因是二者之间仅加热器有所不同。

二、使用故障症状表

故障症状表能帮助我们迅速找到产生问题的原因，以及对每个原因的处理方法。对每种车型进行故障排除时，涉及的部件因控制方式不同而有所差异，但整体解决问题的思路是一致的。表6-4为长安CM8汽车空调的故障症状表。

表6-4 长安CM8汽车空调的故障症状

问题	原因	处理方法
不出冷气或冷气不足（空调正常工作）	压缩机故障 空调系统内有空气 空气从顶置式蒸发器或气管中泄漏 暖通机及通风装置系统故障 鼓风机电机故障 空调系统内存在过量的压缩机油	检查压缩机 更换储液干燥器、抽真空，然后充注制冷剂，必要时进行修理 检查蒸发器总成 检查暖通机控制杆总成和暖通机总成 检查鼓风机电机 抽出空调系统内的压缩机机油
冷气时断时续	线路连接故障 膨胀阀故障 空调系统内湿度过大 空调控制器故障 电磁离合器故障 压缩机热保护器故障 制冷剂过量充注	必要时进行修理 检查膨胀阀 更换储液干燥器、抽真空，并补充制冷剂 检查空调控制器 检查电磁离合器 检查压缩机热保护器 检查制冷剂充注情况
只在高速运转时出冷气	冷凝器阻塞 制冷剂补充不足 空调系统内有空气 传动皮带打滑 压缩机故障	检查冷凝器 检查制冷剂补充情况 更换干燥器，然后抽真空，并充注制冷剂 检查或更换传动皮带 检查压缩机
只在高速运转时不出冷气	膨胀阀故障 制冷剂过量补充 蒸发器冻结	检查膨胀阀或清洗膨胀阀 检查制冷剂充注情况 检查蒸发器
冷气风力不足	蒸发器阻塞或冻结 冷却装置或气管漏气 鼓风机电机故障	检查蒸发器 检查空调热敏电阻，必要时进行修理 检查鼓风机电机，必要时进行修理

三、用歧管压力表判断故障

这个方法是利用安装仪表判断有无故障，利用歧管压力表读数来评估故障情况。其测试条件：

①设定循环进气口的温度：30~35℃。

②发动机转速：1 500 r/min。

③鼓风机转速控制开关：风速最高挡。

④温度控制盘：最冷位置。

⑤空调开关：接通。

⑥所有车门全开 。

冷气时断时续

1. 正常工作的制冷系统仪表读数

制冷系统功能正常，如图6-33所示。

①低压侧：0.15~0.25MPa（1.5~2.5kgf/cm²）。

②高压侧：1.40~1.60MPa（14~16kgf/cm²）。

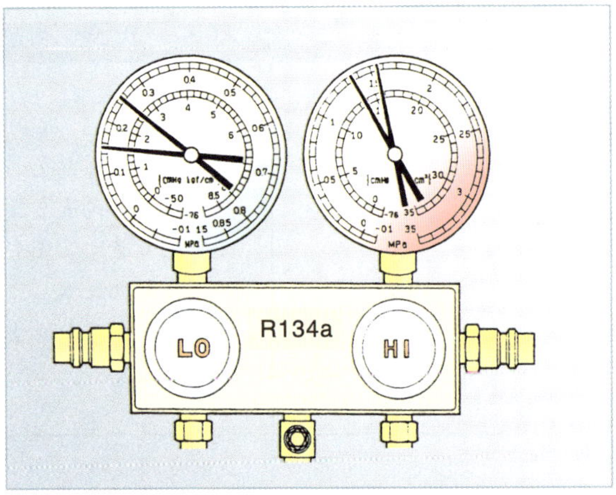

图6-33　制冷系统功能正常

2. 系统中有水分

歧管压力表指示制冷系统中有水分，如图6-34所示。

症状	工作期间，在低压侧有时压力变成真空 间歇性制冷，最后不再制冷
可能原因	进入系统中的水分在膨胀阀管口结冰，循环暂时停止，但是结冰融化后，系统又恢复正常
诊断	干燥剂处于饱和状态 系统水分在膨胀阀管口结冰，阻塞制冷剂的循环
正确处理	更换储液干燥剂 通过反复抽出空气，以除去系统中的水汽，注入适量新制冷剂

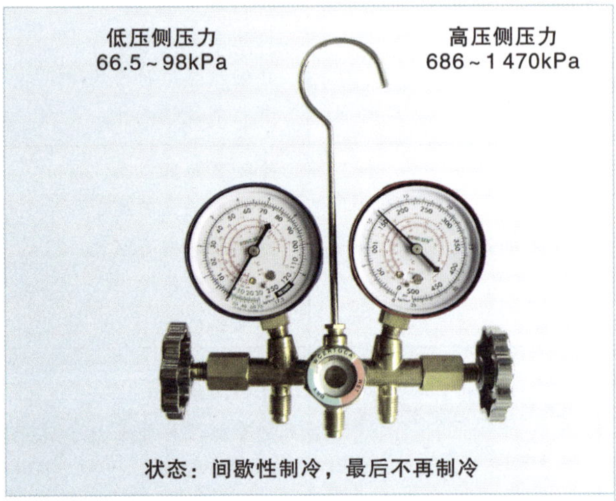

图6-34　歧管压力表指示制冷系统中有水分

3. 制冷不良

制冷不良，如图6-35所示。

症状	高、低压侧压力偏低 在玻璃观察窗中出现连续的气泡 制冷效能变差
可能原因	制冷系统中某处发生气体渗漏
诊断	系统制冷剂不足 制冷剂渗漏
正确处理	用渗漏检测器检查是否有气体渗漏，如有应进行维修 充注适量制冷剂 接一压力表，若压力为零，检修渗漏处，并将系统抽真空

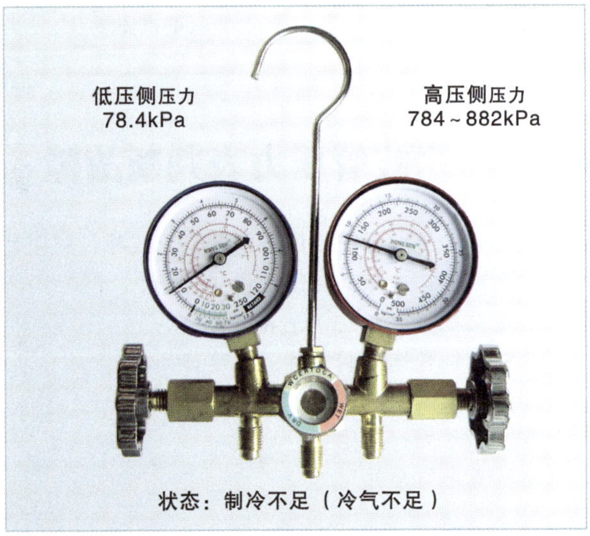

图6-35　歧管压力表指示制冷不良

4. 制冷剂循环不良

制冷剂循环不良，如图6-36所示。

症状	高、低压侧压力偏低 从储液干燥器到主机组的管路都有结霜 制冷不足
可能原因	制冷干燥器中的污物阻塞制冷剂的流动
诊断	储液干燥器不循环
正确处理	更换储液干燥器

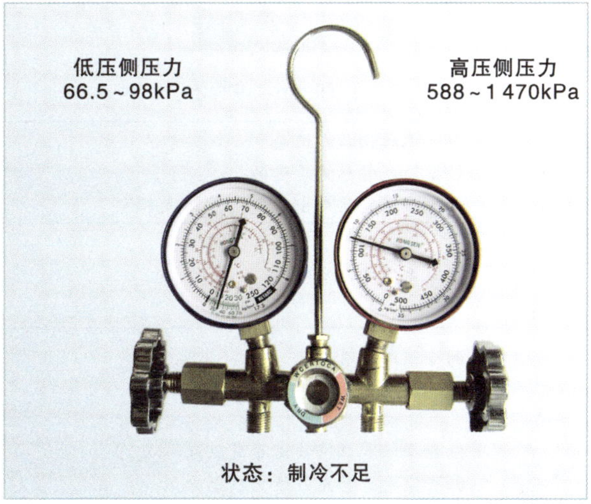

图6-36　歧管压力表指示制冷剂循环不良

5. 制冷剂不循环

制冷剂不循环，如图6-37所示。

症状	在低压侧指示真空，在高压侧指示压力太低 膨胀阀或储液干燥器前后的管子上有露水或结霜
可能原因	系统中有水分或污物阻塞制冷剂的流动
诊断	制冷剂不循环
正确处理	检查膨胀阀 用压缩空气清除膨胀阀的污物，若不能清除，则更换膨胀阀 抽真空，并添加适量新制冷剂 膨胀阀有泄漏，更换膨胀阀

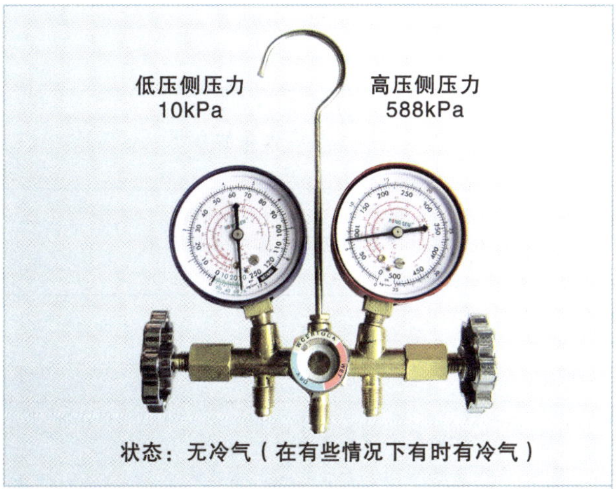

图6-37　制冷剂不循环歧管压力表指示

6. 制冷剂过多或散热器散热不良

制冷剂过多或散热器散热不良，如图6-38所示。

症状	高、低压侧压力过高 即使发动机转速下降，通过液窗也看不到气泡 制冷不足
可能原因	系统中的制冷剂过量，未能充分发挥制冷剂的效能 冷凝器散热不好
诊断	过量的制冷剂在循环 冷凝器冷却不足，冷凝器散热器阻塞或风扇有故障
正确处理	清洁冷凝器 检查风扇电机转动情况 检查制冷剂数量，充注适量的制冷剂

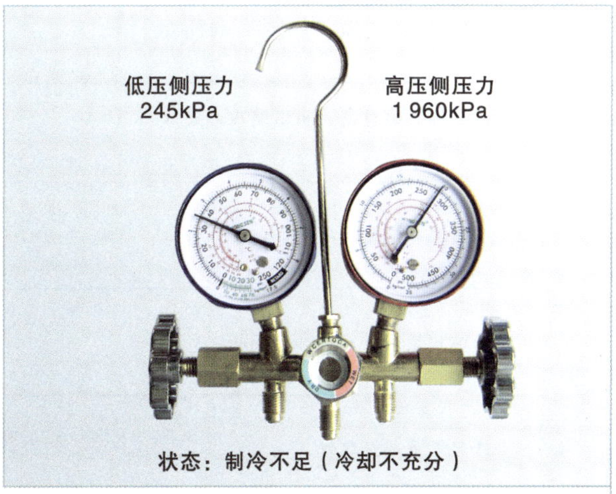

图6-38　制冷剂过多或冷凝器的制冷不足

7. 系统中有空气

系统中若有空气，如图6-39所示。

症状	高、低压侧压力过高 触摸低压管感觉是热的 在玻璃观察窗中出现气泡，制冷不佳
可能原因	制冷系统中有空气
诊断	制冷系统中有空气 抽真空不彻底
正确处理	检查压缩机润滑油是否变脏或不足 抽去空气，并充注适量的制冷剂

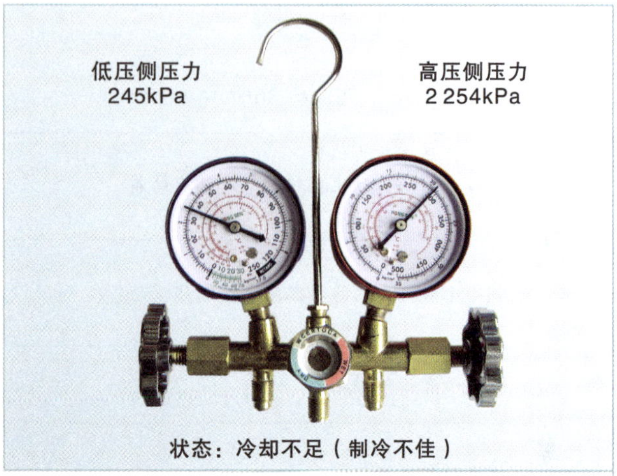

图6-39 制冷系统中有空气

8. 膨胀阀故障

膨胀阀发生故障，如图6-40所示。

症状	高、低压侧压力太高 低压侧管路结霜或有大量的露水 制冷不足
可能原因	膨胀阀故障或温包毛细管安装不正确
诊断	低压管路制冷剂过量 膨胀阀开度过大
正确处理	检查温包毛细管安装情况 检查膨胀阀，若有故障，应更换

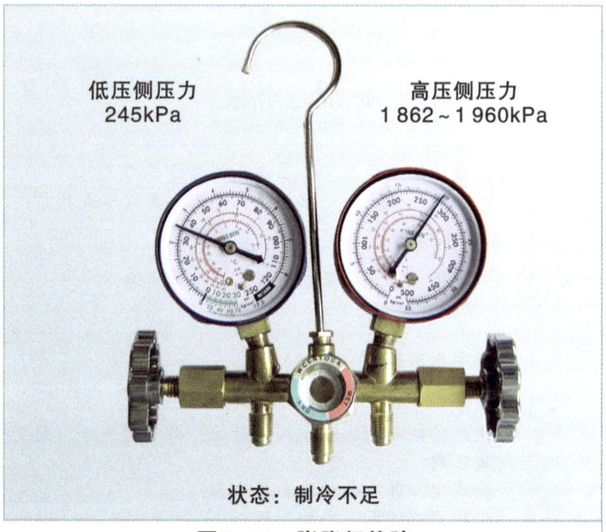

图6-40 膨胀阀故障

9. 压缩机压缩不良故障

压缩机压缩不良故障，如图6-41所示。

症状	低压侧压力过高，高压端压力太低 无冷气
可能原因	压缩机内部密封不良
诊断	压缩机故障，阀门渗漏或损坏
正确处理	修理或更换压缩机

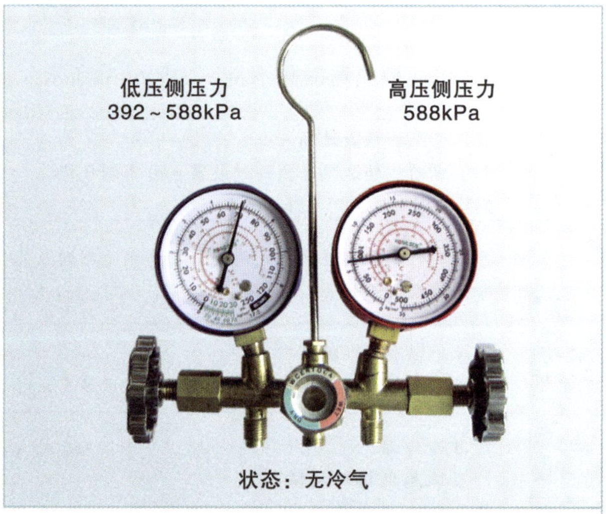

图6-41 压缩机压缩不良故障

四、透过视液窗观察故障

使用下述步骤能快速检查空调系统充注的制冷剂是否恰当，如图6-42所示。

1. 按下列设定让空调工作

①发动机转速：1 500 r/min。
②鼓风机转速控制开关：Hi“高”。
③空调开关：接通。
④温度设定：最大制冷。
⑤制冷运行5min。
⑥所有车门打开。

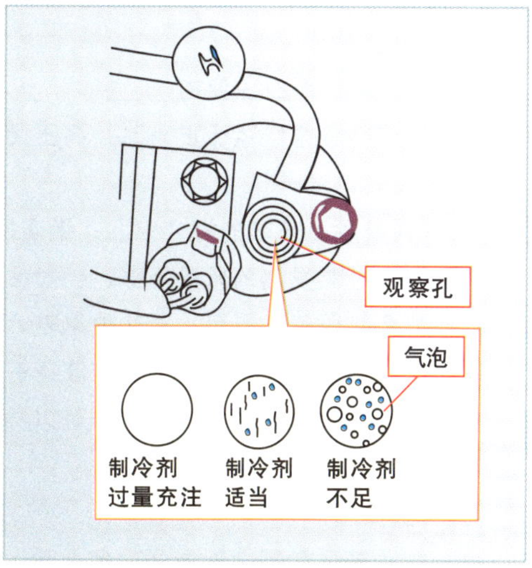

图6-42 制冷剂的检查

2. 空调系统内制冷剂的检查

通过观察孔检查空调系统内的制冷剂情况，并把观察到的情况与表6-5作比较。

表6-5 空调系统内的制冷剂情况

序号	症状	制冷剂量	正确处理
1	存在泡沫	不足*	检查气体泄露，如有必要进行修理 加制冷剂直到泡沫消失
2	无泡沫	空、不足或超出	参考序号3和4
3	在压缩机输入和输出之间无温度差异	空或接近满	用检测仪检查气体泄漏，如有必要进行修理 加制冷剂直到泡沫消失
4	在压缩机输入和输出之间有相当大的温度差异	恰当或超出	参考序号 5 和 6
5	空调关后，制冷剂立即澄清	超量	放出制冷剂 排除空气，加入适量纯净制冷剂
6	空调关后，制冷剂立即气泡而后澄清	适量	

注：“*”指如制冷量足够，环境温度高于正常情况，观察玻璃中所见的气泡可视为正常。

思考与练习

一、填空题

1. 空调制冷系统主要由______、______、______、______四大部件组成。
2. 空调制冷系统运行正常时，高压侧读数应为______MPa，低压侧读数应为______MPa。

二、判断题（正确的打“√”，错误的打“×”）

1. 若经过蒸发器的风量不够，一般会使制冷效果变差，不会引起蒸发器冻结。（ ）
2. 若冷凝器通风不良，散热效果差，空调制冷量将下降，严重时会引起管路爆裂。（ ）
3. 当观察到储液干燥器上的视液镜有气泡时，说明制冷剂足够。（ ）
4. 通过蒸发器表面的风量过少可以导致蒸发器表面结霜。（ ）

三、选择题

1. 制冷系统如制冷剂加注过多，则（ ）
   A. 制冷量不变　B. 制冷量下降
   C. 系统压力下降　D. 视液镜看到有气泡
2. 制冷系统如制冷剂加注不足，则（ ）
   A. 视液镜看到有浑浊气泡　B. 视液镜看到有连续不断、缓慢的气泡流动
   C. 视液镜看到有连续不断快速的气泡流动　D. 视液镜看到有连续不断的浑浊气泡
3. 制冷系统如出现“冰堵”现象，用压力表观察系统压力，则（ ）
   A. 高压侧压力偏高、低压侧压力偏低　B. 高压侧、低压侧压力都偏低
   C. 高压侧压力偏高、低压侧压力为真空值　D. 高压侧、低压侧压力都偏高
4. 制冷系统如混入空气，则（ ）
   A. 系统压力过高，且高压表针来回摆动　B. 制冷量不变
   C. 视液镜看到有浑浊气泡　D. 系统压力过低
5. 如空调压缩机内部漏气，从压力表处可观察到（ ）
   A. 高压侧压力太高　B. 低压侧压力太高
   C. 高、低压压力都偏低　D. 高、低压压力都偏高